Kohlhammer

Lehren und Lernen

Herausgegeben von

Andreas Gold
Cornelia Rosebrock
Renate Valtin
Rose Vogel

Andreas Gold
Minja Dubowy

Frühe Bildung

Lernförderung im Elementarbereich

Verlag W. Kohlhammer

1. Auflage 2013

Umschlag: Gestaltungskonzept Peter Horlacher
Gesamtherstellung:
W. Kohlhammer GmbH + Co. KG, Stuttgart
Printed in Germany

ISBN 978-3-17-022398-1

Geleitwort

Die großen internationalen Vergleichsstudien zu Schul- und Schülerleistungen vom Beginn des Jahrhunderts haben spürbare Innovationen im gesamten Bildungssystem bis hinein in die konkreten unterrichtlichen Praktiken mit sich gebracht. Auch die Forschungslandschaft rund um das Lehren und das Lernen wurde durch diese Impulse nachhaltig beeinflusst und wirkt ihrerseits weiter auf die Entwicklung von Schule und Unterricht ein.

Eine der Lehren aus diesen Studien war die Anerkennung der Notwendigkeit von Interdisziplinarität: Lehren und Lernen, wissenschaftlich betrieben, kann nur durch das Zusammenspiel pädagogischer, psychologischer, fachwissenschaftlicher und fachdidaktischer Theorien und Befunde befriedigend erklärt und gesteuert werden. In der pädagogischen Praxis kann keine Lerntheorie ohne Bezug auf eine konkrete Inhaltsdomäne und keine Lehrmethode ohne Curriculumsbezug und ohne Beachtung der individuellen Lernvoraussetzungen erfolgreich sein. Die je eigenen Perspektiven und Erkenntnisse der Psychologie, der Pädagogik und der beiden schulisch zentralen Fachdidaktiken Mathematik und Deutsch, vertreten in den Disziplinen der Herausgebenden, sollen in den einzelnen Bänden dieser Reihe jeweils zu einem kohärente Gesamtbild zusammengeführt werden. Neben der Interdisziplinarität liegt besonderer Wert auf einer – weit verstandenen – Empirie: Erfahrungswissenschaftlich gewonnene Erkenntnisse zum Lehren und Lernen stehen jeweils im Mittelpunkt der Darstellung. Schließlich fokussieren alle Bände der Reihe den Anwendungsbezug: Die entfalteten Themen, Diskurse und Fachgebiete sind jeweils unmittelbar bedeutend für Schule und Unterricht. Insgesamt präsentieren die Bände die wichtigsten unterrichtlich relevanten Forschungsthemen und -ergebnisse aus den unterschiedlichen Disziplinen.

Die vorliegende Reihe umfasst thematisch den Vorschul-, Grundschul- und weiterführenden Schulbereich bis etwa zur zehnten Klassenstufe. Konzipiert ist sie für (zukünftige) Lehrende, auch für PädagogInnen und PsychologInnen in weiteren Anwendungsfeldern im Bildungssystem. Mit dem »Lehren und Lernen« werden die oben angesprochenen politisch-praktischen Veränderungen im pädagogischen und fachlichen Feld und in der Aus- und Weiterbildung von Lehrerinnen und Lehrern aufgegriffen, indem die Ergebnisse der empirischen Forschung in den zentralen Bereichen des Lehrens und Lernens aus interdisziplinärer Perspektive für professionelle Anwenderinnen und Anwender verständlich und kompakt dargestellt werden.

Andreas Gold, Cornelia Rosebrock, Renate Valtin & Rose Vogel

Inhaltsverzeichnis

Vorwort

In der bildungspolitischen Diskussion und für die interessierte Öffentlichkeit spielen Maßnahmen der frühen Bildung, Betreuung und Erziehung von Kindern schon seit längerer Zeit eine gewichtige Rolle. Auf allen Handlungsfeldern stößt man auf Initiativen, Förderprogramme und Forschungsvorhaben zu dieser Thematik, sei es auf der kommunalen Ebene, auf den Ebenen des Bundes und der Länder oder im internationalen Rahmen. Exemplarisch seien hier drei groß angelegte Initiativen der letzten Jahre genannt: Die 2012 abgeschlossene *Nationale Untersuchung zur Bildung, Betreuung und Erziehung in der frühen Kindheit*, kurz NUBBEK, das Programm *Starting Strong* der OECD, das 2006 seinen zweiten Bericht zur Lage der frühen Bildung in den Mitgliedsstaaten veröffentlichte, und das Projekt *Frühe Chancen* des Bundesministeriums für Familie, Senioren, Frauen und Jugend, für das zwischen 2011 und 2014 insgesamt 400 Millionen Euro zur Verfügung gestellt werden. Darüber hinaus wurden zahllose Gutachten erstellt und Expertengremien gebildet sowie eine Vielzahl von Förderprogrammen zu spezifischen inhaltlichen Bereichen (besonders häufig zum Bereich der frühen sprachlichen Förderung) entwickelt und erprobt.

Auffällig ist, dass sich viele unterschiedliche Interessengruppen und Verbände, aber auch viele wissenschaftliche Disziplinen mit dem Thema der frühen Bildung beschäftigen, teilweise jedoch ohne voneinander Kenntnis zu nehmen. Hier sind vor allem die Elementar- und Frühpädagogik, die Pädagogische Psychologie und die Entwicklungspsychologie, die empirische Bildungsforschung, die Bildungssoziologie und die Bildungsökonomie zu nennen. Der Fokus der verschiedenen Projekte und Initiativen ist je nach den dahinter stehenden Institutionen unterschiedlich: Überwiegend sind sie zwar kindzentriert auf die (vermeintlichen) Bedürfnisse der Kinder ausgerichtet, es gibt aber auch andere, eher erwachsenenzentrierte Argumentationslinien, etwa wenn es um wirtschaftliche oder gesellschaftspolitische Interessen geht. Wichtige Aspekte sind hier z. B. eine Erhöhung des Anteils erwerbstätiger Frauen, finanzielle Kosten-Nutzen-Abwägungen bei Investitionen in das Betreuungssystem oder die Steigerung der Wettbewerbsfähigkeit künftiger Generationen. Zu den bildungspolitischen und den bildungsökonomischen Aspekten sind in Deutschland inzwischen vermehrt demographisch motivierte Überlegungen hinzugekommen: Angesichts seit Jahrzehnten sinkender Geburtenzahlen wird diskutiert, ob eine Verbesserung der Betreuungssituation einen Einfluss auf die Bereitschaft junger Menschen haben könnte, Kinder zu bekommen.

In Deutschland erhielt das Thema der frühen Bildung in der öffentlichen und bildungspolitischen Aufmerksamkeit einen deutlichen Schub durch die Ergebnisse der ersten PISA-Studie im Jahr 2000 (Baumert et al., 2001). Zwar wurden Vorschulkinder in dieser Studie gar nicht untersucht, dennoch wurden aus den deutlich gewordenen Defiziten 15-jähriger Schüler sogleich Rückschlüsse auf die frühe Bildung im Elementarbereich gezogen. In der Folge geriet der Bildungsauftrag des Elementarbereichs in den Brennpunkt der bildungspolitischen Diskussionen, und an die vorschulische Bildung wurden immer neue Forderungen und Aufgaben herangetragen. Möglichst früh und möglichst individuell sollten die Vorschulkinder gefördert werden, um schulische Misserfolge und soziale Disparitäten in der späteren Bildungsbeteiligung und im Bildungserfolg gar nicht erst entstehen zu lassen.

Ehrgeizig hat die deutsche Bundesregierung im Jahr 2010 das Ziel vorgegeben, bis Mitte 2013 Betreuungsplätze für über 30 % der unter Dreijährigen zu gewährleisten, verbunden mit einem Rechtsanspruch der Eltern auf einen Betreuungsplatz ab dem ersten Lebensjahr. Die öffentliche Diskussion über die frühe Bildung hat seither zusätzlich an Dynamik gewonnen.

Anders als in vielen europäischen Nachbarländern gibt es in Deutschland immer noch eine spürbare Trennung der bildungspolitischen, der öffentlichen und der fachwissenschaftlichen Diskussion, je nachdem, ob die Adressaten der frühen Bildungsmaßnahmen jünger oder älter als drei Jahre sind. Während es bei den unter Dreijährigen ganz grundsätzlich um das Pro und Contra früher außerfamilialer Betreuung[1] sowie um die Quantität und die Qualität von Betreuungsplätzen geht, werden bei den Drei- bis Sechsjährigen andere Themen diskutiert: Wie wird der Bildungsauftrag in den Kindertagesstätten umgesetzt? Bis zu welchem Maße können frühe Fördermaßnahmen kompensatorisch für Kinder mit besonderen familialen oder individuellen Risiken wirken? Wie gut bereiten die vorschulischen Einrichtungen auf den schulischen Anfangsunterricht vor? Wir werden in diesem Buch auf beide Altersbereiche und die dort gestellten Fragen detailliert eingehen.

Allerdings bleiben die Ausführungen des Buches beschränkt auf die frühe Bildung und Betreuung in außerfamilialen Kontexten, d. h. in Kinderkrippen, Kindergärten und (mit Einschränkungen) in der Kindertagespflege. Die unbestritten wichtigste und einflussreichste Instanz früher Bildung, nämlich die Familie, bleibt aus Gründen der inhaltlichen Schwerpunktsetzung ausgespart. Dieser Einschränkung sollte sich der Leser bewusst sein.

Unser Buch wendet sich an alle, die an früher Bildung interessiert sind. Spezieller Vorkenntnisse bedarf es nicht, wenngleich es zum Verständnis hilfreich ist, wenn zentrale Begrifflichkeiten aus der Pädagogik, der Psychologie und der empirischen Forschung vertraut sind. Insbesondere für Studierende und Berufstätige aus den Bereichen der Elementarpädagogik und der Pädagogischen Psychologie, für

---

1 In der deutschsprachigen Literatur werden die Begriffe *familial* und *familiär* zur Beschreibung von auf die Familie bezogenen Merkmalen weitgehend synonym verwendet. Da der Begriff *familiär* umgangssprachlich auch die Bedeutung von »vertraut, bekannt« hat, die im Kontext der nachfolgenden Ausführungen nicht gemeint ist, verwenden wir in diesem Buch in Anlehnung an Roßbach (2005) den Begriff *familial* für alle die Familien betreffenden Merkmale.

Erzieherinnen und Erzieher, für Lehrkräfte im Primarbereich, aber auch für Eltern von Kindern im betreffenden Altersbereich kann dieses Buch interessant sein.

Es ist uns ein Anliegen, auf der Grundlage empirischer Befunde einen Beitrag zur Versachlichung der Diskussion um die Auswirkungen früher Bildung zu leisten. Wenn die Ausführungen Zustimmung erfahren und zum intensiveren Weiterlesen anregen, haben sie ihren Zweck erfüllt. Wenn sie Widerspruch und Kritik hervorrufen, gilt im Grunde das Gleiche, weil sie dann eine tiefere Auseinandersetzung mit dem Thema angestoßen haben.

1 Frühe Bildung

Wer sich intensiver mit der Thematik frühe Bildung beschäftigt, wird bald feststellen, dass jede Recherche zu diesem Thema unweigerlich eine ganze Reihe neuer Fragen aufwirft. Das wird interessierten Eltern genauso gehen wie angehenden oder bereits berufserfahrenen Pädagoginnen und Pädagogen oder Wissenschaftlern. Die erste und zentrale Frage lautet: Was versteht man überhaupt unter früher Bildung?

Schon auf den ersten Blick fallen die unterschiedlichen Begrifflichkeiten auf, die zur Beschreibung von Bildungsprozessen bei jungen Kindern verwendet werden. Ist frühe Bildung eigentlich das gleiche wie Bildung im Elementarbereich? Ist Bildung im Elementarbereich gleichbedeutend mit vorschulischer, frühpädagogischer oder frühkindlicher Bildung? Und schließlich: Was versteht man überhaupt unter Bildung, und in welchem Verhältnis steht die Bildung zu anderen Begrifflichkeiten, die im Elementarbereich ebenfalls eine Rolle spielen – zur Erziehung, Betreuung und Förderung, zum Lernen und zur Entwicklung?

Nicht einfacher wird es, wenn man den Blick über Deutschland hinaus richtet und die Situation in den englischsprachigen Ländern, aus denen ein Großteil der einschlägigen Literatur stammt, betrachtet. Was genau verbirgt sich hinter den Begriffen *early education*, *pre-school education* oder *elementary education*? Welche deutschen Einrichtungen entsprechen dem *pre-kindergarten*, der *nursery school* oder der *day care* im englischen oder amerikanischen Bildungssystem? Nicht immer gibt es einfache Entsprechungen. Also beginnt auch eine wissenschaftliche Beschäftigung mit der frühen Bildung bereits mit einem Bündel immer neuer Fragen.

Wir haben uns in diesem Buch für die vereinfachende Bezeichnung »Frühe Bildung« entschieden, um eine möglichst breite, von Institutionsformen unabhängige Kennzeichnung der von uns betrachteten Altersspanne zu ermöglichen. Breit gefasst zum einen, weil wir die Bildungsprozesse bei jungen Kindern in allen möglichen Institutionsformen betrachten wollen, die sie vor dem Schuleintritt besuchen. Breit gefasst ist zum anderen auch der Altersbereich, der im Folgenden betrachtet wird: die Zeitspanne von der Geburt bis zum Schuleintritt. In der Entwicklungspsychologie wird dieser Zeitabschnitt als »Frühe Kindheit« bezeichnet – es ist eine Altersperiode rasanter Lern- und Entwicklungsprozesse (► **Kap. 2**). Vereinfachend ist die Bezeichnung »Frühe Bildung« deshalb, weil es bei Kindern im Vorschulalter nicht nur um Bildung, sondern stets auch um Betreuung und Erziehung sowie um Lernen und Entwicklung geht. Oft geht es auch um eine gezielte Förderung in spezifischen Inhaltsbereichen. Im Allgemeinen wird bei den Bildungsmaßnahmen zwischen der »Elementarpädagogik«

(vor dem Schuleintritt) und der »Pädagogik im Primarbereich« (in der Grundschule) unterschieden. Diese Unterscheidung entspricht auch den traditionell unterschiedlichen rechtlichen Zuständigkeiten: Der Elementarbereich wird durch das Kinder- und Jugendhilfegesetz (KJHG) geregelt; für die Pädagogik im Primarbereich sind die Schulgesetze der Länder maßgeblich. Diese unterschiedlichen Zuständigkeiten spiegeln die traditionell strikte Trennung zwischen vorschulischer und schulischer Bildung in Deutschland wider. Für den Elementarbereich sind in der Literatur auch die Begriffe der »frühen« oder »frühkindlichen« Bildung verbreitet, die allerdings nicht einheitlich gebraucht werden: Einige Autoren verwenden diese Begriffe für alle vorschulischen Maßnahmen, andere enger gefasst nur für Bildungsprozesse in der Altersgruppe der unter Dreijährigen (U3). Bei den Kindern im Alter zwischen drei und sechs Jahren (Ü3) wird dagegen oft auch allgemein von »vorschulischer« Bildung gesprochen. In der Alltagssprache der pädagogischen Praxis wird damit jedoch häufig nur das letzte Jahr vor der Einschulung bezeichnet.

In diesem Buch geht es um alle Kinder unterhalb des Schulalters, die in irgendeiner Form eine außerfamiliale Bildung und Betreuung erfahren, sei es in Kindertagesstätten oder in der Tagespflege. Da diese Betreuung nach den aktuellen Statistiken zur Inanspruchnahme in Deutschland in der Regel ab der Vollendung des ersten Lebensjahres beginnt, ist also im Wesentlichen die Altersgruppe zwischen einem und sechs Jahren gemeint. In den vergangenen Jahren haben sich die Angebotsstruktur solcher Einrichtungen und das Nutzungsverhalten durch die Familien deutlich verändert (► **Kap. 4**).

1.1 Der Bildungsbegriff

Im deutschen Kinder- und Jugendhilfegesetz (§ 22) werden die Bereiche *Bildung, Betreuung und Erziehung* als zentrale Aufgaben der Elementarpädagogik bezeichnet. Die Unterscheidung zwischen Bildung und Erziehung ist übrigens eine spezifisch deutsche, die in den meisten anderen Sprachen gar nicht vorgenommen wird. Im Englischen reicht der Begriff *education* aus, um beides zu bezeichnen.

Der deutsche Bildungsbegriff ist seit jeher Gegenstand theologischer und philosophischer, später auch pädagogischer Debatten gewesen, die sowohl die Zielsetzungen und die Inhalte von Bildung als auch die zur Bildung führenden Gestaltungs- und Erwerbsprozesse selbst zum Thema hatten (für einen Überblick: Dörpinghaus, Poenitsch & Wigger, 2009; Schäfer, 2005). Obwohl oder gerade weil es sich beim Bildungsbegriff um einen der Grundbegriffe der Erziehungswissenschaft handelt, lässt er sich definitorisch nicht leicht fassen. Einfacher wird es, wenn wir die disziplinären Begrenztheiten verlassen. Die Enzyklopädie *Brockhaus* definiert Bildung als »Prozess der Selbstkonstruktion des Menschen im Lebenslauf [...] und das Ergebnis der Aneignung von Welt« (Brockhaus, 2006, Bd. 4, S. 80). Ganz ähnlich wird auch im *Klinkhardt Lexikon der Erziehungswissenschaft* der Begriff der Bildung als »die Aneignung von Kultur oder die Gestaltung des Selbst« beschrieben (Horn, Kemnitz, Marotzki & Sandfuchs, 2012, S. 154).

Bildung hat demnach mit der Aneignung von Kultur, mit der Erlangung von Autonomie und mit der Gestaltung der eigenen Identität, also mit der Selbstwerdung zu tun. Bildung ist sowohl ein (Ziel-)Zustand als auch eine Beschreibung der Gestaltungs- und Konstruktionsprozesse, die zum »Gebildetsein« führen. Bildungsprozesse bedürfen der Eigentätigkeit des Individuums. Die Bildung des Menschen vollzieht sich im Wesentlichen über die Entwicklung seiner geistigen, religiösen, kulturellen, moralischen, persönlichen und sozialen Kompetenzen in der Auseinandersetzung mit der ihn umgebenden Welt. Hier deutet sich bereits die kontextuelle Abhängigkeit der jeweiligen Bildungsinhalte und -ziele von sozio-kulturellen Rahmenbedingungen an. Ursprünglich war mit dem Bildungsbegriff stets ein religiöser Bezug verbunden – dem anzustrebenden Bildungsideal entsprach eine Annäherung an die Erfüllung der göttlichen Gebote. Säkulare Bildungsbegriffe sind ganzheitlicher gefasst: Sie nehmen die gesamte Persönlichkeit und Lebensspanne eines Individuums in den Blick und lehnen sich im deutschen Sprachraum meist an das von Wilhelm von Humboldt vertretene humanistisch-aufgeklärte Bildungsideal an. So verstanden zielt Bildung auf eine nicht zweckgebundene und nicht von außen gesteuerte Vervollkommnung der Persönlichkeit und auf das Erlangen von Individualität.

Entwicklung des Begriffs »Frühe Bildung«

An die *frühe* Bildung dachte Wilhelm von Humboldt allerdings noch weniger. Hier haben sich die Auffassungen und das Wirken von Johann Heinrich Pestalozzi (1746–1827) und Friedrich Fröbel (1782–1852) als prägend erwiesen. Pestalozzi und Fröbel wirkten im beginnenden 19. Jahrhundert als Pädagogen in der Schweiz und in Deutschland und haben unsere heutigen Vorstellungen über die frühe Bildung nachhaltig beeinflusst. Beide hoben die Bedeutung der Selbsttätigkeit und der Selbstbildung für die individuelle Entwicklung hervor, aber auch die Bildungsfähigkeit des Menschen. Pestalozzi betonte, dass intellektuelle, emotionale und manuell-praktische Tätigkeiten, Kompetenzen und Zustände gleichermaßen zur Bildung gehören (»mit Kopf und Herz und Hand«). Fröbel verwies auf die Kraft der inneren Selbstbildungskräfte des Kindes und verglich die Aufgaben des Erziehers mit denen eines Gärtners, der zwar für Licht und Nahrung sorgt, den eigentlichen Entfaltungsprozess aber dem Kinde selbst überlässt. Diese Grundgedanken finden sich auch in späteren elementarpädagogischen Bildungskonzeptionen wieder – besonders deutlich wird dies in den Vorstellungen Maria Montessoris (► **Kap. 5**). Natürlich haben sich die Inhalte und Ziele der frühen Bildung in den vergangenen 200 Jahren immer wieder verändert. Die historische Entwicklung und die theoretischen Debatten um den Bildungsbegriff im Detail wiederzugeben, würde den Umfang und auch die Zielsetzung dieses Buches sprengen. Daher werden wir im Folgenden nur auf aktuelle Vorstellungen von früher Bildung und die diesbezüglichen Kontroversen eingehen.

In Deutschland dominierten in den vorschulischen Einrichtungen traditionell die beiden Begriffe Betreuung und Erziehung, während der Bildungsbegriff eher eine untergeordnete Rolle spielte. Erst seit der Jahrtausendwende fand eine Verlagerung des Gewichts in Richtung der Bildungskomponente statt. Auslöser hierfür waren die Ergebnisse der ersten großen Schulleistungsstudien mit deutscher Beteiligung, PISA und IGLU, die erstmals in einer breiteren Öffentlichkeit diskutiert wurden. Obgleich gar nicht im Fokus dieser Untersuchungen – in den PISA-Studien (Artelt et al., 2001) wurden die Kompetenzen 15-Jähriger und in den IGLU-Studien (Bos et al., 2003) die von Zehnjährigen gemessen – gerieten die vorschulische Bildung und der Bildungsauftrag des Elementarbereichs insgesamt sogleich in den Brennpunkt der bildungspolitischen Diskussionen. Im Vorschulalter – so das gängige Argumentationsmuster – werde das Fundament gelegt, auf dem die spätere schulische Lern- und Leistungsentwicklung aufbaue. Der »Bildungsauftrag« von Kindertagesstätten ist seitdem in aller Munde und wird aus ganz unterschiedlichen Sichtweisen heraus begründet: Von Seiten der Bildungs- und Sozialpolitik wird die Bedeutung einer frühen Kompensation von sozialen Nachteilen mit dem Ziel einer höheren Bildungsgerechtigkeit und Chancengleichheit betont. Es gibt aber auch wirtschaftspolitische Nützlichkeitserwägungen, um ökonomischen Interessen zu genügen. Im Zuge dieser Entwicklung haben alle deutschen Bundesländer in den vergangenen Jahren Bildungspläne für das Vorschulalter entwickelt, in denen der Versuch unternommen wird, den abstrakten Bildungsbegriff mit konkreten Ausgestaltungen zu füllen. Wie diese Bildungspläne im Einzelnen aussehen, wird in ▸**Kap. 3** dargestellt.

Die Kontroverse um die Kompetenzorientierung des Bildungsbegriffs

In Folge der geschilderten Umorientierung des Elementarbereichs wird die aktuelle öffentliche und fachliche Diskussion von Bildungskonzeptionen dominiert, die vor allem die Entwicklung von (im weitesten Sinne) leistungsrelevanten kindlichen Kompetenzen fokussieren. Allerdings sind derart eng gefasste kompetenzorientierte Bildungskonzepte in der Elementarpädagogik nicht unumstritten – es gibt durchaus kritische Gegenpositionen, die ein solches Bildungsverständnis als zu utilitaristisch ansehen und befürchten, dass ganzheitliche und persönlichkeitsbildende Aspekte dabei in den Hintergrund rücken. Kontrovers wird aber auch generell über die Angemessenheit eines universellen, dekontextualisierten Bildungsbegriffs in einer von kultureller und sozialer Heterogenität und Komplexität sowie hoher Veränderungsdynamik geprägten Gesellschaft debattiert.

Einer der prominentesten Vertreter eines kompetenzorientierten Bildungsansatzes ist **Wassilios Fthenakis.** Fthenakis (2002) vertritt eine *sozialkonstruktivistische* Vorstellung von Lernen und Entwicklung. Dabei geht er prinzipiell von einem aktiven Kind aus, das zwar über selbstbildende Kräfte verfügt, für den Erwerb von Bildung nach seiner Auffassung jedoch auf soziale Vermittlungsprozesse angewiesen ist. Diesen Vorgang bezeichnet er als *Ko-Konstruktion* von Wissen, d.h. das Kind konstruiert sich sein Wissen selbst, jedoch in Zusammenarbeit mit sozialen Partnern. Die entscheidende Frage lautet demnach: Wie müssen Interaktionsprozesse zwischen Kindern und Erwachsenen beschaffen sein, damit Kompetenzen erworben werden können? Dabei räumt Fthenakis der Vermittlung und dem Erwerb von Schlüsselkompetenzen für das lebenslange Lernen einen besonderen Stellenwert ein. Zusätzlich werden personale und soziale Basiskompetenzen als zentrale zu vermittelnde Kompetenzen angesehen. Das sich daraus ergebende Bildungskonzept kann nach Fthenakis nicht universell sein, sondern muss kontextgebunden sein und den kulturellen, sozialen und ethnischen Hintergrund der Kinder reflektieren (Fthenakis, 2002).

Diese eher eng gefasste kompetenzorientierte Sichtweise von Bildung wird zum Beispiel von **Gerd Schäfer**, einem der wenigen Frühpädagogen, die sich bereits vor Beginn des öffentlichen Interesses am Elementarbereich intensiv mit frühen Bildungsprozessen beschäftigten, scharf kritisiert. Ein kompetenzorientiertes Bildungsverständnis – so Schäfer (2005) – ordne die Bedürfnisse des Kindes denen der Erwachsenen unter. Inhaltlicher Kern von Schäfers eigenem Ansatz, der sich eng an psychoanalytischen Theorien orientiert, ist der Begriff der *Selbstbildung*. Damit ist gemeint, dass sich Kinder im Wesentlichen »aus sich selbst heraus« bilden, ohne dass es einer gezielten Wissensvermittlung durch Erwachsene bedarf. Schäfer zufolge ist die Bildung eines Kindes ein höchst individueller Prozess. Eine Optimierung von Lernprozessen nach rational-utilitaristischen Kriterien und eine Fokussierung auf kognitive Kompetenzaspekte, insbesondere auf so genannte Schlüsselkompetenzen, lehnt Schäfer strikt ab und sieht darin eine Verzwecklichung der kindlichen Entwicklung. Ebenso argumentiert er gegen die Festsetzung standardisierter Lernziele und gegen eine isolierte Förderung spezifischer Entwicklungsbereiche, denn eine »Optimierung in einzelnen Bereichen kann demnach dysfunktional und destruktiv für das Ganze werden« (Schäfer, 2005, S. 27). Im Gegensatz zu Fthenakis betrachtet Schäfer Bildung als einen dekontextualisierten Begriff, der unabhängig vom sozialen und kulturellen Kontext definiert ist, in dem das Kind aufwächst.

Die fachliche Kontroverse zwischen eher kognitiv ausgerichteten kompetenzorientierten und eher ganzheitlich ausgerichteten Bildungskonzepten wird vor allem seit der Jahrtausendwende vehement geführt und ist zugleich äußerst fruchtbar für den frühpädagogischen Diskurs. Die diesbezügliche Auseinandersetzung dauert noch immer an, vor allem im Hinblick auf die Bildungspläne der Bundesländer. Fthenakis (2010) mahnt hierzu eine »überfällige Debatte« an, die sich der Frage nach dem Kompetenzbegriff in der Elementarpädagogik offen zu stellen habe.

Bildung und verwandte Begriffe

Das Kinder- und Jugendhilfegesetz nennt als die zentralen Aufgaben des Elementarbereichs die drei Aspekte Bildung, Erziehung und Betreuung. Nachdem wir den Bildungsbegriff nunmehr präzisiert haben, wollen wir ihn im Folgenden von den anderen beiden Komponenten abgrenzen. Eine Definition der ebenfalls verwandten, eher entwicklungs- und allgemeinpsychologisch geprägten Begriffe Lernen und Entwicklung erfolgt in ▸**Kap. 2**.

Anders als der Bildungsbegriff, dem bei all seinen unterschiedlichen Auslegungen stets eine Komponente der Selbsttätigkeit innewohnt, beschreibt **Erziehung** das Handeln einer erwachsenen Erziehungsperson, die von außen auf die kindliche Entwicklung einwirkt. Man könnte auch sagen, der Bildungsbegriff ist eher kindzentriert und reflexiv konnotiert (man bildet sich), während der Begriff der *Erziehung* eher erwachsenenzentriert und außengesteuert konnotiert ist (man wird erzogen). Erziehung muss dabei nicht unbedingt intentional erfolgen; viele Erziehungsprozesse verlaufen eher beiläufig oder in indirekter Weise. Nicht selten werden auch erzieherische Wirkungen erzielt, die gar nicht beabsichtigt waren, während andere Erziehungsziele zwar angestrebt, aber nicht erreicht werden. Im Vergleich zur Bildung zielt die Erziehung stärker auf die Anpassung eines Individuums an Einstellungen, Werte, Normen und sittliche Grundsätze einer Gesellschaft (die in Abhängigkeit von der jeweiligen Kultur durchaus unterschiedlich sein können). Erziehung adressiert also eher als Bildung das Verhalten eines Menschen in sozialen Kontexten und weniger die Entwicklung von Individualität und Persönlichkeit. Diesen grundlegenden Unterschieden zum Trotz gibt es aber auch zahlreiche Überschneidungen zwischen den Begriffen Bildung und Erziehung.

Der Begriff der **Betreuung** von Kindern (englisch *care*) rückt die Komponente des »sich Kümmerns« in den Mittelpunkt, verbunden mit den Aspekten der Pflege, des Schutzes und der Fürsorge (vgl. Textor, 1999). Im 19. Jahrhundert waren Formen der reinen Betreuung ohne Bildungsanspruch und mit geringer pädagogischer Qualität die Regel, erwachsen aus der Notwendigkeit, mütterliche Erwerbstätigkeit in Familien der sozialen Unterschicht mit der Versorgung der Kinder zu vereinbaren. Im Laufe des 20. Jahrhunderts hat dieser Aspekt immer mehr an Bedeutung verloren, als pädagogische Konzepte Einzug in die Kindergärten hielten, die die Förderung der kindlichen Entwicklung in den Vordergrund stellten (▸**Kap. 3**). Insbesondere in Folge der verstärkten Kompetenzorientierung seit der PISA-Debatte verschob sich das Gewicht innerhalb des Dreiklangs Bildung – Betreuung – Erziehung, wie bereits erwähnt, noch einmal deutlich in Richtung der Bildung. Im Zuge des Ausbaus der Betreuung von Kleinkindern unter drei Jahren gewinnt der Betreuungsaspekt allerdings wieder stärker an Gewicht – diesmal jedoch mit höherem Anspruch an die pädagogische Qualität und in Kombination mit dem Bildungsauftrag. Bei der Arbeit mit Ein- bis Dreijährigen stellt die Befriedigung von Grundbedürfnissen, wie das Füttern und Wickeln und das Vermitteln eines Gefühls von Sicherheit, naturgemäß einen der Schwerpunkte dar.

In diesem Buch werden in erster Linie die beiden erstgenannten Bereiche, also Bildung und Erziehung thematisiert. Wir haben uns im Titel für den verkürzten Terminus der *frühen Bildung* entschieden, weil er unsere kindzentrierte Sicht unterstreicht, weiter gefasst ist als der Begriff *Erziehung* und einen aktuellen Schwerpunkt der modernen Früh- und Elementarpädagogik bildet. Nichtsdestotrotz werden gerade in ▸**Kap. 6** zur Förderung kindlicher Kompetenzen auch Aspekte der Erziehung behandelt.

1.2 Inhaltliche Schwerpunkte dieses Buches

Wenn wir von früher Bildung sprechen, meinen wir damit alle institutionalisierten Bildungsprozesse, die dem Schulalter vorangehen. Mit der Einschränkung auf institutionalisierte Prozesse bleibt zugleich der wichtigste und entscheidendste Ort kindlicher Bildung außen vor: die Familie. Die Ergebnisse aller großen Studien zur außerfamilialen Betreuung belegen übereinstimmend, dass Merkmale der Familie den größten Erklärungsgehalt für die kindliche Entwicklung besitzen und dass die familialen Einflüsse die Effekte früher institutioneller Bildungsmaßnahmen weit übersteigen. Die wichtigsten und intensivsten Prozesse frühkindlicher Bildung, Betreuung und Erziehung finden – auch bei früh außerhalb der Familie betreuten Kindern – in den Familien selbst statt. Obgleich also die zentrale Bedeutung familialer und häuslicher Variablen für die kindliche Entwicklung unbestritten ist, werden sie im Folgenden bewusst ausgespart. Diese Schwerpunktsetzung scheint notwendig, da die familialen Lebensumwelten der Kinder zu heterogen und die Forschungsergebnisse zur familialen Sozialisation zu vielfältig und zu vielschichtig sind, um sie in diesem Buch quasi »nebenbei« abzuhandeln. Dennoch sollten wir uns der Tatsache bewusst sein, dass die spezifische Wirksamkeit außerfamilialer Angebote stets mit den Merkmalen des Elternhauses der Kinder interagiert und dass ihre Einflussmöglichkeiten jene der elterlichen Anregungen in keiner Weise erreichen oder deren Fehlen vollständig kompensieren können.

Einschränkend ist des Weiteren darauf hinzuweisen, dass der Bereich der Kindertagespflege, der vor allem bei den unter Dreijährigen eine Rolle spielt, zwar in ▸**Kap. 4** beschreibend dargestellt, in den darauf folgenden ▸**Kap. 5** bis **8** zum konkreten pädagogischen Vorgehen sowie zu den empirischen Befunden zur Wirksamkeit früher Bildung aber kaum mehr aufgegriffen wird. Dies liegt vor allem daran, dass bisher kaum empirische Forschung zu dieser Betreuungsform vorliegt, so dass wir zum gegenwärtigen Zeitpunkt noch viel zu wenig über die pädagogische Arbeit in der Tagespflege und über deren Auswirkungen wissen. Auch zeichnet sich die Angebotsform der nicht-institutionellen Kindertagespflege durch eine ausgeprägte Heterogenität aus. Das erschwert eine angemessene Darstellung der dort geleisteten pädagogischen Arbeit und beeinträchtigt die Realisierung von Forschungsvorhaben zu den Effekten dieser Arbeit. Die wenigen hierzu vorliegenden Erkenntnisse werden an den entsprechenden Stellen berichtet. Im Großen und Ganzen bleiben die Ausführungen in den ▸**Kap. 5** bis **8** jedoch auf die frühe Bildung, Betreuung und Erziehung in den institutionellen Einrichtungen der Kindergärten, -krippen und -tagesstätten beschränkt.

Traditionell ist im Hinblick auf das Vorschulalter eine Untergliederung in zwei Altersbereiche weit verbreitet, nämlich in den Bereich der unter- und der über Dreijährigen. Die Unterscheidung dieser zwei Altersgruppen ist übrigens ein typisch deutsches Phänomen, das in anderen Ländern nicht in derselben Art besteht. Kinder ab dem vollendeten dritten Lebensjahr (Ü3) haben in Deutschland bis zum Schuleintritt einen Rechtsanspruch auf einen Kindergartenplatz, den sie in aller Regel auch wahrnehmen (▸**Kap. 4.2**). Kinder unter drei Jahren

(U3) werden entweder ausschließlich in ihren Familien oder aber in Kinderkrippen oder in der nicht-institutionellen Kindertagespflege betreut. Seit dem 01.08.2013 haben auch sie einen Rechtsanspruch auf einen Betreuungsplatz ab dem vollendeten ersten Lebensjahr. Auch wenn der Differenzierung der beiden Altersbereiche im pädagogischen Alltag vieler Einrichtungen inzwischen durch fließende Übergänge, altersgemischte Gruppen und durch ein generelles Absenken des Aufnahmealters weniger Bedeutung zukommen mag als früher, ergibt die getrennte Betrachtung der beiden Altersgruppen doch einen Sinn. Die bildungs- und familienpolitischen und die fachwissenschaftlichen Diskussionen sind nämlich für die beiden Altersgruppen von sehr unterschiedlichen Schwerpunkten und Argumenten geprägt.

Schwerpunkte der Diskussion im U3-Bereich

In Deutschland erfährt die Betreuung junger Kinder unter drei Jahren in der Öffentlichkeit und in den Medien derzeit eine hohe Aufmerksamkeit. Dies liegt zu einem großen Teil daran, dass die Thematik sehr stark ideologisch behaftet ist und dass hier gegensätzliche Grundeinstellungen und Ansichten über die Rolle der Familie, spezifischer der Mutter, und die Aufgaben des Staates aufeinander prallen. Während Vertreter eines traditionellen Familienbildes in der Familie die natürliche und einzige adäquate Instanz zur Bildung, Betreuung und Erziehung sehr junger Kinder sehen und bei einer frühen Trennung des Kindes von seiner Mutter negative Auswirkungen im Hinblick auf seine sozial-emotionale Entwicklung fürchten, sehen die Befürworter früher außerfamilialer Betreuung den Staat in der Pflicht, für alle Kleinkinder qualitativ hochwertige Bildungs- und Betreuungsangebote vorzuhalten. Damit soll einerseits den Müttern die gleichberechtigte Verwirklichung ihrer beruflichen Ambitionen ermöglicht werden, andererseits sollen die (unterstellt positiven) Effekte früher Bildung auf die Entwicklung von Kindern zu mehr Chancengleichheit innerhalb des Bildungssystems beitragen, insbesondere im Hinblick auf Kinder aus so genannten Risikofamilien. Dabei wird die Diskussion zum Teil sehr polarisiert und emotional geführt: Befürworter des Krippenausbaus werfen ihren Gegnern oft pauschal eine Diskriminierung und Bevormundung der Frauen und ein überholtes Gesellschafts- und Familienbild vor, diese prangern ihrerseits die frühe außerfamiliale Betreuung als unethisch und die Rechte und Bedürfnisse der Kinder ignorierend an. Zwischen diesen beiden gesellschaftlichen Polen versuchen die politisch Verantwortlichen den Spagat, beide Gruppen zufrieden zu stellen: die einen mit einem Ausbau der Betreuungsplätze, die anderen mit einem Betreuungsgeld für Eltern, die ihre jungen Kinder zu Hause erziehen. Damit wird – so die Argumentation – das Ziel verfolgt, den Eltern Wahlfreiheit zwischen verschiedenen Familienmodellen zu bieten.

Eine Versachlichung dieser Debatte wäre hilfreich. Statt sich in gegenseitigen ideologischen Vorwürfen zu erschöpfen, sollte die Diskussion sich stärker an den empirischen Befunden und an Erkenntnissen der Lern- und Entwicklungspsychologie orientieren. Positive Anzeichen dafür gibt es bereits.

Hoffnungsvoll stimmt beispielsweise, dass dem Faktor der Betreuungsqualität, dessen herausragende Bedeutung in wissenschaftlichen Studien schon seit Längerem erwiesen ist, zunehmend auch in der öffentlichen Diskussion Beachtung geschenkt wird.

Die aktuelle Debatte um frühkindliche Bildung, Betreuung und Erziehung von Kleinkindern ist weder neu, noch ist sie auf Deutschland beschränkt. Bereits Ende der 1980er Jahre wurde in den USA eine erbitterte Kontroverse über den Nutzen und die Notwendigkeit früher außerfamilialer Betreuung ausgetragen, in der die teilweise widersprüchlichen Forschungsergebnisse einmal auf die eine, ein anderes Mal auf die andere Weise interpretiert wurden. Damals zogen Richters und Zahn-Waxler (1988) das ernüchternde Fazit: »...it becomes clear that precious little is known at this point; infant day care research is itself still in infancy.« (S. 319). Seither ist in den USA und andernorts viel geforscht worden, und nicht nur in Deutschland hat die empirische Bildungsforschung einen Boom erlebt und sich verstärkt dem vorschulischen Altersbereich zugewandt. In neuerer Zeit wurden mehrere groß angelegte Längsschnittstudien initiiert, die die methodischen Schwächen früherer Untersuchungen umgehen sollen. Dennoch hat die oben zitierte Aussage nicht an Aktualität verloren. Die wissenschaftliche Kontroverse über die frühe Bildung und Betreuung von Kleinkindern dauert an und sie wird weiterhin intensiv und emotional geführt. Noch immer gibt es eine Vielzahl inkonsistenter und einander scheinbar widersprechender Forschungsergebnisse, auf die in ▸**Kap. 8** detailliert eingegangen wird. Eine kohärente Gesamteinschätzung zur Wirksamkeit und zu den Folgen außerfamilialer Betreuung fällt deshalb schwer. Andererseits lassen komplexe Fragen auch keine einfachen Antworten erwarten. Dies ist allerdings kein Grund zur Resignation, sondern eher ein Anlass, zusätzliche Anstrengungen zu unternehmen.

Schwerpunkte der Diskussion im Ü3-Bereich

Im Bereich der Drei- bis Sechsjährigen geht es angesichts von Besuchsquoten von über 90% (▸**Kap. 4.2**) und einer insgesamt sehr hohen gesellschaftlichen Akzeptanz außerfamilialer Betreuung weniger um das *Ob* als um das *Wie* der Betreuung. Stärker als bei den unter Dreijährigen steht dabei der Bildungsanspruch im Vordergrund. In ▸**Kap. 3** wird dargestellt, welche inhaltlichen Schwerpunkte dabei gesetzt werden und wie der Bildungsauftrag im Elementarbereich in den Bildungsplänen der Länder präzisiert wurde. Die Zielsetzung einer entwicklungsangemessenen kompensatorischen Förderung von Kindern aus bildungsfernen Bevölkerungsgruppen und aus zugewanderten Familien spielt dabei eine große Rolle. Zur Verwirklichung dieser Ziele bedarf es einer Sicherung und Verbesserung der pädagogischen Qualität in den Einrichtungen. Diese wird zunehmend als Schlüsselvariable für die Wirksamkeit früher Bildungsmaßnahmen erkannt (▸**Kap. 8.3**).

Ein weiteres den Kindergarten betreffendes Thema ist der Aspekt der Schulvorbereitung. Auch dieser Bereich wird in Deutschland traditionell kontrovers diskutiert. Wie bei der U3-Betreuung stehen sich auch hier unterschiedliche ideologische Grundeinstellungen gegenüber: Während die eine Seite im Kindergarten einen von jeglichen Leistungsanforderungen unberührten »Schonraum« zum zweckfreien Spielen, für die soziale Entwicklung und zur freien Entfaltung der Persönlichkeit sieht, erwartet die Gegenseite von der Elementarpädagogik vornehmlich eine systematische Förderung, um die Kinder »fit für die Schule zu machen«. In der deutschen Elementarpädagogik war die erste Sichtweise lange Zeit vorherrschend und hat den pädagogischen Alltag in vielen Einrichtungen über Jahrzehnte geprägt. Im letzten Jahrzehnt haben sich die öffentliche Meinung und die politischen Zielvorgaben jedoch klar in Richtung des Aspekts der Bildung und Förderung verschoben, und auch in der praktischen Arbeit hat ein allmähliches Umdenken stattgefunden. Inzwischen besteht breiter Konsens darüber, dass die Möglichkeiten des Elementarbereichs verstärkt zur Unterstützung früher Bildungsprozesse genutzt werden sollten (Fthenakis, 2002). In die gleiche Richtung gehen die Schlussfolgerungen der OECD-Initiative *Starting Strong*, in denen gefordert wird, den Elementarbereich expliziter als bislang in den Bildungssystemen der Länder zu verankern (OECD, 2006).

1.3 Wie dieses Buch aufgebaut ist

Mit diesem Buch möchten wir einen ersten Einstieg in den Bereich der frühen Bildung bieten. Dazu gehört ein Überblick über die Strukturen, Inhaltsbereiche und pädagogischen Konzepte des frühen Bildungs- und Betreuungswesens in Deutschland. Ein zweites Anliegen besteht darin, den oftmals emotional und unsachlich geführten Debatten über den Nutzen und die Folgen früher Bildungs- und Betreuungsangebote empirische Befunde zu den tatsächlichen Effekten früher Bildung und Betreuung entgegenzusetzen. Dabei sollen möglichst viele Forschungsrichtungen und verschiedene Disziplinen berücksichtigt und die verschiedensten kindlichen Entwicklungsbereiche einbezogen werden. Insbesondere wird neben der sprachlich-kognitiven Entwicklung die sozial-emotionale Entwicklung der Kinder mit im Zentrum der Betrachtungen stehen. Wichtige Leitfragen dieses Buches sind die folgenden:

- Was sind die Ziele früher Bildung?
- Wie sieht frühe Bildung in Deutschland aus? Welche Angebote gibt es? Wie intensiv werden sie genutzt?
- Wie wird frühe Bildung konkret umgesetzt? Welche übergreifenden Konzepte werden im Elementarbereich verfolgt, und welche spezifischen Fördermaßnahmen gibt es, um frühe Bildungsprozesse zu befördern?
- Was wissen wir über die Übergänge von der Familie in außerfamiliale Betreuungsformen und von dort in die Schule?
- Wie wirkt sich frühe Bildung auf die kindliche Entwicklung aus?

Das Buch umfasst acht Kapitel. ▸ **Kap. 1** haben Sie bereits gelesen. In ▸ **Kap. 2** werden wir zum besseren Verständnis der darauf folgenden Kapitel einen kleinen Exkurs in die Entwicklungspsychologie unternehmen und eine kurze Einführung in den Entwicklungsstand von Kindern, die vorschulische Bildungseinrichtungen besuchen, und in die typischerweise im betrachteten Altersbereich ablaufenden Entwicklungsprozesse geben. Dabei beschränken wir uns auf die Entwicklungsbereiche, die im Zusammenhang mit der frühen Bildung relevant sind. In ▸ **Kap. 3** werden die Bildungspläne der Bundesländer vorgestellt. In ▸ **Kap. 4** wird beschrieben, welche Betreuungsformen es in Deutschland gibt und wie intensiv sie genutzt werden, und in ▸ **Kap. 5** werden die wichtigsten elementarpädagogischen Konzepte dargestellt, anhand derer die Zielsetzungen und Inhalte der Bildungspläne in konkretes pädagogisches Handeln umgesetzt werden. In ▸ **Kap. 6** werden spezifische Förderprogramme für umschriebene Entwicklungsbereiche exemplarisch beschrieben. Im Einzelnen wird hier auf Programme zur Sprachförderung, zur Förderung früher mathematischer und naturwissenschaftlicher Kompetenzen und zur Förderung der sozial-emotionalen Entwicklung eingegangen. ▸ **Kap. 7** geht auf die Bedeutung der Übergänge von der Familie in die Bildungseinrichtungen, zwischen den verschiedenen Stufen des frühen Bildungssystems und von dort in die Schule ein. In ▸ **Kap. 8** wird dargestellt, was wir aus der empirischen Forschung über die Wirksamkeit vorschulischer Bildungsmaßnahmen wissen.

Zusammenfassung

In diesem Buch geht es um Kinder im Altersbereich vom ersten Lebensjahr bis zur Einschulung in allen Formen außerfamilialer Betreuung. Diese Stufe des Bildungssystems wird auch als Elementarbereich bezeichnet.

Bildung, Erziehung und Betreuung sind die drei zentralen Aufgaben des Elementarbereichs. In den letzten Jahren hat sich die Gewichtung der Aufgaben in Richtung des Bildungsauftrags verschoben. Traditionell beinhalten ganzheitliche Bildungsbegriffe das Streben nach Vervollkommnung der Persönlichkeit. In allen seinen Ausprägungen enthält der Begriff der Bildung stets eine Komponente der Selbstbildung. Derzeit dominiert in den Erziehungs- und Bildungswissenschaften ein kompetenzorientierter Bildungsbegriff. Dieser Ansatz hat wegen seiner vermeintlich utilitaristischen Ausrichtung jedoch auch Widerspruch ausgelöst.

In Deutschland ist eine Untergliederung des Elementarbereichs in die beiden Altersbereiche U3 und Ü3 üblich. Die Diskussion über frühe Bildung ist in den beiden Bereichen von unterschiedlichen inhaltlichen Schwerpunkten geprägt.

Dieses Buch soll eine sachliche Bestandsaufnahme zu den vorhandenen Angeboten im Elementarbereich, den Konzepten und Förderansätzen und zu den empirischen Befunden zu den Auswirkungen früher Bildung auf die kindliche Entwicklung leisten.

Literaturempfehlungen für dieses Kapitel

Ahnert, L. (1998). *Tagesbetreuung für Kinder unter drei Jahren. Theorien und Tatsachen.* Bern: Huber.

Fried, L. & Roux, S. (Hrsg.). (2006). *Pädagogik der frühen Kindheit: Handbuch und Nachschlagewerk*. Weinheim: Beltz.

Stamm, M. (2010). *Frühkindliche Bildung, Betreuung und Erziehung*. Bern: Haupt.

Wittmann, S., Rauschenbach, T. & Leu, H.R. (Hrsg.). (2011). *Kinder in Deutschland. Eine Bilanz empirischer Studien.* Weinheim: Juventa.

2 Entwicklung und Lernen in der frühen Kindheit

In diesem Buch geht es um Bildungsprozesse und um deren Förderung im Kleinkind- und im frühen Kindesalter, also bei Kindern bis zum Alter von etwa sechs Jahren. Um die Ausführungen zu Zielen und Inhalten früher Bildung und zu den konkreten Fördermaßnahmen besser verstehen und einordnen zu können, sind Kenntnisse über die typischerweise in diesem Altersbereich ablaufenden Entwicklungsprozesse in den zentralen Bereichen der kindlichen Entwicklung hilfreich, wenn nicht sogar notwendig. Nicht ohne Grund wird in den letzten Jahren eine stärkere Behandlung entwicklungspsychologischer Themen in der Ausbildung von Erzieherinnen[2] gefordert. Der dahinter stehende Gedanke ist einfach: Wer weiß, wie sich das Denken und die Sprache von Kindern, ihre Emotionalität und ihr Sozialverhalten im Normalfall entwickeln und wann Kinder üblicherweise bestimmte Kompetenzen erwerben, der wird eher in der Lage sein, ihnen in der pädagogischen Arbeit kindgerecht zu begegnen und entwicklungsadäquate Lerngelegenheiten anzubieten. Auch das Erkennen von Auffälligkeiten kindlichen Verhaltens fällt leichter, wenn Kenntnisse über die alterstypischen Entwicklungsverläufe und über mögliche Verzögerungen oder Störungen der Entwicklung vorhanden sind.

Im Folgenden werden wir einen kurzen Exkurs in die Entwicklungspsychologie des frühen Kindesalters unternehmen, um die typischen Entwicklungsverläufe sowie die wichtigsten theoretischen Ansätze in den für die frühe Bildung besonders relevanten Funktionsbereichen darzustellen. Für eine ausführlichere Erörterung sei auf die Ausführungen in den einschlägigen Lehrbüchern der Entwicklungspsychologie (z. B. Schneider & Lindenberger, 2012; Hasselhorn & Schneider, 2007) verwiesen. Wir betrachten dabei nur die für die frühe Bildung zentralen Inhaltsbereiche der kognitiven Entwicklung, der Sprachentwicklung und der sozial-emotionalen Entwicklung. Auch in anderen Funktionsbereichen, wie der Motorik oder der Wahrnehmung, kommt es in der frühen Kindheit natürlich zu bedeutsamen Entwicklungsprozessen.

Kinder entwickeln sich in den ersten sechs Lebensjahren auf vielfältige, rasante und tiefgreifende Weise. Manche Veränderungen sind schon auf den ersten Blick sichtbar: Mit sechs Jahren sind die Kinder im Schnitt doppelt so groß und fünfmal so schwer wie mit einem Jahr. Sie haben zwischenzeitlich Laufen, Sprechen, zur

---

2 Aufgrund des zahlenmäßigen Übergewichts weiblicher Beschäftigter in den Kindertageseinrichtungen wird in diesem Buch der besseren Lesbarkeit halber die weibliche Form »Erzieherin« verwendet. Männliche Erzieher sind selbstverständlich immer auch gemeint.

Toilette Gehen und vieles mehr gelernt. Einige können schon in Ansätzen lesen, schreiben oder rechnen. Psychische Veränderungen manifestieren sich mehr oder weniger offensichtlich im Verhalten der Kinder. Im Folgenden werden wir zunächst auf die kognitive Entwicklung, dann auf die Sprachentwicklung und anschließend auf die Entwicklung des Sozialverhaltens und der Emotionalität im frühen Kindesalter eingehen.

Fokus: Entwicklung, Sozialisation, Erziehung und Lernen

Die Entwicklungspsychologie beschäftigt sich mit den Veränderungen und Konstanzen der psychischen Entwicklung von Menschen. Entwicklungstheorien thematisieren die Mechanismen und Ursachen dieser Veränderungen. Vor allem im Hinblick auf die jeweils zugeschriebene Bedeutsamkeit von Anlage (Reifung) und Umwelt (Lernen) unterscheiden sich diese Theorien voneinander.

Individuelle Entwicklung und Sozialisation sind eng miteinander verknüpft. Als *Sozialisation* bezeichnet man das Hineinwachsen in eine Gesellschaft, also die Genese der Persönlichkeit in Abhängigkeit von sozialen und gesellschaftlichen Bedingungen. Die Persönlichkeits- und Identitätsentwicklung von Kindern wäre ohne eine Bezugnahme auf die Normen und Wertvorstellungen einer Gesellschaft und ohne eine Berücksichtigung der unterschiedlichen Sozialisationsinstanzen und -agenten, die solche Normen und Werte vermitteln, nur unzureichend beschrieben. Maßnahmen der Erziehung spielen bei den kindlichen Sozialisations- und Entwicklungsprozessen eine wichtige Rolle. Erziehungshandeln ist eine (meist) bewusste und absichtsvolle Form der Einflussnahme auf Andere, um Entwicklungs- und Sozialisationsprozesse zu befördern.

Als *Lernen* bezeichnet man erfahrungsbedingte Veränderungen des Verhaltenspotenzials eines Menschen. Entwicklungsveränderungen, die allein oder überwiegend auf Reifungsprozesse zurückgehen (z.B. die Entwicklung der Fähigkeit zur Tiefenwahrnehmung) bezeichnet man nicht als Lernen. Meist sind aber Lern- und Entwicklungsprozesse sehr eng miteinander verwoben. Damit Entwicklung stattfinden kann, muss es Lerngelegenheiten (Umwelt) geben, die erfahrungsgesteuerte Lernprozesse möglich machen. Damit gelernt werden kann, müssen aber auch die notwendigen Entwicklungsvoraussetzungen (Anlage und Reifung) vorhanden sein. Die alte Anlage-Umwelt-Dichotomie im Sinne eines Entweder-Oder ist schon lange überholt. Vielmehr ist in der aktuellen Entwicklungspsychologie die Auffassung vorherrschend, dass beide Einflussfaktoren und zugleich die Selbstgestaltungskräfte eines Individuums an den Entwicklungsprozessen und an ihren Ergebnissen ursächlich beteiligt sind.

Auf zwei grundlegende und eigentlich selbstverständliche Tatsachen ist vorab hinzuweisen. Zum einen darauf, dass es sich bei den nachfolgend beschriebenen Entwicklungsverläufen stets nur um typische, also üblicherweise so verlaufende Entwicklungsprozesse handelt. In der Realität können diese Prozesse einen sehr variablen Verlauf nehmen. Altersangaben, die ein »typisches« Erreichen bestimmter Kompetenzstufen (beispielsweise bei der Sprachentwicklung) kennzeichnen, sind deshalb immer nur Durchschnittswerte, die das Ausmaß der natürlichen Variabilität individueller Entwicklungsverläufe nicht sichtbar werden lassen. Zum anderen sind in frühen Bildungseinrichtungen stets auch Kinder anzutreffen, deren Entwicklungsverläufe aus ganz unterschiedlichen Gründen – seien es ungünstige familiale oder soziale Bedingungen ihres Aufwachsens, seien es Dysfunktionen in einzelnen Funktionsbereichen – von dem hier geschilderten »normalen« Verlauf abweichen und verzögert oder beeinträchtigt sind. Im pädagogischen Alltag einer vorschulischen Einrichtung bedürfen solche Kinder der besonderen Aufmerksamkeit und Zuwendung ihrer Erzieherinnen.

2.1 Kognitive Entwicklung

Kindliche Äußerungen und Handlungen lassen sich leichter verstehen, wenn man etwas über den kognitiven Entwicklungsstand eines Kindes weiß, also darüber, wie Kinder einer Altersstufe üblicherweise denken und schlussfolgern und wie sie Informationen verarbeiten. Auch das kindliche Spiel- und Interaktionsverhalten erschließt sich besser, wenn man weiß, wie Kinder ihre Umwelt eigentlich wahrnehmen und interpretieren. Grundlegende Kenntnisse der kognitiven Entwicklung sind also für den Umgang mit kleinen Kindern im Prinzip unerlässlich. Moderne Entwicklungstheorien, die sich auf das Denken und den Wissenserwerb beziehen, sehen die individuelle Entwicklung als Zusammenspiel der Entfaltung genetisch programmierter (endogener) Anlagen mit von der Umwelt bereitgestellten (exogenen) Lernanregungen. Viele einflussreiche Ansätze heben zusätzlich die Bedeutsamkeit der Eigenaktivität des sich entwickelnden Individuums hervor. Zu diesen Theorien gehören z. B. die Stufentheorie von Jean Piaget und die sozio-konstruktivistische Theorie von Lev Wygotski, die im Folgenden dargestellt werden. Nicht eigens eingehen können wir an dieser Stelle auf die kognitionspsychologischen Entwicklungstheorien der Informationsverarbeitung, die sich mit den altersabhängigen Veränderungen kognitiver Prozesse und Strukturen befassen (zusammenfassend: Miller, 1993; Sodian, 2012).

Die Stufentheorie von Piaget

Die Stufentheorie des Schweizer Entwicklungspsychologen Jean Piaget (1896–1980) gilt als Klassiker unter den kognitiven Entwicklungstheorien. Auch wenn wir heute wissen, dass junge Kinder wesentlich kompetenter sind als von Piaget angenommen, ist sein Verdienst für die Entwicklungspsychologie weithin unbestritten (Piaget, 1936/1973, 1926/2010; zur Einführung: Miller, 1993; Sodian, 2012, zur Vertiefung: Ginsburg & Opper, 2004). Der Theorie Piagets liegt ein konstruktivistisches Verständnis von Lernen und Entwicklung zugrunde: Lernen und Entwicklung finden statt, indem sich ein Kind aktiv mit seiner gegenständlichen und sozialen Umwelt auseinandersetzt, d. h. das Kind konstruiert sich sein Wissen durch eigenes Handeln. Die meisten heute verbreiteten elementarpädagogischen Ansätze berufen sich auf diese Grundannahme Piagets (► **Kap. 5**).

Für die Denkentwicklung postuliert Piaget eine invariante Abfolge qualitativ unterschiedlicher Stadien oder Stufen, die universell gültig sein soll. In jedem dieser Stadien erwirbt das Kind spezifische Denkstrukturen, die beim Übergang in ein neues Stadium nicht nur erweitert, sondern qualitativ neu strukturiert werden. Zentral sind dabei die Mechanismen der **Assimilation**, also der Integration neuer Erfahrungen in die bereits vorhandenen kognitiven Strukturen, und der **Akkomodation**, also der Anpassung und Veränderung der bereits vorhandenen Denkstrukturen an neuartige Erfahrungen. Piaget unterschied die folgenden vier Stadien (Phasen) der kognitiven Entwicklung:

1. das sensumotorische Stadium (0–2 Jahre)
2. das präoperationale Stadium (2–7 Jahre)
3. das Stadium der konkreten Operationen (7–12 Jahre)
4. das Stadium der formalen Operationen (12–16 Jahre)

Im Kontext der frühen Bildung sind für uns im Folgenden nur die beiden ersten Stadien relevant, nämlich das späte sensumotorische und das präoperationale Stadium.

In der **sensumotorischen Phase** ist das Denken des Kindes noch unmittelbar an die augenblickliche und tatsächliche Interaktion mit seiner Lernumwelt gebunden, d. h. es ist handlungsgebunden und noch nicht symbolisch-repräsentational. Die Kinder lernen vornehmlich durch Handeln und erwerben Handlungsschemata motorischer Aktivitäten, die sie miteinander verknüpfen, um ihr Wissen und ihre Fertigkeiten zu erweitern. Erst gegen Ende der sensumotorischen Phase, also im Alter zwischen 18 und 24 Monaten, gelangen Kinder zu der Einsicht, dass die Dinge der gegenständlichen Welt auch dann noch vorhanden sind, wenn sie der unmittelbaren Wahrnehmung entzogen sind (*Objektkonstanz*). Piaget differenzierte das sensumotorische Stadium noch weiter in sechs Substufen, von denen uns vor allem die beiden letzten interessieren. Auf der fünften dieser Substufen (zwischen 12 und 18 Monaten) lernen Kinder, indem sie sich durch aktives Experimentieren problemlösend mit ihrer Umwelt auseinandersetzen – man kann dies auch als Lernen durch Versuch und Irrtum bezeichnen. Auf der sechsten Stufe (zwischen 18 und 24 Monaten) werden die ersten mentalen Repräsentationen (d. h. gedankliche Abbilder von Objekten oder Tätigkeiten) ausgebildet, was sich vor allem in der neu erworbenen Fähigkeit zur verzögerten Imitation beobachteter Handlungen und in der Fähigkeit zum Symbolspiel (So-tun-als-ob-Spiele, z. B. die Verwendung von Tannenzapfen als Telefonhörer) ausdrückt.

In der **präoperationalen Phase**, die den größten Teil des vorschulischen Altersbereichs und insbesondere die Kindergartenjahre umfasst, können zunehmend stabilere mentale Repräsentationen ausgebildet werden. Das Denken kann nun vom konkreten Handeln getrennt erfolgen – man bezeichnet es daher als *symbolisch-repräsentational.* Die Denkoperationen sind aber noch eng an die Wahrnehmung und Anschauung der Objekte gebunden. Logische Denkoperationen sind Kindern dieses Altersbereichs noch nicht möglich, auch können mentale Handlungsschritte noch nicht gedanklich rückgängig gemacht werden (*Irreversibilität* des Denkens). Typisch sind außerdem das so genannte *magisch-animistische Denken*, also die Zuschreibung lebensähnlicher Eigenschaften an unbelebte Gegenstände, und der Glaube an übernatürliche Erklärungen. In dieser Phase erwerben Kinder auch die Fähigkeit zum Rollenspiel, die eine Unterscheidung zwischen Realität und Vorstellung voraussetzt. Kennzeichnend für das präoperationale Stadium ist nach Piaget vor allem der ausgeprägte kindliche *Egozentrismus.* Dieser äußert sich in der Unfähigkeit, die Perspektive Anderer zu übernehmen und von der eigenen zu unterscheiden.

Im präoperationalen Stadium unterlaufen den Kindern typische »Denkfehler«, die nach Piaget auf alterstypischen kognitiven Begrenzungen beruhen, vor allem auf ihrem Egozentrismus und auf dem Zentrieren auf einen einzigen Aspekt einer Aufgabe. Auch sind die Konzepte der Erhaltung und Invarianz von Objekten noch nicht erworben (dass sich also z. B. die Menge einer Flüssigkeiten nicht ändert, wenn sie in einen anderen Behälter umgefüllt wird) und hierarchische Beziehungen werden noch nicht erkannt (dass Objekte Teilmengen von Oberkategorien sind, z. B. Äpfel von Obst). Piaget demonstrierte diese »Denkfehler« in einer Reihe von einfallsreichen, sehr bekannt gewordenen Experimenten.

Heute wird oftmals kritisiert, dass Piaget das präoperationale Denken von Kindern damit vor allem defizitorientiert beschreibe. Er selbst spricht dagegen von notwendigen Zwischenstufen der Entwicklung, die in der Vielfalt und in den Inkonsistenzen der Kinderäußerungen überaus kreativ zutage treten. Viele der oben beschriebenen typischen »Denkfehler« erwiesen sich später allerdings als aufgabenspezifisch, d. h. die entsprechenden Kompetenzen ließen sich in anders gestalteten Aufgaben deutlich früher nachweisen. Insgesamt geht man inzwischen davon aus, dass kleine Kinder (und Säuglinge) kompetenter sind als von Piaget angenommen und dass die Denkentwicklung weitaus variabler und dynamischer verläuft (Gelman & Baillargeon, 1983; Sodian, 2012).

Erwachsene und Gleichaltrige, mit denen das Kind beständig interagiert, spielen bei der Denkentwicklung eine wichtige Rolle, indem sie planvoll und gezielt (z. B. die Erzieherinnen) oder eher zufällig (z. B. andere Kinder) jene kognitiven Konflikte auslösen, die eine Veränderung der kognitiven Strukturen ermöglichen. Pädagogische Konzepte im Elementar- und Primarbereich, die sich auf die Entwicklungstheorie Piagets berufen, unterscheiden sich allerdings im Ausmaß der Vor- und Nachstrukturierung dieser Lernsituationen. Dass Kinder entsprechend ihres Entwicklungsstandes qualitativ andere Denkstrukturen als Erwachsene aufweisen, lässt sich übrigens auch an ihrem Umgang mit sozial-kognitiven oder moralischen Begriffen und Konzepten (wie Freundschaft, Geheimnisse, Streit und Lügen) aufzeigen (Valtin, 1991).

Fokus: Entwicklung früher arithmetischer Kompetenzen

Die mathematische Entwicklung des Kindes beginnt nicht erst mit dem formellen Mathematikunterricht in der Grundschule, sondern bereits in der frühen Kindheit mit der Entwicklung so genannter früher mathematischer Vorläuferkompetenzen. Piaget ging davon aus, dass ein Verständnis des Zahlbegriffes erst im konkret-operationalen Stadium erworben wird, also ab dem Alter von etwa sieben Jahren, wenn ein Kind in der Lage ist, logische formale Operationen durchzuführen (Piaget & Inhelder, 1975/2009). Ein frühes Zählenüben sei daher nutzlos, da es nicht zum Erwerb des dahinter stehenden Konzepts führe.

Moderne Modelle zur Entwicklung früher mathematischer Fähigkeiten postulieren hingegen eine Abfolge von Erwerbsprozessen, die mit der angeborenen Kompetenz zur Unterscheidung von Mengen beginnt und über den Erwerb von symbolischen Repräsentationen (Zahlen und Zahlwörtern) bis zur Entwicklung einer ordinalen Zahlraumvorstellung führt (zusammenfassend: Landerl & Kaufmann, 2008). Im Modell von Krajewski (2003) werden beispielsweise die folgenden Stufen des Kompetenzerwerbs im Vorschulalter unterschieden:

1. **Basisfertigkeiten:** Von Geburt an verfügen Kinder über mathematische Grundfertigkeiten und -kenntnisse, vor allem über einen undifferenzierten Mengenbegriff im Sinne einer Unterscheidung in »mehr oder weniger«. Bereits im Alter von etwa zwei Jahren beginnen die Kinder mit einer basalen Form des Zählens, indem sie Zahlen in der richtigen Reihenfolge aufsagen. In diesem Stadium ist das Zählen allerdings noch nicht mit der Mengenwahrnehmung verknüpft, d. h. die Kinder lernen eine Zahlenreihe auswendig, ohne den Zusammenhang mit den dahinter stehenden Mengen zu begreifen.
2. **Anzahlkonzept:** Mit etwa drei Jahren wird den Kindern der Zusammenhang zwischen den Zahlen und der dahinter stehenden Elementzahl der Mengen (Kardinalität) bewusst. Das Anzahlkonzept ist anfangs allerdings noch fragil und unpräzise. Erst wenn die Kinder die Zahlenreihenfolge sicher beherrschen, wird es präziser und es können auch nahe beieinander liegende Zahlen unterschieden werden. Mit dem Erwerb des Kardinalitätsprinzips ist die Erkenntnis verbunden, dass die beim Zählen zuletzt genannte Zahl zugleich die Gesamtsumme der gezählten Objekte bezeichnet. Allerdings lassen die Kinder sich auf dieser Entwicklungsstufe noch durch Widersprüche zwischen der Anzahl und der Flächenmenge verwirren, so dass ihnen ein Vergleich bei gleichem Material bereits gut gelingt, bei unterschiedlichen Materialarten dagegen noch schwer fällt.
3. **Anzahlrelationen:** Auf der dritten Entwicklungsstufe erwerben die Kinder ein Verständnis für die Beziehungen zwischen den Mengen und Zahlen. Sie verstehen, dass eine Menge aus Anzahlen zusammengesetzt und in Anzahlen zerlegt werden kann.

Ähnliche Vorstellungen liegen dem Entwicklungsmodell früher mathematischer Kompetenzen von Fritz und Ricken (2008) zugrunde.

Die sozio-konstruktivistische Entwicklungstheorie von Wygotski

Die Entwicklungstheorie des russischen Psychologen Lew Wygotski (1896–1934), eines Zeitgenossen Piagets, wird auch als sozio-kulturelle Theorie bezeichnet, weil sie in der Kultur und im sozialen Kontext des Lernens die treibende Kraft der Wissenskonstruktion sieht (Wygotski, 1934/1964, zum Überblick: Miller, 1993).

Wie Piaget geht auch Wygotski davon aus, dass Lernen und Entwicklung aktiv-konstruktive Eigentätigkeit eines Individuums voraussetzen. Mehr noch als bei Piaget findet das Lernen für Wygotski jedoch primär über soziale Interaktionen mit kompetenteren Interaktionspartnern und in Abhängigkeit von den sozio-kulturellen Rahmenbedingungen statt. In diesen Interaktionen erwirbt ein Kind neue Kenntnisse und Fertigkeiten und übernimmt die mentalen Werkzeuge und Kulturtechniken seiner sozialen Umwelt.

Der Erwerb neuer Kompetenzen gelingt nach Wygotski am besten, wenn Erwachsene oder andere kompetente Lernpartner dem Kind Aufgaben stellen, die knapp über seinem aktuellen Entwicklungsstand bzw. Kompetenzniveau liegen. Ein solches Anforderungsniveau nennt er die **Zone der proximalen Entwicklung**; diese umfasst die in der individuellen Entwicklung als nächstes anstehenden Entwicklungsschritte. Gemeint sind also Anforderungen, die ein Kind alleine gerade noch nicht bewältigen kann, aber unter Anleitung bereits schaffen kann, wenn die Lernpartner die Konstruktions- und Erwerbsprozesse in angemessener Weise unterstützen.

Eng mit der Theorie Wygotskis verwandt ist ein Förderstil, der sich für den Kompetenzerwerb als besonders förderlich erwiesen hat: das so genannte **scaffolding** (*Lerngerüst*). Dabei modelliert der Erwachsene eine neue Verhaltensweise anfangs selbst, dann geht er zu verbalen Anleitungen über. Diese werden zunächst immer abstrakter und dann allmählich reduziert. Im Verlauf des Lernprozesses zieht sich der Erwachsene also immer mehr aus der Lehraktivität zurück und überträgt die Handlungsverantwortung nach und nach dem Kind. Dieser Ansatz wurde auch in vielen pädagogisch-psychologischen Lehr-Lern-Theorien aufgegriffen, z. B. in den unterrichtlichen Methoden des problemorientierten und des entdeckenlassenden Lehrens.

Eine zentrale Rolle für die Denkentwicklung maß Wygotski der Sprachentwicklung sowie dem Zusammenspiel der beiden Entwicklungslinien bei. Beide Bereiche beeinflussen sich gegenseitig entscheidend in ihrer Entwicklung. Eine besondere Rolle spielen dabei die lauten Selbstgespräche kleiner Kinder (die *private* oder *selbstbezogene* Sprache). Für Wygotski sind diese Selbstverbalisierungen eine entscheidende Vorstufe des stillen inneren Denkens und der Selbstanleitung, die im Laufe der Entwicklung schrittweise internalisiert und zuletzt lautlos werden. Sprache ist damit für Wygotski die zentrale Voraussetzung für alle höheren Denkprozesse.

Fokus: Entwicklung des Selbstkonzepts

Das Selbstkonzept gilt als wichtiger Einflussfaktor auf die Lernmotivation, die ihrerseits eine der zentralen individuellen Voraussetzungen erfolgreichen

Lernens darstellt. Die Entwicklung eines fähigkeitsbezogenen Selbstkonzepts beginnt bereits im Vorschulalter (zum Überblick: Helmke, 1998) Ein Phänomen, das viele Eltern und Erzieherinnen aus eigener Anschauung kennen, ist der Überoptimismus von Kindergartenkindern, wenn es um die Einschätzung des eigenen Lernvermögens und der Leistungsfähigkeit geht. Junge Kinder überschätzen ihre eigene Leistung sowohl absolut, wenn sie z. B. eine Prognose abgeben sollen, wie hoch, weit oder schnell sie springen, werfen oder laufen können, als auch relational, wenn sie sich selbst im Vergleich zu anderen Kindern einschätzen sollen. Der kindliche Überoptimismus betrifft die eigenen motorischen Fertigkeiten und die Aspekte der kognitiven Leistungsfähigkeit gleichermaßen und tritt auch bei ausreichender Vorerfahrung mit den entsprechenden Aufgabenanforderungen auf.

Als Ursachen für dieses unrealistisch hohe Selbstbild gelten zum einen soziale Faktoren, wie die Tatsache, dass junge Kinder unabhängig von ihrer tatsächlichen Leistung überwiegend positive Rückmeldungen und übertriebenes Lob erhalten und eher wenig Kritik. Zum anderen scheinen aber auch metakognitive Überwachungsdefizite bedeutsam, also die noch unzureichend ausgebildete Fähigkeit, die eigene Leistung überwachen und korrekt einschätzen zu können. Junge Kinder tendieren zudem dazu, die Bedeutung der investierten Anstrengung zu überschätzen: Sie glauben, mit einer entsprechenden Anstrengung fast alles erreichen zu können. Ein ausgeprägtes Wunschdenken könnte ebenfalls eine Rolle spielen, d. h. dass jüngere Kinder nicht so gut zwischen ihren Wünschen und Erwartungen differenzieren könnten.

Dem kindlichen Überoptimismus wird im Allgemeinen eine positive motivationale Funktion für das Lernen und die Kompetenzentwicklung zugeschrieben, weil er die Kinder animiert, auch bei schwierigen Aufgaben und nach erlebten Misserfolgen weiter »am Ball zu bleiben«, anstatt entmutigt aufzugeben. Dieses positive Selbstbild hält sich über den Schuleintritt hinweg bis in die erste Klasse. Ab der zweiten Klasse ist dann ein rapider Abfall in Richtung einer realistischeren und differenzierteren Selbsteinschätzung zu verzeichnen, der vermutlich vor allem auf die realistischeren Leistungsrückmeldungen und auf die Zunahme sozialer Vergleiche in der Schule zurück zu führen ist (Wagner & Valtin, 2003).

2.2 Sprachentwicklung

Der Spracherwerb gehört zu den zentralen Entwicklungsaufgaben der frühen Kindheit. Um Kinder mit sprachlichen Defiziten oder Störungen erkennen und angemessen fördern zu können, ist ein fundiertes Wissen über die bei der ungestörten Sprachentwicklung ablaufenden Entwicklungsschritte, ihre Abfolge und den Altersbereich, in dem sie gewöhnlich (erstmals) zu beobachten sind, unbedingt notwendig.

Innerhalb einer vergleichsweise kurzen Zeitspanne von weniger als fünf Jahren erlernen die meisten Kinder das komplexe Regelwerk der prosodischen (sprachrhythmischen), phonologischen (lautbezogenen), syntaktischen (die Satzbildung betreffenden), morphologischen (die Wortbildung betreffenden) und lexikalisch-semantischen (den Wortschatz und die Wortbedeutung betreffenden) Grundlagen und Gesetzmäßigkeiten ihrer Muttersprache und erwerben zudem elementare pragmatisch-kommunikative Kompetenzen (für einen ausführlichen Überblick über die Sprachentwicklung vgl. Schulz & A. Grimm, 2012; Tracy, 2008; Weinert & H. Grimm, 2012). Zur Erklärung dieses komplexen und dennoch in den meisten Fällen scheinbar nebenbei verlaufenden Erwerbsprozesses gibt es verschiedene Theorien. Ein Teil davon geht von einem angeborenen spezialisierten Sprachverarbeitungssystem aus, das sich relativ unabhängig von der allgemeinen non-verbalen Kognition entwickelt, andere betonen die Bedeutsamkeit genereller Lernmechanismen, der Sprachumwelt sowie der allgemeinen kognitiven Entwicklung des Kindes für das Erlernen von Sprache.

Weitgehende Einigkeit herrscht heute dahingehend, dass der Spracherwerb als ein eigenständiger, zumindest zu einem Teil biologisch verankerter Phänomenbereich zu betrachten ist. Unstrittig ist aber auch, dass ein Kind die konkreten Regelhaftigkeiten seiner jeweiligen Muttersprache aus dem Sprachangebot seiner Umwelt ableiten muss. Zudem sind sich moderne Spracherwerbstheorien darin einig, dass für den Erwerb der Muttersprache keine explizite Unterweisung notwendig ist, er also in der Regel ungesteuert verläuft. Darüber hinaus wird davon ausgegangen, dass es kritische oder sensible Phasen für den Spracherwerb gibt. Als optimales Zeitfenster für den Erwerb muttersprachlicher Kompetenzen wird zumeist der Zeitraum bis zum Ende des vierten Lebensjahr angesehen (Schulz & A. Grimm, 2012). Unstrittig ist auch, dass zahlreiche Verschränkungen zwischen der sprachlichen und der kognitiven Entwicklung existieren, insbesondere im Bereich der Begriffsbildung (ausführlich: Weinert, 2000).

Der Einfluss von Merkmalen des sprachlichen Angebots sowie der Art und Häufigkeit sprachlicher Interaktionen auf die kindliche Sprachentwicklung ist empirisch vielfach belegt (z. B. Hoff-Ginsberg, 2000; Ritterfeld, 2000). So erwies sich neben der Menge der sprachlichen Äußerungen, die die Kinder erfahren, auch eine Vielzahl qualitativer Merkmale der (Eltern-)Sprache als bedeutsam. Die praktizierte Anpassung der mittleren Ausdruckslänge und der syntaktischen Komplexität der Elternsprache an den kindlichen Entwicklungsstand oder die Häufigkeit offener Fragen und kontingenter, d. h. zuverlässiger und zeitnaher sprachlicher Reaktionen auf die kindlichen Äußerungen, sind z. B. positiv mit der kindlichen Sprachentwicklung assoziiert. In einer Reihe von Studien hat sich zudem gezeigt, dass man Eltern und Erzieherinnen relativ leicht beibringen kann, wie sie den Spracherwerb von Kindern durch den Einsatz einfacher Sprachlehrstrategien oder durch ein dialogisches Vorlesen effektiv unterstützen können (Buschmann, Jooss, Simon & Sachse, 2010; Valdez-Menchaca & Whitehurst, 1992).

Relativ früh lassen sich schon soziale Disparitäten in der kindlichen Sprachkompetenz nachweisen (Weinert, Ebert & Dubowy, 2010). Auch das Sprachangebot unterscheidet sich in Abhängigkeit von sozialen Variablen: Kinder aus Familien mit einem höheren sozio-ökonomischen Status erfahren in aller Regel quantitativ mehr sprachliche Anreize und einen qualitativ höherwertigen Input als Kinder aus sozial schwächer gestellten Familien (Hoff-Ginsberg, 1991, 1998; Hart & Risley, 1992). Quantität und Qualität des familialen sprachlichen Inputs hängen wiederum mit der Wortschatzentwicklung der Kinder zusammen.

Typischer Verlauf der Sprachentwicklung

Bereits im ersten Lebensjahr erkennen Kinder die grundlegenden rhythmischen und prosodischen Merkmale ihrer Muttersprache und können diese von anderen Sprachen unterscheiden. Ursprünglich werden die Kinder mit der universellen Fähigkeit geboren, prinzipiell jede Sprache zu erlernen; diese Fähigkeiten engen sich aber schon innerhalb des ersten Jahres wieder ein: So geht z. B. die Fähigkeit zu lautlichen Unterscheidungen, die in der eigenen Muttersprache nicht bedeutsam sind, bald wieder verloren. Die zunehmende Erfahrung mit den prosodischen und phonologischen Gesetzmäßigkeiten einer Sprache macht es dem Kind möglich, aus dem wahrgenommenen Lautstrom immer kleinere Einheiten, also Sätze und Wörter, herauszuhören. Diese frühen Erwerbsprozesse werden von den Interaktionspartnern des Kindes intuitiv durch die Verwendung der so genannten *Ammensprache (baby talk)* unterstützt, die sich durch eine hohe Tonlage und durch eine überbetonte Aussprache auszeichnet.

Im Alter von etwa 9 Monaten verstehen Kinder erste Worte, in der Zeitspanne zwischen 10 und 14 Monaten produzieren die meisten von ihnen ihre ersten Äußerungen. Danach entwickelt sich der Wortschatz mit rasantem Tempo weiter: Mit 18 Monaten beherrschen die Kinder bereits im Durchschnitt 50 Wörter aktiv (produktiv) und 200 Wörter passiv (rezeptiv). Ungefähr um diese Zeit herum kommt es in den meisten Fällen zum *Wortschatzspurt*, einem rapiden Anwachsen des produktiv gebrauchten Vokabulars innerhalb kürzester Zeit. Bis zum zweiten Geburtstag hat sich der produktive Wortschatz der Kinder (bei großer interindividueller Varianz) bereits auf durchschnittlich 200 Wörter vermehrt. Kinder, die zum zweiten Geburtstag weniger als 50 Wörter aktiv beherrschen, werden häufig als *late-talker* bezeichnet. Es gibt Hinweise darauf, dass diese Kinder später mit einer höheren Wahrscheinlichkeit als andere Kinder eine Sprachentwicklungsstörung entwickeln.

Typisch für dieses Alter sind Übergeneralisierungen und -diskriminierungen, d. h. die Kinder verwenden Wörter mit einer weiteren oder engeren Bedeutung, als es der korrekten Konnotation entspricht (z. B. *Katze* für alle Tiere mit Fell oder *Süßes* ausschließlich für Gummibärchen). In diesem Zeitraum werden auch die ersten Zwei- und Mehrwortsätze gebildet. Wieder unterstützen erwachsene Interaktionspartner den Spracherwerb intuitiv über die Verwendung sprachlicher Routinen und die so genannte *stützende Sprache (scaffolding)*. Damit ist gemeint, dass sie einen gemeinsamen Aufmerksamkeitsfokus mit dem Kind herstellen und die Kommunikation vorstrukturieren, um das Kind im Erwerb dialogischer Strukturen und im Wortschatzerwerb anzuleiten.

Im Alter zwischen zweieinhalb und vier Jahren erwerben Kinder die grundlegenden syntaktischen und morphologischen Regeln ihrer Muttersprache, mit vier bis fünf Jahren verwenden die meisten von ihnen zunehmend komplexe Satzformen. Im Laufe des Grammatikerwerbs kommt es dabei auch in diesem Bereich zu Übergeneralisierungen, d. h. bereits erworbene Regeln, z. B. zur Plural- oder Vergangenheitsbildung, werden auch auf unregelmäßige Wörter angewendet (z. B. viele Hunds, sie gehte, runtergeschmeisst). Erst später werden die korrekten Formen gebildet. Der Grammatikerwerb wird unterstützt durch die so genannte *lehrende Sprache (engl. motherese)*. Darunter versteht man die intuitive Verwendung von Sprachlehrstrategien, die auch in der systematischen Sprachförderung und -therapie mit Erfolg eingesetzt werden (▸**Kap. 6.1**). Hierzu gehören vor allem der Gebrauch von Expansionen (sachlogische Weiterführungen der kindlichen Äußerungen), das Paraphrasieren (Umformen) und Vervollständigen des vom Kind Gesagten sowie korrigierende Wiederholungen.

Zweitspracherwerb in der Kindheit

Die Frage, ob der Erwerb einer Zweitsprache in der Kindheit den gleichen Regelhaftigkeiten folgt wie das Erlernen der Erstsprache, wird in der Literatur kontrovers diskutiert. Dabei scheint insbesondere der Zeitpunkt des Erwerbs einer zweiten Sprache entscheidend. Tracy und Gawlitzek-Maiwald (2000) unterscheiden zwischen dem *simultanen* (oder bilingualen) Erstspracherwerb, der vorliegt, wenn das Kind von Geburt an oder innerhalb der ersten beiden Lebensjahre Kontakt zu zwei Sprachen hat, und der *sukzessiven Zweisprachigkeit* (dem *additiven Bilingualismus*), wenn eine weitere Sprache erst später hinzutritt und das Kind bereits feste Strukturen der Erstsprache ausgebildet hat. Für die zweite Gruppe ist in der Literatur auch der Begriff **Kinder mit Deutsch als Zweitsprache** (DaZ) gebräuchlich. Von einem *frühen Zweitspracherwerb* wird in der Regel gesprochen, wenn der Erwerb der zweiten Sprache zwischen dem zweiten und vierten Lebensjahr beginnt, von einem *späten kindlichen Zweitspracherwerb* dagegen ab dem sechsten Lebensjahr (Schulz & A. Grimm, 2012).

Weitgehende Einigkeit herrscht dahingehend, dass der monolinguale und der simultan bilinguale Erstspracherwerb nach ähnlichen Mustern verlaufen. In Bezug auf den frühen Zweitspracherwerb ist die Sachlage komplizierter (zusammenfassend: Jeuk, 2013; Meisel, 2011; Tracy, 2011a). Lange Zeit wurde in diesem Kontext über die These gestritten, dass ein Teil der mehrsprachigen Kinder sowohl die deutsche Sprache als auch die Muttersprache der Eltern nur unzureichend beherrsche und in keiner Sprache ein Niveau erreiche, das dem durchschnittlicher Muttersprachler entspreche (so genannte »doppelte Halbsprachigkeit«). Hergeleitet wurde diese Annahme aus der so genannten Schwellenniveauhypothese, der zufolge anspruchsvolle Kompetenzen in einer Zweitsprache nur erworben werden können, wenn in der Erstsprache ein bestimmtes sprachliches Mindestniveau bereits erreicht ist. Diese Annahme gilt heute als überholt. Vielmehr wird davon ausgegangen, dass mit dem Erwerb der Zweitsprache so früh wie möglich begonnen werden sollte, um die sensiblen Zeitfenster des Spracherwerbs und die natürlichen Sprachlernfähigkeiten aus dem Erstspracherwerb optimal nutzen zu können (vgl. Schulz & A. Grimm, 2012). Hierfür spricht vor allem, dass Kinder eine Zweitsprache in der Regel leichter erwerben als Erwachsene. Im Allgemeinen wird das Ende des hierfür kritischen Zeitfensters im Vorschulalter gesehen, d. h. Kinder im Elementarbereich sollten optimale Bedingungen für den Erwerb einer Zweitsprache mitbringen. Inwieweit allerdings ein Transfer von der Erst- auf die Zweitsprache erfolgt, ist noch unklar (Schulz, 2013).

2.3 Sozial-emotionale Entwicklung

Das emotionale Erleben und das soziale Verhalten des Kindes durchlaufen im Vorschulalter eine Reihe von Entwicklungen, die sich zusammenfassend im Sinne einer zunehmenden Ausdifferenzierung und einer zunehmenden Fähigkeit zur (Selbst-)Regulation beschreiben lassen. Als Emotionen bezeichnen wir psychische Prozesse und Zustände, die als Reaktion auf bestimmte Situationen auftreten und mit spezifischen Kognitionen, physiologischen Veränderungen und subjektivem Gefühlserleben einhergehen. Emotionen können auch eine handlungsleitende Funktion haben und zu einer Verhaltensänderung führen. Soziales Verhalten meint die Fähigkeit, in sozialen Situationen selbstständig handlungsfähig zu sein und mit den eigenen Gefühlen und Bedürfnissen sowie mit den Gefühlen und Bedürfnissen anderer angemessen umgehen zu können. Soziale Fertigkeiten und soziales Wissen sind notwendige Voraussetzungen für erfolgreiche Kommunikationsprozesse der Kinder untereinander und mit Erwachsenen. Damit die sozial-emotionale Entwicklung von Kindern gelingt, bedarf es eines verlässlichen und unterstützenden sozial-emotionalen Umfelds.

Im Mittelpunkt der frühen sozial-emotionalen Entwicklung eines Kindes steht der Aufbau einer Beziehung zu seinen engsten Bezugspersonen, allen voran den Eltern. Hierzu hat die Bindungstheorie detaillierte Annahmen formuliert, auf die im ersten Abschnitt der folgenden Ausführungen eingegangen werden soll. Im Kindergarten treten weitere Interaktionspartner und neue soziale Anforderungen hinzu. Hiermit befasst sich der zweite Abschnitt der folgenden Ausführungen. Angesichts der Vielzahl möglicher Aspekte konzentrieren wir uns dabei auf die Entwicklung der im Kontext von Bildungseinrichtungen besonders relevanten Beziehung zu Gleichaltrigen. Im dritten Abschnitt wird auf die Entwicklung von Emotionen eingegangen, d. h. auf die Frage, wie gut Kinder Emotionen Anderer wahrnehmen und interpretieren können und wie gut sie ihre eigenen Gefühle ausdrücken und regulieren können.

Entwicklung des Bindungsverhaltens

Ein Entwicklungsbereich, dem im Kontext der frühen Betreuung in Bildungseinrichtungen besondere Aufmerksamkeit gewidmet wird, ist der Bereich des kindlichen Bindungsverhaltens. Wie sich die außerfamiliale Betreuung von Kleinkindern auf deren Bindungsverhalten auswirkt, wird sowohl unter

Wissenschaftlern als auch in der Öffentlichkeit äußerst kontrovers diskutiert. Zum besseren Verständnis dieser Debatte und der später berichteten empirischen Befunde (▸**Kap. 8.3**) wird im Folgenden auf die Bindungstheorie des britischen Psychiaters John Bowlby (1907–1990) eingegangen.

Bowlby (1953/2001) bezeichnet Bindung als eine andauernde frühe emotionale Beziehung des Kindes zu Personen, die ihm zuverlässigen Schutz und unbedingte Unterstützung bieten. In der Regel sind dies die Eltern. Diese Bindung wird vor allem im ersten Lebensjahr eines Kindes aufgebaut, daher gilt dieser Zeitabschnitt in der Bindungstheorie als besonders prägend. Die Bindung äußert sich im so genannten Bindungsverhalten des Kindes; das sind Verhaltensweisen, die darauf ausgerichtet sind, Nähe zur Bindungsperson und ein Gefühl der Sicherheit herzustellen. Eine gelungene Bindung wird von den Vertretern der Bindungstheorie als wichtige Voraussetzung der sozial-emotionalen Entwicklung eines Kindes betrachtet (ausführlich: Spangler & Zimmermann, 2002).

Die Arbeiten von John Bowlby wurden fortgeführt durch Mary Ainsworth (1903–1999), die eine experimentell-standardisierte Untersuchungssituation entwickelte, um das Bindungsverhalten von 12 bis 24 Monate alten Kindern zu aktivieren und die Kinder anhand ihres in dieser Situation gezeigten Bindungsverhaltens verschiedenen Bindungstypen zuordnen zu können (Ainsworth, Blehar, Waters & Wall, 1978). Diese standardisierte Situation ist unter der Bezeichnung **Fremde Situation** bekannt geworden. In der *Fremden Situation* durchläuft ein Kind nacheinander verschiedene Stadien von (kurzer) Trennung und anschließender Wiedervereinigung mit der Mutter, zum Teil in Anwesenheit einer dritten, unvertrauten Person. Anhand seiner Reaktion auf die verschiedenen Situationen wird das Kind einem von drei Bindungstypen[3] zugeordnet:

1. Als **sicher gebunden** werden Kinder bezeichnet, die ihre Emotionen – vor allem Wut oder Angst – beim Weggehen der Mutter deutlich sichtbar durch Weinen oder andere Verhaltensweisen zeigen. Bei Wiederkehr der Mutter zeigen sie offen ihre Freude und Erleichterung und suchen aktiv die Nähe der Mutter.
2. Als **unsicher-vermeidend gebunden** werden Kinder bezeichnet, die kaum offen negative Emotionen beim Weggang ihrer Mutter zeigen. Sie nehmen rasch Kontakt zu der fremden Person auf, spielen mit ihr und explorieren ihre Umgebung. Bei Wiederkehr der Mutter verhalten sie sich ihr gegenüber eher abweisend und nehmen zunächst keinen Körperkontakt mit ihr auf.
3. Als **unsicher-ambivalent gebunden** bezeichnet man Kinder, die mit starker emotionaler Betroffenheit auf den Weggang ihrer Mutter reagieren und während der mütterlichen Abwesenheit kaum Explorations- oder Spielverhalten zeigen. Von der fremden Person lassen sie sich nicht beruhigen. Bei Wiederkehr der Mutter zeigen sie eine Mischung aus übertriebener Anhänglichkeit und Abwehr.

3 Später postulierte Ainsworth noch einen vierten Bindungstypus, den des desorganisiert gebundenen Kindes. Dieser ließ sich in empirischen Studien allerdings nicht eindeutig nachweisen.

Kritiker der Bindungstheorie wenden ein, dass die Fokussierung auf die Mutter-Kind-Beziehung zu einseitig sei, da Kinder durchaus bedeutsame Beziehungen zu verschiedenen Personen gleichzeitig aufbauen können. Insbesondere die Rolle des Vaters wird in der Bindungstheorie weitestgehend ignoriert. Zudem wird die prägende Bedeutung des ersten Lebensjahres für den Aufbau der Bindung bezweifelt. Für regelmäßig nicht-mütterlich betreute Kinder wurde darüber hinaus in Frage gestellt, ob das Verfahren der *Fremden Situation* für diese Kinder überhaupt ein valides Untersuchungsinstrument darstellt, da sie an regelmäßige Trennungen von der Mutter ebenso wie an ihre Wiederkehr bereits gewöhnt sind, so dass die *Fremde Situation* bei ihnen möglicherweise nicht in derselben Art das intendierte Bindungsverhalten auslöst wie bei Kindern, die gewöhnlich nur von der Mutter betreut werden (z. B. Clarke-Stewart, 1989; Lamb, Sternberg & Prodromidis, 1992). Diese These wird allerdings durch die empirischen Daten nicht gestützt, da es Kinder der drei unterschiedlichen Bindungstypen unter den mütterlich betreuten und unter den nicht-mütterlich betreuten mit etwa gleichen Häufigkeiten zu geben scheint (vgl. NICHD, 1997).

Entwicklung des Sozialverhaltens

Eine große Herausforderung, mit der junge Kinder in frühen Bildungseinrichtungen konfrontiert sind, ist der Umgang mit Gleichaltrigen in einer Gruppe. Vor allem für Einzelkinder ist das oft eine völlig neuartige soziale Situation. Ein angemessenes Sozialverhalten, also der Aufbau von Beziehungen und Freundschaften, aber auch der Umgang mit Konflikten müssen nun erlernt werden. Die Entwicklung sozialer Fertigkeiten und sozialen Wissens gehört sowohl aus Sicht der Eltern und der pädagogischen Fachkräfte als auch in der Diktion der aktuellen Bildungspläne ganz unzweifelhaft zu den wichtigsten Zielsetzungen vorschulischer Bildung und Erziehung. Unstrittig ist, dass auch die Entwicklung des Sozialverhaltens mit der kognitiven Entwicklung in Beziehung steht, da bestimmte kognitive Kompetenzen, z. B. die Fähigkeit zum Erkennen verschiedener Perspektiven, notwendige Voraussetzungen für den Erwerb sozialer Verhaltensweisen darstellen.

Bereits sehr früh zeigen Kinder ein starkes Interesse an Gleichaltrigen. Vor dem Ende des zweiten Lebensjahres drückt sich dieses Interesse allerdings kaum in gemeinsamem Spiel aus; unter Zweijährige spielen im Wesentlichen für sich oder mit Erwachsenen. Wenn sie Kontakt miteinander aufnehmen, geschieht dies in erster Linie über den Gebrauch derselben Gegenstände und Spielsachen, was allerdings häufig zu Konflikten führt, die – mangels Alternativen – oft auch körperlich ausgetragen werden. Im Laufe des dritten Lebensjahres ändert sich das Spielverhalten der Kinder in qualitativer Hinsicht. Als erste Form des gemeinsamen Spielens tritt in aller Regel das so genannte *Parallelspiel* auf, d. h. die Kinder spielen zwar mit demselben Spielzeug und beobachten oder imitieren einander dabei auch, spielen aber noch eher neben- als miteinander. Erst im Alter von drei bis vier Jahren zeigen sie im eigentlichen Sinne kooperatives Spiel, das gemeinsame Ziele verfolgt und eine gegenseitige Abstimmung verlangt.

In diesem Altersbereich treten erste Regelspiele und Rollenspiele in Kleingruppen auf. Ungefähr im Alter von vier Jahren entwickeln sich auch die ersten Freundschaften, was in diesem Alter im Wesentlichen mit der Verfügbarkeit eines regelmäßigen Spielpartners gleichzusetzen ist. Voraussetzung hierfür sind grundlegende Kenntnisse und Fertigkeiten des sozialen Austauschs (zusammenfassend: Mähler, 2007).

Entwicklung von Emotionen

Eine wichtige Entwicklungsaufgabe des Vorschulalters liegt darin, unabhängig von frühen Bezugspersonen eigene Befindlichkeiten wahrzunehmen und auszudrücken (vgl. ausführlich Holodynski & Oerter, 2012). Bereits Säuglinge verfügen über ein beschränktes Repertoire so genannter Vorläuferemotionen (Unwohlsein, Wohlsein, Interesse, Erschrecken und Ekel), die sich in den ersten drei Lebensjahren zu einer größeren Anzahl, teilweise kulturell geprägter Emotionen ausdifferenzieren. Die sieben Basisemotionen Ekel, Interesse/Erregung, Freude, Ärger, Trauer, Furcht und Überraschung entwickeln sich bereits im Laufe des ersten Lebensjahres. Anzeichen der ersten sozialen Emotion (Verlegenheit) lassen sich erstmals bei etwa eineinhalb Jahre alten Kindern beobachten. Weitere soziale Emotionen, wie Stolz, Scham und Schuld, zeigen sich erst im dritten Lebensjahr.

Im Laufe der ersten zwei Lebensjahre entwickeln sich auch erste Formen früher emotionaler Erlebens- und Ausdrucksfähigkeit. Schon im Alter von etwa neun Monaten können Kinder die Gefühle anderer Menschen wahrnehmen und zeigen Formen der »Gefühlsansteckung«, d. h. sie weinen z. B. mit, wenn andere Menschen traurig sind. Sie können auch im Gesichtsausdruck ihrer Mutter »lesen« und daraus Hinweise entnehmen, wie sie sich verhalten sollen, z. B. ein Lächeln als Zustimmung zu einer Handlung oder ein Stirnrunzeln als Ablehnung deuten. Im Kleinkindalter zeigen Kinder auch erstmals frühe Formen der Empathie, indem sie z. B. aktiv versuchen, einen anderen Menschen zu trösten. Übrigens lernen Kinder auch früh, emotionale Gesichtsausdrücke gezielt zu simulieren, um andere Menschen zu beeinflussen: Wenn sie etwas unbedingt haben möchten, können die meisten Kleinkinder bereits ein sehr überzeugendes tieftrauriges Gesicht aufsetzen.

Kinder lernen, ihre eigenen Emotionen zu kontrollieren – sie lernen dabei auch, dass es notwendig sein kann, situative Emotionen und Bedürfnisse zugunsten übergeordneter Motive zurückstellen zu können. Als Fähigkeit zum Belohnungsaufschub bezeichnet man die Kompetenz, einer sofort verfügbaren kleinen Belohnung widerstehen zu können, um später eine größere Belohnung zu erhalten. Vorschulkinder des selben Alters unterscheiden sich in erheblicher Weise in Bezug auf diese Fähigkeit. In einer Reihe von Studien konnte gezeigt werden, dass die widerstandsfähigeren Kinder noch im Jugend- und Erwachsenenalter nicht nur sozial und emotional kompetenter, sondern auch in Indikatoren des Lern- und Leistungserfolgs im Vorteil sind (Shoda, Mischel & Peake, 1990; Casey et al., 2011).

2.4 Fazit

Den Ausführungen zur kindlichen Entwicklung ist zu entnehmen, dass Vorschulkinder aus entwicklungspsychologischer Sicht bereits früh über günstige motivationale Voraussetzungen für das Bewältigen von Lernprozessen verfügen. Auch die sprachlichen, kognitiven und sozial-emotionalen Lernvoraussetzungen verbessern sich im Laufe der vorschulischen Jahre deutlich. Die frühen Jahre bieten damit einen optimalen Zeitraum zur Unterstützung und Förderung früher Lern- und Bildungsprozesse. Es kommt allerdings entscheidend darauf an, dass dies auf eine entwicklungsangemessene und kindgerechte Art geschieht.

Im Hinblick auf die Geschwindigkeit und den Verlauf der Entwicklungsprozesse ist ein großes Ausmaß an intra- und interindividueller Variabilität zu beobachten, d. h. die Kinder unterscheiden sich einerseits deutlich untereinander, andererseits sind auch für jedes einzelne Kind mitunter starke Schwankungen des Entwicklungsstandes und der Leistungsfähigkeit in Bezug auf unterschiedliche Funktionsbereiche möglich. Folglich sind bereits im Vorschulalter erhebliche Unterschiede zwischen gleichaltrigen Kindern mit Blick auf ihre individuellen Merkmale und Lernvoraussetzungen festzustellen. Diese Unterschiede erfordern ein hochgradig adaptives Vorgehen von Seiten der Erzieherinnen, das den individuellen Entwicklungsstand und die daraus resultierenden Bedürfnisse sowie die Schwächen und Stärken eines jeden Kindes erkennt und angemessen berücksichtigt. Die entwicklungsangemessene individuelle Förderung aller Kinder ist eine in höchstem Maße anspruchsvolle Herausforderung für die frühen Bildungseinrichtungen.

Zusammenfassung

Bis zum Schuleintritt kommt es in allen relevanten Funktionsbereichen, d. h. in den sprachlich-kognitiven und den sozial-emotionalen Kompetenzen, zu erheblichen Entwicklungsveränderungen. Diese Veränderungen lassen sich meist im Sinne alterskorrelierter Verbesserungen, Differenzierungen und Erweiterungen beschreiben. Zugleich ist in allen Funktionsbereichen eine ausgeprägte Variabilität des Entwicklungsstands zwischen den Kindern einer Altersstufe zu beobachten.

Literaturempfehlungen für dieses Kapitel

Hasselhorn, M. & Schneider, W. (Hrsg.). (2007). *Handbuch der Entwicklungspsychologie*. Göttingen: Hogrefe.

Schneider, W. & Lindenberger, U. (Hrsg.). (2012). *Entwicklungspsychologie*. Weinheim: Beltz.

3 Die Bildungspläne der Bundesländer

Im ersten Kapitel dieses Buches haben wir uns bereits mit der Frage auseinandergesetzt, was überhaupt unter dem Begriff »frühe Bildung« zu verstehen ist. Einige damit verbundene Fragen konnten schon geklärt werden, wie die Frage nach der betroffenen Altersgruppe und die Abgrenzung zu verwandten, aber nicht synonymen Begriffen. Die Ziele und Inhalte der frühen Bildung sind bei der Erörterung des Bildungsbegriffs allerdings sehr abstrakt geblieben. Im folgenden Kapitel wollen wir versuchen, den Begriff der frühen Bildung mit konkreten Inhalten zu füllen. Hierzu werden wir uns genauer mit den Bildungsplänen der Bundesländer für den Elementarbereich auseinandersetzen.

3.1 Die Rahmenkonzeption der Jugend- und Kultusministerkonferenz

Im Jahr 2004 veröffentlichten die Jugendminister- und die Kultusministerkonferenz einen *Gemeinsamen Rahmen der Länder für die frühe Bildung in Kindertageseinrichtungen*. Hintergrund dieses Papiers war die durch die Ergebnisse der internationalen Schulleistungsstudien ausgelöste öffentliche Diskussion über die Qualität des deutschen Bildungssystems. Sowohl aus der Bildungspolitik als auch aus den einschlägigen wissenschaftlichen Disziplinen wurde (zu Recht) gefordert, Deutschland müsse mit einer individuellen Förderung der Kinder früher beginnen, um gravierende Defizite und Ungleichheiten, wie sie PISA und IGLU für das Schulalter zeigten, gar nicht erst entstehen zu lassen. Frühe Förderung möglichst aller Kinder solle, so das allgemein propagierte und weithin anerkannte Ziel, dazu beitragen, allen Kindern die gleichen Bildungschancen zu gewähren und die Abhängigkeit des Schulerfolgs von der Herkunft der Kinder zu verringern. Es sei sicherzustellen, dass alle Kinder die Schule mit optimalen Startvoraussetzungen – entsprechend ihren individuellen Lernbefähigungen – beginnen könnten. Die Kultus- und Jugendminister der Länder reagierten auf diese Forderungen mit der oben genannten Rahmenfeststellung.

Bildung ist in Deutschland Ländersache, die Vereinbarung eines gemeinsamen Rahmens für die frühe Bildung in Kindertageseinrichtungen daher keine Selbstverständlichkeit. In der Rahmenfeststellung formulierten die 16 Bundesländer gemeinsam die grundlegenden Gedanken und Leitprinzipien zum Bildungsauftrag von Kindertageseinrichtungen im Elementarbereich. Das übergeordnete Ziel früher Bildung wird darin wie folgt beschrieben:

> »Im Vordergrund der Bildungsbemühungen im Elementarbereich steht die Vermittlung grundlegender Kompetenzen und die Entwicklung und Stärkung persönlicher Ressourcen, die das Kind motivieren und darauf vorbereiten, künftige Lebens- und Lernaufgaben aufzugreifen und zu bewältigen, verantwortlich am gesellschaftlichen Leben teilzuhaben und ein Leben lang zu lernen.« (Jugendministerkonferenz/ Kultusministerkonferenz, 2004, S. 1)

Die Rahmenfeststellung enthält eine Zusammenfassung dessen, was zwischen den Bundesländern als allgemein akzeptierter Konsens über Grundprinzipien von Bildung im Elementarbereich gelten kann. Die konkrete Ausgestaltung dieser sehr allgemein formulierten Rahmenkonzeption obliegt allerdings den Bundesländern, die aufgefordert wurden, spezifische Bildungs- oder Rahmenpläne zu erarbeiten, die die Ziele und Anforderungen an die frühe Bildung in den Einrichtungen ihres Landes festlegen. Die Funktion und die Zielgruppe der geforderten Rahmenpläne (nachfolgend vereinfacht ›Bildungspläne‹ genannt) wird von den beteiligten Gremien wie folgt charakterisiert:

> »Bildungspläne im Elementarbereich präzisieren den zu Grunde gelegten Bildungsbegriff und beschreiben den eigenständigen Bildungsauftrag der Kindertageseinrichtungen .... Sie verleihen den Bildungsprozessen in den Kindertageseinrichtungen Transparenz und bieten Orientierung für die Fachkräfte, Eltern und Lehrkräfte gleichermaßen. Bildungspläne haben aber insbesondere die Aufgabe, die Grundlagen für eine frühe und individuelle Förderung der Kinder zu schaffen.« (Jugendministerkonferenz/Kultusministerkonferenz, 2004, S. 2)

In den Bildungsplänen selbst wird von vornherein der offene, eher unverbindliche Charakter betont:

> »Entsprechend den Prinzipien von Pluralität, Trägerautonomie und Konzeptionsvielfalt steht es in der Verantwortung der Träger und Einrichtungen, wie diese Ziele im pädagogischen Alltag erreicht werden.« (Orientierungsplan Baden-Württemberg, S. 1)[4]

Kann also am Ende doch jeder Träger machen, was er will? Die Bundesländer setzten die Aufforderung zur Erstellung von Bildungsplänen jedenfalls in sehr unterschiedlicher Art und Weise um. Zwischen 2003 und 2012 entstanden 16 verschiedene Konzeptionen, viele davon mittlerweile bereits in einer mehrfach überarbeiteten Neuauflage. Fthenakis (2010) unterscheidet zwischen Bildungsplänen der ersten und solchen der zweiten Generation. In den Plänen der ersten Generation fehle eine Differenzierung zwischen den zu stärkenden Kompetenzen des Kindes und den Lernfeldern, anhand derer diese Kompetenzen in geeigneter Weise gefördert werden können. Als Bildungspläne der zweiten Generation bezeichnet Fthenakis dagegen solche, die dieses Problem überwunden hätten und zwischen den zu vermittelnden Basiskompetenzen und

---

4 Weil sie ohnehin regelmäßig aktualisiert werden, sind die Bildungspläne der Bundesländer im Literaturverzeichnis nicht eigens aufgeführt. Am Ende dieses Kapitels findet sich jedoch ein Internetlink, unter dem die 16 Bildungspläne in ihrer jeweils aktuellen Fassung abrufbar sind.

den hierfür geeigneten Bildungsbereichen unterschieden. Im Folgenden wird versucht, einen Überblick über die Gemeinsamkeiten und Unterschiede der 16 Rahmenpläne zu geben.

3.2 Umsetzung der Rahmenkonzeption in den Bundesländern

Anspruch und Umfang der Bildungspläne

Auf den ersten Blick auffällig sind die Unterschiede im Umfang der vorgelegten Pläne. Die Spanne reicht von 33 Textseiten in Brandenburg bis zu einem Umfang von über 500 Seiten in Bayern (▸**Tab. 3.1**). Entsprechend weichen die Pläne in ihrer inhaltlichen Ausgestaltung und Detailliertheit stark voneinander ab. Während die weniger umfangreichen Pläne vornehmlich auf die weiter unten skizzierten Kernbereiche früher Bildung fokussieren, stellen andere Pläne die gesellschaftlichen und historischen Rahmen- und Entstehungsbedingungen ihrer Konzeption detailliert dar oder thematisieren bildungsspezifische und gesellschaftspolitische Besonderheiten ihres Bundeslandes.

Fokus: Entstehung der Bildungskonzeptionen

Bei der Entwicklung ihrer Bildungspläne gingen die Bundesländer unterschiedliche Wege: Während eine Reihe von Ländern, wie z.B. Hessen oder Bayern, externe Institutionen, wie das Staatsinstitut für Frühpädagogik, mit der Erarbeitung eines Bildungsplans beauftragten und die so entstandenen Entwürfe erst anschließend zur Diskussion in der Praxis stellten, gingen andere Länder den umgekehrten Weg und banden öffentliche und private Träger, wie die Verbände der freien Wohlfahrtspflege, Kirchen und kommunale Spitzenverbände, von vornherein in die Entwicklung ihrer Bildungspläne ein. Dieser Unterschied in der Entstehungsgeschichte spiegelt sich in der Regel im Umfang und in der mehr oder weniger ausgeprägten »Theorielastigkeit« der Produkte wider. Davon unabhängig durchliefen die Pläne in der Mehrheit der Länder verschiedene Erprobungsphasen, die hilfreiche Anregungen und Rückmeldungen aus der Praxis ermitteln und aufgreifen sollten. Für die Akzeptanz der Bildungspläne durch die von ihnen unmittelbar in ihrer Arbeit Betroffenen, nämlich die pädagogischen Fachkräfte in den Einrichtungen, erscheint ein solches Vorgehen absolut notwendig

Hinsichtlich des altersbezogenen Geltungsbereichs der Bildungspläne ist die gemeinsame Rahmenfeststellung bewusst offen gehalten (»Die Länder bestimmen den Altersbereich der Kinder, für den diese Pläne gelten.«). Diesen Spielraum haben die Länder unterschiedlich genutzt: Die Mehrzahl von ihnen begrenzt ihre

Pläne auf Bildung in vorschulischen Bildungseinrichtungen. Einige Länder fassen den Geltungsbereich allerdings weiter und nehmen die Bildungsarbeit in außerschulischen Einrichtungen für Schulkinder, insbesondere in Horten, explizit in ihre Bildungspläne auf (►**Tab. 3.1**). Hessen hat als erstes Bundesland 2007 einen Bildungsplan vorgelegt, der institutionsübergreifend den gesamten Altersbereich von der Geburt bis zum 10. Lebensjahr abdeckt; inzwischen ist eine Reihe von Bundesländern diesem Beispiel gefolgt.

Tab. 3.1: Übersicht über die Bildungspläne der Bundesländer (Titel, Zielgruppe und Umfang) (Stand: Anfang 2013)

Bundesland	Titel	Zielgruppe	Umfang in Seiten
Baden-Württemberg (BW)	Orientierungsplan für Bildung und Erziehung in baden-württembergischen Kindergärten und weiteren Kindertageseinrichtungen	Kindertageseinrichtungen bis zur Einschulung	47
Bayern (BY)	Der Bayerische Bildungs- und Erziehungsplan für Kinder in Tageseinrichtungen bis zur Einschulung	Kindertageseinrichtungen bis zur Einschulung	504
Berlin (BE)	Berliner Bildungsprogramm für die Bildung, Erziehung und Betreuung von Kindern in Tageseinrichtungen bis zu ihrem Schuleintritt	Kindertageseinrichtungen bis zur Einschulung	132
Brandenburg (BB)	Grundsätze elementarer Bildung in Einrichtungen der Kindertagesbetreuung im Land Brandenburg	Kindertageseinrichtungen einschl. Horte	33
Bremen (HB)	Rahmenplan für Bildung und Erziehung im Elementarbereich	Kindertageseinrichtungen bis zur Einschulung	44
Hamburg (HH)	Hamburger Bildungsempfehlungen für die Bildung und Erziehung von Kindern in Tageseinrichtungen	Kindertageseinrichtungen bis zur Einschulung	114
Hessen (HE)	Bildung von Anfang an: Bildungs- und Erziehungsplan für Kinder von 0 bis 10 Jahren in Hessen	0–10 Jahre	149
Mecklenburg-Vorpommern (MV)	Bildungskonzeption für 0- bis 10-jährige Kinder in Mecklenburg-Vorpommern	0–10 Jahre	296
Niedersachsen (NI)	Orientierungsplan für Bildung und Erziehung im Elementarbereich niedersächsischer Tageseinrichtungen für Kinder	Kindertageseinrichtungen bis zur Einschulung	60
Nordrhein-Westfalen (NW)	Mehr Chancen durch Bildung von Anfang an - Grundsätze zur Bildungsförderung für Kinder von 0 bis 10 Jahren in Kindertageseinrichtungen und Schulen im Primarbereich in Nordrhein-Westfalen	0–10 Jahre	92
Rheinland-Pfalz (RP)	Bildungs- und Erziehungsempfehlungen für Kindertagesstätten in Rheinland-Pfalz	Kindertageseinrichtungen einschl. Horte	71

Tab. 3.1: Übersicht über die Bildungspläne der Bundesländer (Titel, Zielgruppe und Umfang) (Stand: Anfang 2013) – Fortsetzung

Bundesland	Titel	Zielgruppe	Umfang in Seiten
Saarland (SL)	Bildungsprogramm für saarländische Kindergärten[1] Handreichungen für die Praxis zum Bildungsprogramm für saarländische Kindergärten[1]	Kindertageseinrichtungen bis zur Einschulung	20 186
Sachsen (SN)	Der sächsische Bildungsplan: Ein Leitfaden für pädagogische Fachkräfte in Krippen, Kindergärten und Horten sowie für Kindertagespflege	Kindertageseinrichtungen einschl. Horte	212
Sachsen-Anhalt (ST)	Bildungsprogramm für Kindertageseinrichtungen des Landes Sachsen-Anhalt – Bildung: elementar – Bildung von Anfang an	Kindertageseinrichtungen bis zur Einschulung	161
Schleswig-Holstein (SH)	Erfolgreich starten - Leitlinien zum Bildungsauftrag in Kindertageseinrichtungen	Kindertageseinrichtungen einschl. Horte	68
Thüringen (TH)	Thüringer Bildungsplan für Kinder bis 10 Jahre	0–10 Jahre	172

1 Das Saarland unterteilt seine Konzeption in eine knapp gehaltene programmatische Version und eine ausführlichere Handreichung für die Praxis, die von den Inhalten her den Bildungsplänen der anderen Länder entspricht.

Obgleich die unter Dreijährigen in allen Konzepten formal mit eingeschlossen sind, unterscheiden sich die Länder deutlich in ihrem Umgang mit dieser Altersgruppe: In einigen Konzepten wird gesondert auf die spezifischen Bedürfnisse der unter dreijährigen Kinder eingegangen, andere legen den Schwerpunkt in der Erörterung klar auf die Kinder im Kindergartenalter und begnügen sich mit dem knappen Hinweis, dass die geschilderten Grundprinzipien auch auf jüngere Kinder übertragbar seien.

Unterschiede in der Schwerpunktsetzung werden auch an der Betitelung und der dadurch implizierten Verbindlichkeit der Konzeptionen deutlich: Wahlweise ist von einem »Bildungsprogramm«, einem »Bildungs- und Erziehungsplan«, einer »Bildungskonzeption« oder einem »Rahmenplan« die Rede. Andere Länder sprechen hingegen vorsichtiger und unverbindlicher von »Bildungsempfehlungen«, einem »Leitfaden« oder einem »Orientierungsplan«. ▸**Tab. 3.1** gibt einen Überblick über die derzeit vorliegenden Bildungspläne und den Altersbereich, auf den sie sich beziehen.

Weitestgehende Übereinstimmung besteht im Einklang mit der Rahmenfeststellung der Länder darin, dass die Konzepte nicht als verbindliche Handlungsanweisungen, sondern eher als allgemeine Leitlinien formuliert sind:

> »Bildungspläne sind Orientierungsrahmen, auf deren Grundlage die Tageseinrichtungen unter Berücksichtigung der lokalen Gegebenheiten träger- oder einrichtungsspezifische Konzeptionen erstellen. Sie enthalten keinen umfassend geregelten Ablauf der pädagogischen Arbeit, belassen einen großen pädagogischen Freiraum und setzen auf die Berück-

sichtigung individueller Unterschiede und spielerischer, erkundender Lernformen.« (Jugendministerkonferenz/Kultusministerkonferenz, 2004, S. 2)

Entsprechend finden sich in keinem der Bildungspläne verbindliche Anweisungen, sondern eher übergreifende Zielvorstellungen und allgemeine Hinweise. Der baden-württembergische Orientierungsplan spricht z. B. relativ allgemein von »Denkanstößen« und »Impulsen« (S. 26) für die praktische Arbeit.

Aufbau und Grundprinzipien der Bildungspläne

Vom Aufbau her ähneln sich die meisten Bildungspläne. In der Regel werden einführend das den Ausführungen zugrunde liegende Bild vom Kind, die Vorstellungen von kindlicher Entwicklung und ein allgemeines Verständnis von Bildung und Erziehung dargelegt. Dabei unterscheiden sich allerdings der Umfang und die theoretische Tiefe dieser Ausführungen zwischen den Plänen erheblich. Während sich einige Konzeptionen auf wenige, eher plakative Sätze oder Schlagworte beschränken (z. B. »Kinder sind aktive Lerner und neugierige Forscher«, Bildungsplan Brandenburg, S. 2), werden z. B. in Bayern das »Menschenbild und die Prinzipien, die dem Bildungs- und Erziehungsplan zugrunde liegen« über 13 Seiten hinweg sehr elaboriert ausgeführt.

Im Einklang mit den vorherrschenden Normvorstellungen moderner westlicher Kulturen lässt sich für das **Bild vom Kind** ein Konsens dahingehend ausmachen, dass Kinder von Beginn an als eigenständige und autonome Persönlichkeiten gesehen werden, denen mit Respekt und Wertschätzung zu begegnen sei. In der Rahmenfeststellung der Länder heißt es hierzu: »Der Erwachsene soll das Kind bedingungslos akzeptieren und respektieren. Es ist uneingeschränkt wertzuschätzen und darf niemals beschämt werden« (S. 6). Entsprechend den Entwicklungstheorien von Piaget und Wygotski (▸**Kap. 2.1**) gelten Kinder in allen Bildungsplänen als aktive Lerner, die ihr eigenes Lernverhalten selbst steuern und ihre Umgebung mitgestalten können und wollen. In einer Reihe von Konzeptionen werden die dem Kinde eigene intrinsische Lernmotivation und seine spontane Aktivität als »Selbstbildung« bezeichnet. Zudem werden übereinstimmend die kindlichen Wesensmerkmale der Neugier und des Erkundungsdrangs sowie der Wunsch, eigenständig die Welt zu entdecken, betont. Im Bildungsprogramm von Sachsen-Anhalt wird hierzu festgestellt: »Bildungsprozesse werden von Kindern selbst vorangetrieben, »Treibstoff« ist ihre Neugierde auf die Welt in all ihren Facetten« (S. 19).

Der Begriff der **Bildung** wird übereinstimmend als Prozess verstanden, und zwar als aktiver, sozialer und kultureller Prozess. Der Orientierungsplan von Baden-Württemberg definiert Bildung wie folgt:

»›Bildung‹ meint die lebenslangen und selbsttätigen Prozesse zur Weltaneignung von Geburt an. Bildung ist mehr als angehäuftes Wissen, über das ein Kind verfügen muss. Kinder erschaffen sich ihr Wissen über die Welt und sich selbst durch ihre eigenen Handlungen.« (S. 7)

Erziehung wird wenig später als Einwirken von Erwachsenen charakterisiert, als »Unterstützung und Begleitung, Anregung und Herausforderung der Bildungsprozesse« (S. 8).

Als übergreifende Ziele früher Bildung werden übereinstimmend die Förderung der kindlichen Individualität und Persönlichkeit, die Stärkung seiner sozialen und kulturellen Identität und die Erziehung zu Selbstständigkeit genannt. Diese Ziele sind, auch hierin herrscht Einigkeit zwischen den Ländern, durch eine ganzheitliche und entwicklungsangemessene Begleitung der Kinder zu verfolgen.

Bereiche der Kompetenzförderung und Lernfelder früher Bildung

In den meisten neueren Bildungsplänen wird, entsprechend der Forderung von Fthenakis (2010), eine Differenzierung zwischen den durch frühe Bildung zu vermittelnden Basiskompetenzen und den hierzu geeigneten inhaltlichen Entwicklungsfeldern vorgenommen. Der bayerische und der hessische Bildungs- und Erziehungsplan nennen als zentrale zu stärkende Kompetenzbereiche (1) personale bzw. individuumsbezogene Kompetenzen, (2) Kompetenzen zum Handeln im sozialen Kontext, (3) lernmethodische Kompetenzen und (4) Kompetenzen im Umgang mit Veränderungen und Belastungen (Resilienz)[5]. In ähnlicher Weise fordert das Berliner Bildungsprogramm die Stärkung von (1) Ich-Kompetenzen, (2) sozialen Kompetenzen, (3) Sachkompetenzen und (4) lernmethodischen Kompetenzen. Auch die in anderen Bildungsplänen aufgeführten zentralen Schlüsselqualifikationen entsprechen, wenn auch mit unterschiedlichen Begrifflichkeiten, inhaltlich meistens den zuvor genannten Dimensionen. Man ist sich also weitgehend darüber einig, welches die entscheidenden Kernkompetenzen sind, deren Stärkung das Ziel vorschulischer Bildung ist. Zusätzlich wird die Bedeutung sprachlicher Kompetenzen in einer Reihe von Plänen gesondert hervorgehoben.

Auch bezüglich der in den Bildungsplänen aufgeführten Lernfelder oder inhaltlichen Kernbereiche, in denen die Stärkung der zuvor genannten Kompetenzen erfolgen soll, lässt sich insgesamt eine hohe Übereinstimmung zwischen den 16 Konzeptionen konstatieren. Zwar differieren die genannten Kernbereiche kindlicher Entwicklung bezüglich ihrer Benennung und der Differenziertheit ihrer Untergliederung, hinsichtlich ihres inhaltlichen Gegenstandes herrscht jedoch weitgehende Einigkeit. Die überwiegende Mehrheit der Bildungspläne führt fünf bis sieben solcher Kernbereiche auf – wahlweise werden sie als Bildungsbereiche, Lernbereiche sowie als Erfahrungs- oder Entwicklungsfelder bezeichnet. Die differenzierteste Untergliederung der Entwicklungsbereiche nimmt der Hessische Bildungs- und Erziehungsplan vor, der insgesamt 15 Schwerpunkte nennt. In ▸**Tab. 3.2** sind die in den Bildungsplänen formulierten Bildungs- und Entwicklungsbereiche in vereinfachender Weise den fünf zentralen Kernbereichen (1) Sprache/Kommunikation/Medien, (2) Mathematik/Natur/Technik, (3) Sozial-

5 Sowohl der bayerische als auch der hessische Bildungs- und Entwicklungsplan wurden vom Staatsinstitut für Frühpädagogik in München unter Federführung von Wassilios Fthenakis entwickelt, woraus sich die zahlreichen Übereinstimmungen zwischen beiden Plänen erklären.

verhalten/Kultur/Wertevermittlung, (4) Musik/Kunst und (5) Gesundheit/Bewegung zugeordnet. In ►Kap. 6 werden wir diese Kernbereiche wieder aufgreifen und genauer auf die Methoden und Inhalte bei der konkreten Förderung im Rahmen früher Bildungseinrichtungen eingehen.

Der bayerische und der hessische Bildungs- und Erziehungsplan definieren darüber hinaus auf einer höheren Ebene fünf übergeordnete Bildungsziele, denen sich die genannten inhaltlichen Themenfelder zuordnen lassen: (1) Starke Kinder, (2) Kommunikationsfreudige und medienkompetente Kinder, (3) Kreative, phantasievolle und künstlerische Kinder, (4) Lernende, forschende und entdeckungsfreudige Kinder und (5) Verantwortungsvoll und werteorientiert handelnde Kinder. Auf das Erreichen dieser Ziele soll über die Stärkung der genannten Basiskompetenzen in den geeigneten Lernfeldern konsequent hingearbeitet werden.

Weitere thematische Scherpunkte der Bildungspläne

Ein weiterer wichtiger Aspekt, der in allen Konzeptionen aufgegriffen wird, ist der **Umgang mit Heterogenität.** Übereinstimmend wird hervorgehoben, dass interindividuelle Unterschiede zwischen Kindern bei der frühen Bildung eine bedeutsame Rolle spielen und angemessen berücksichtigt werden müssen. In diesem Zusammenhang wird insbesondere auf die Bedeutung von Unterschieden in den individuellen Lernvoraussetzungen der Kinder, aber auch in der sozialen und kulturellen Herkunft der Familien eingegangen. Übereinstimmend werden die kulturelle und die soziale Vielfalt positiv gesehen und als Chance und Bereicherung für das kindliche Aufwachsen betrachtet, die von den pädagogischen Fachkräften aktiv genutzt werden sollten. Die entwicklungsförderlichen Effekte von Vielfalt werden im Bildungsplan Nordrhein-Westfalens wie folgt beschrieben:

> »Heterogenität ist daher als ein konstitutives Merkmal eines jeden Bildungskonzeptes zu begreifen. Sie bietet Kindern viele Erfahrungsansätze und Lernmöglichkeiten, denn Verschiedenheit eröffnet Chancen des Kennenlernens unterschiedlicher Lebenswelten.« (S. 15)

Der besonderen Förderung von Kindern mit Migrationshintergrund und dem Thema Geschlechterunterschiede sind in mehreren Bildungsplänen eigene Abschnitte gewidmet, in einigen Bildungsplänen wird auch auf die Themenbereiche der Inklusion und der Hochbegabung ausführlicher eingegangen.

Ein weiteres Leitprinzip, das in allen Plänen auftaucht, ist der Gedanke der **Partizipation.** Damit ist gemeint, dass Kinder bzw. deren Eltern auf allen Ebenen Anspruch auf ein demokratisches Mitbestimmungsrecht haben, d. h. in Entscheidungsprozesse einbezogen werden sollen. Unter den Begriff der Partizipation zählt im weiteren Sinne auch die Fähigkeit zur Übernahme von Verantwortung für sich selbst und andere, die in vielen Plänen als Erziehungsziel definiert wird. Der in der gemeinsamen Rahmenkonzeption verwendete Begriff der »demokratischen Teilhabe« wird in den meisten Bildungsplänen aufgegriffen.

Tab. 3.2: Übersicht über die in den Bildungsplänen der Bundesländer genannten inhaltlichen Kernbereiche

Land	Sprache/Kommunikation/ Medien	Mathematik/Natur/ Technik/	Sozial-verhalten/Kultur/ Wertevermittlung	Musik/Kunst	Gesundheit/ Bewegung
BW	Sprache	Denken	Gefühl und Mitgefühl Sinn, Werte und Religion	Sinne	Körper
BY	Sprache und Literacy Informations- und Kommunikationstechnik, Medien	Mathematik Naturwissenschaften und Technik Umwelt	Emotionalität, soziale Beziehungen und Konflikte Werteorientierung und Religiosität	Ästhetik, Kunst und Kultur Musik	Bewegung, Rhythmik, Tanz und Sport Gesundheit
BE	Kommunikation: Sprachen, Schriftkultur und Medien	Mathematische Grunderfahrungen Naturwissenschaftliche und technische Grunderfahrungen	Soziale und kulturelle Umwelt	Musik Bildnerisches Gestalten	Körper, Bewegung und Gesundheit
BB	Sprache, Kommunikation und Schriftkultur	Mathematik und Naturwissenschaft	Soziales Leben	Musik Darstellen und Gestalten	Körper und Bewegung
HB[1]	Sprachliche und nonverbale Kommunikation	Natur, Umwelt und Technik	Soziales Lernen, Kultur und Gesellschaft	Rhythmik und Musik Bauen und Gestalten	Körper und Bewegung
HH	Kommunikation: Sprachen, Schriftkultur und Medien	Mathematik Natur – Umwelt – Technik	Soziale und kulturelle Umwelt	Musik Bildnerisches Gestalten	Körper, Bewegung und Gesundheit
HE[1]	Sprache und Literacy Medien	Mathematik Naturwissenschaften Technik	Emotionalität, soziale Beziehungen und Konflikte Religiosität und Werteorientierung	Musik und Tanz Bildnerische und darstellende Kunst	Gesundheit Bewegung und Sport

Tab. 3.2: Übersicht über die in den Bildungsplänen der Bundesländer genannten inhaltlichen Kernbereiche – Fortsetzung

Land	Sprache/Kommunikation/ Medien	Mathematik/Natur/ Technik/	Sozial-verhalten/Kultur/ Wertevermittlung	Musik/Kunst	Gesundheit/ Bewegung
			Gesellschaft, Wirtschaft und Kultur Demokratie und Politik Umwelt		
MV	Kommunikation, Sprechen und Sprache(n)	Elementares mathematisches Denken Welterkundung und naturwissenschaftliche Grunderfahrungen	(Inter-)kulturelle und soziale Grunderfahrungen	Musik, Ästhetik und bildnerisches Gestalten	Bewegung
NI[1]	Sprache und Sprechen	Entwicklung kognitiver Fähigkeiten und der Freude am Lernen Mathematisches Grundverständnis Natur und Lebenswelt	Emotionale Entwicklung und soziales Lernen Ethische und religiöse Fragen, Grunderfahrungen menschlicher Existenz	Ästhetische Bildung	Körper – Bewegung – Gesundheit
NW	Sprache und Kommunikation Medien	Mathematische Bildung Naturwissenschaftlich-technische Bildung Ökologische Bildung	Soziale, kulturelle und interkulturelle Bildung Religion und Ethik	Musisch-ästhetische Bildung	Bewegung Körper, Gesundheit und Ernährung
RP[1]	Sprache Medien	Mathematik, Naturwissenschaft, Technik Naturerfahrung, Ökologie	Gestaltung von Gemeinschaft und Beziehungen Religiöse Bildung Interkulturelles und interreligiöses Lernen	Künstlerische Ausdrucksformen	Bewegung Körper, Gesundheit, Sexualität

Land	Sprache/Kommunikation/ Medien	Mathematik/Natur/ Technik/	Sozial- verhalten/Kultur/ Wertevermittlung	Musik/Kunst	Gesundheit/ Bewegung
SL	Sprache und Schrift	Mathematische Grunderfahrungen Naturwissenschaftliche und technische Grunderfahrungen	Soziale und kulturelle Umwelt, Werterziehung und religiöse Bildung	Bildnerisches Gestalten Musik	Körper, Bewegung und Gesundheit
SN	Kommunikative Bildung: nonverbale Kommunikation, Sprache, Schriftlichkeit und Medien	Naturwissenschaftliche Bildung: Natur, Ökologie, Technik Mathematische Bildung	Soziale Bildung: soziales Lernen, Differenzerfahrungen, Werte und Weltanschauungen, Demokratie	Ästhetische Bildung: Musik, Theater und Tanz, bildnerisches Gestalten	Somatische Bildung: Körper, Bewegung und Gesundheit
ST	Sprache	Mathematik Natur Technik	Grundthemen des Lebens	Bildende Kunst Darstellende Kunst Musik	Körper
SH	Sprache(n), Zeichen/ Schrift und Kommunikation	Mathematik, Naturwissenschaft und Technik	Kultur, Gesellschaft und Politik Ethik, Religion und Philosophie	Musisch-ästhetische Bildung und Medien	Körper, Gesundheit und Bewegung
TH	Sprachliche und schriftsprachliche Bildung	Naturwissenschaftliche und technische Bildung Mathematische Bildung	Soziokulturelle, moralische und religiöse Bildung	Musikalische Bildung Künstlerisch gestaltende Bildung	Motorische und gesundheitliche Bildung

1 Vier Bundesländer nennen noch je einen zusätzlichen Inhaltsbereich, der sich keinem der fünf Kernbereiche zuordnen lässt (Spiel, Lebenspraxis, lebenspraktische Kompetenzen, Wahrnehmung).

Die explizite Verwendung der Begriffe **Schulvorbereitung** und Schulfähigkeit wird in den meisten Bildungsplänen vermieden, möglicherweise um die mit dieser Thematik oft einhergehenden Kontroversen (►**Kap. 1.3**) von vornherein zu umgehen. Inhaltlich finden sich die Kernbereiche der Förderung schulrelevanter (Vorläufer-)Fertigkeiten allerdings in den Bildungsplänen aller Länder wieder; insbesondere trifft das für die Vorläuferfertigkeiten der schriftsprachlichen Kompetenzen und für die frühen mathematischen Kompetenzen zu. Darüber hinaus wird die Schulvorbereitung im Kontext des Übergangs in die Grundschule, der in allen Plänen thematisiert wird, aufgegriffen. Einzig der saarländische Bildungsplan stellt sich der Diskussion um den Leistungsbegriff im Kindergarten und stellt pragmatisch fest: »Im Kindergarten sind Kindorientierung und Leistungsorientierung keine Gegensätze, sondern ergänzen sich gegenseitig.« (S. 10).

Die **professionelle Rolle der pädagogischen Fachkräfte** wird in der kompetenten Begleitung des Kindes gesehen: Beobachtend, unterstützend und fördernd. Ihre wichtigste Aufgabe ist das Bereitstellen einer anregenden Lernumwelt und die Unterstützung und Begleitung der Kinder bei der aktiven Erforschung ihrer Umwelt.

Die **Beziehung der Fachkräfte zu den Eltern** wird als »Erziehungspartnerschaft« oder -kooperation bezeichnet. Die zentrale Rolle des Einbezugs der Eltern in Entscheidungsprozesse und der Transparenz des Vorgehens wird hervorgehoben. Als Beispiele werden Informationen über Konzepte und regelmäßige Entwicklungsgespräche genannt. Offenheit gegenüber Eltern in unterschiedlichsten Lebenslagen und aus diversen sozialen und kulturellen Hintergründen gilt als obligatorisch.

Alle Pläne betonen die Notwendigkeit kontinuierlicher **Fort- und Weiterbildung der Fachkräfte** und der ständigen Reflexion über das eigene Tun im Team. Auch die Vernetzung mit anderen Einrichtungen des sozialen Netzwerks in der näheren Umgebung, wie z. B. Einrichtungen der Jugendhilfe oder kulturellen Einrichtungen, wird empfohlen. In den Bildungs- und Erziehungsempfehlungen aus Rheinland-Pfalz wird z. B. auf die Rolle von Kindertagesstätten als »Nachbarschaftszentren« oder »Bildungs- und Kommunikationszentren« verwiesen (S. 61).

Ein weiterer Aspekt, den die Rahmenfeststellung der Länder als zentralen Bestandteil von Erziehungskonzeptionen benennt, ist der Bereich der **Qualitätssicherung und Evaluation.** Eine zentrale Rolle spielen hierbei die schriftlich formulierten pädagogischen Konzepte jeder einzelnen Einrichtung, die in den meisten Ländern vorausgesetzt werden. Diese sollten einer ständigen Überprüfung im Hinblick auf die eigene praktische Arbeit und regelmäßiger Weiterentwicklung unterzogen werden. Ein weiterer wichtiger Bestandteil der Qualitätssicherung ist die Dokumentation von Entwicklungsfortschritten jedes Kindes. Hier bleiben die Vorgaben der Pläne relativ vage; spezifische Messinstrumente zur Entwicklungsbeobachtung werden nicht empfohlen, sondern es wird den Einrichtungen selbst überlassen, angemessene Verfahren auszuwählen.

Ebenfalls durch die Rahmenfeststellung vorgegeben ist die Thematik der **Übergänge** zwischen den Bildungseinrichtungen (►**Kap. 7**). Aufgrund ihres unterschiedlichen Geltungsbereichs unterscheiden sich die Pläne darin, wie viele Übergänge sie thematisieren. In den Bildungsplänen, die den weitesten Altersbereich (zwischen null und zehn Jahren) abdecken (Hessen, Mecklenburg-Vorpommern, Nordrhein-Westfalen und Thüringen), sind dies je nach Betreuungsgeschichte des Kindes bis zu vier Übergänge: (1) von der Familie in die Krippe oder Kindertagespflege, (2) von dort in eine nachfolgende Kindertageseinrichtung, (3) von der Kindertageseinrichtung in die Grundschule und (4) von der Grundschule in eine weiterführende Schule. Obwohl alle Konzeptionen den Bereich der Kinderkrippen formell abdecken, fokussieren viele von ihnen bei der Übergangsthematik allein auf die Transition in die Grundschule, während die früheren Übergänge (und der spätere in die weiterführende Schule) nur relativ selten thematisiert werden. In Bezug auf den ersten Übergang von der Familie in eine außerfamiliale Betreuungseinrichtung und von dieser in den Kindergarten betonen die Bildungspläne, die das Thema ansprechen, die Bedeutung einer sorgfältigen und behutsamen Eingewöhnungsphase für den gelingenden Übergang (►**Kap. 7.1**). Für die späteren Übergänge wird übereinstimmend ein regelmäßiger Kontakt zwischen den betroffenen Institutionen, z. B. zwischen aufnehmender Schule und abgebender Kindertagesstätte, als Grundbedingung für eine erfolgreiche Kooperation genannt. Möglichkeiten hierzu sind ein regelmäßiger Informationsaustausch, gemeinsame Fortbildungen, gegenseitige Hospitationen und gemeinsame Aktionen rund um den Übergang.

3.3 Fazit

Zur Rezeption der Erziehungs- und Bildungspläne kann erfreulicherweise konstatiert werden, dass diese in der Regel von den pädagogischen Fachkräften und den Eltern positiv bewertet werden, nicht zuletzt aufgrund der mit ihnen verbundenen Aufwertung der Kindertagesstätten zu »Bildungseinrichtungen« (Röbe, Huppertz & Füssenich, 2010). Dies mag sicher auch an den vergleichsweise allgemein gehaltenen Formulierungen liegen und an der Beschränkung auf konsensfähige, weithin akzeptierte Grundprinzipien. In der Rahmenfeststellung der Länder heißt es hierzu: »Damit die Bildungspläne in den Ländern die gewünschte Wirkung entfalten, ist es notwendig, dass sie auf eine breite gesellschaftliche Akzeptanz stoßen.« (Jugendministerkonferenz/Kultusministerkonferenz, 2004, S. 8). Dennoch sind viele Bildungspläne noch immer relativ wissenschaftlich und theoretisch-abstrakt verfasst, so dass die Gefahr besteht, dass ein Teil der pädagogischen Fachkräfte keinen praktischen Nutzen für ihre pädagogische Arbeit daraus zieht. Bei der Überarbeitung einiger Bildungspläne wurde dieser Einwand bereits aufgegriffen, dennoch bleibt die grundlegende Problematik der Diskrepanz zwischen Theorie und Wissenschaft auf der einen Seite und praktischer pädagogischer Arbeit auf der anderen Seite weiterhin bestehen. Für die erfolgreiche Implementierung der Bildungspläne in der Praxis wird es ganz entscheidend sein, ob die dort umschriebenen Ziele der Zielgruppe verständlich vermittelt werden und wie gut sie sich in praktisch realisierbare Maßnahmen übersetzen lassen.

Auf eher konzeptueller Ebene gibt Fthenakis (2010) zu bedenken, dass die vorliegenden Bildungspläne, trotz aller offensichtlichen Gemeinsamkeiten, allen voran einer starken Zentrierung auf das Kind, doch in mancherlei Hinsicht sehr heterogen seien. Dies berge die Gefahr einer fortgesetzten Bildungsdiversität in den deutschen Bundesländern. Weitgehend ungeklärt seien vor allem das den Plänen zugrunde liegende Kompetenzverständnis und die daraus abzuleitende Einigung auf die zu stärkenden Kompetenzbereiche – auch wenn diesbezüglich, vor allem in den Bildungskonzepten der zweiten Generation, inzwischen eine Annäherung der Konzeptionen erkennbar ist (vgl. Darstellung der Kontroverse um die Kompetenzorientierung der frühen Bildung ▸**Kap. 1.1**).

Von solchen theoretischen Diskussionen unberührt ist ein anderer positiver Effekt der Bildungspläne, der nicht zu unterschätzen ist (Röbe et al., 2010): Über die Bildungspläne wird der Öffentlichkeit und den pädagogischen Fachkräften selbst die lange überfällige Wertschätzung der in der frühen Bildung geleisteten Arbeit signalisiert und anerkannt, dass die erzieherische Tätigkeit in diesem Bereich anspruchsvoll, komplex und von hoher gesellschaftlicher Bedeutung ist.

Zusammenfassung

Im Jahre 2004 beschlossen die Kultusministerkonferenz und die Konferenz der Jugendminister der Länder eine gemeinsame *Rahmenfeststellung für die frühe Bildung in Kindertageseinrichtungen*, in der die Eckdaten für die frühe Bildung in Deutschland grob umrissen wurden. Diese allgemeinen Vorgaben wurden in den folgenden Jahren von den Bundesländern durch die Erstellung von Rahmenplänen zu den Zielen und Inhalten früher Bildung präzisiert. Die von den Bundesländern vorgelegten Bildungspläne unterscheiden sich erheblich in ihrem Umfang, in ihrem altersbezogenen Geltungsbereich und in der Entstehungsgeschichte. Weitestgehende Einigkeit besteht bezüglich der Ziele früher Bildung, dem ›Bild vom Kind‹ und der Rolle der Erziehenden. Konsens herrscht auch über die inhaltlichen Entwicklungsbereiche, auf deren Förderung sich die Einrichtungen der frühen Bildung konzentrieren sollte.

Literaturempfehlungen für dieses Kapitel

Die aktuellen Bildungspläne der Bundesländer finden sich unter
http://www.bildungsserver.de/Bildungsplaene-der-Bundeslaender-fuer-die-fruehe-Bildung-in-Kindertageseinrichtungen–2027.html

4 Formen und Nutzung früher Bildungsangebote

Im ersten Teil des Kapitels wollen wir uns mit den verschiedenen Einrichtungen früher Bildung und Betreuung in Deutschland, ihren gesetzlichen Rahmenbedingungen und besonderen Merkmalen beschäftigen. Im zweiten Teil geht es um statistische Zahlen zur Nutzung von frühen Bildungs- und Betreuungsangeboten in Deutschland, sowohl im Hinblick auf die Gesamtheit aller Kinder als auch im Hinblick auf bestimmte Teilgruppen der Bevölkerung. Ein besonderes Augenmerk gilt dabei der Inanspruchnahme von Betreuungsangeboten durch Familien mit Migrationshintergrund. Dabei ist grundsätzlich zu bedenken, dass sich das System der frühen Bildung und Betreuung in einem Zustand ständiger Veränderungen befindet, weil die bildungs- und gesellschaftspolitische Aufmerksamkeit und die daraus resultierenden Aktivitäten seit einiger Zeit in besonderer Weise auf diesen Bereich gerichtet sind. Aktuelle Zahlen, Statistiken und gesetzliche Rahmenbedingungen entsprechen deshalb häufig nur Momentaufnahmen, die relativ schnell wieder überholt sein können. Kennzeichnend für diesen schnellen Wandel ist die im Jahr 2006 getroffene Entscheidung des Statistischen Bundesamts, die zuvor im Vierjahresabstand erhobenen Daten zur Kindertagesbetreuung nunmehr im Jahresabstand zu erheben und zu veröffentlichen.

4.1 Einrichtungen früher Bildung und Betreuung

Traditionell lassen sich in Deutschland drei Hauptbetreuungsformen im Elementarbereich unterscheiden: Kinderkrippen, Kindergärten und Kindertagespflegestellen. Der unscharfe Begriff der Kindertagesstätte wird sowohl für Einrichtungen, die über Krippen- und Kindergartengruppen verfügen, gebraucht als auch für solche, die nur Kindergartenkinder aufnehmen. Zur besseren Unterscheidung zwischen den verschiedenen Betreuungsformen werden wir daher im Folgenden nicht von Kindertagesstätten, sondern von Kinderkrippen und Kindergärten sprechen. Für den Begriff des Kindergartens spricht zudem, dass er in der Tradition Friedrich Fröbels steht (Roßbach, 2008b).

Unter anderem in Folge des verstärkten Ausbaus der Betreuung unter dreijähriger Kinder (im Folgenden auch U3-Betreuung genannt) wurde in den letzten Jahren die ursprünglich starre Alterstrennung des Betreuungssystems zunehmend aufgeweicht. So entstehen vermehrt kombinierte Betreuungsformen, wie

z. B. altersgemischte Gruppen für Kinder zwischen null und sechs Jahren oder getrennte Krippen- und Kindergartengruppen innerhalb einer Einrichtung. Im Jahr 2012 gab es in Deutschland insgesamt ca. 21 000 Kindergärten, 1 600 Einrichtungen für unter Dreijährige und 25 000 altersübergreifende Kindertageseinrichtungen (Statistisches Bundesamt, 2012).

Kindergärten

Unter den Begriff des Kindergartens wurden in Deutschland ursprünglich alle halb- oder ganztägigen Betreuungseinrichtungen für Kinder ab dem vollendeten dritten Lebensjahr bis zum Schuleintritt gefasst. In den letzten Jahren ist jedoch in den meisten Bundesländern eine Tendenz zu verzeichnen, die Kindergärten schon für Kinder ab dem zweiten Geburtstag zu öffnen, so dass sich die betreute Altersspanne um ein Jahr nach unten erweitert hat.

Die Institution des Kindergartens blickt in Deutschland auf eine 200 Jahre lange Entwicklungsgeschichte zurück. Sie ist maßgeblich mit dem Namen Friedrich Fröbels (1782–1852) verknüpft, dessen Bildungsverständnis den deutschen Kindergarten nachhaltig geprägt hat. Fröbels Auffassungen finden sich zum großen Teil noch in den heutigen Erziehungskonzepten wieder (für eine genauere Darstellung der historischen Entwicklung des Kindergartens siehe z. B. Aden-Grossmann, 2011). Neuere zeitgeschichtliche Einflüsse sind für die konzeptuellen und strukturellen Unterschiede zwischen den Kindergärten in westdeutschen und ostdeutschen Bundesländern verantwortlich. Diese äußern sich insbesondere in einer deutlich früheren Inanspruchnahme von Betreuungsangeboten und einem insgesamt besser ausgebauten Betreuungsangebot in den ostdeutschen Bundesländern (▸**Kap. 4.2**).

Administrativ sind die Kindergärten in Deutschland bei der Kinder- und Jugendhilfe verortet. Auf Bundesebene ist das Bundesministerium für Familie, Senioren, Frauen und Jugend (BMFSFJ) für sie zuständig, in den meisten Bundesländern das Bildungsministerium (bzw. das Kultus-, Wissenschafts- oder Schulministerium), in einigen aber auch das Sozial- bzw. Familienministerium (z. B. in Bayern, in Baden-Württemberg und in Hessen). Die Rahmenbedingungen für den Betrieb und die Einrichtung von Kindergärten sind bundeseinheitlich im Kinder- und Jugendhilfegesetz (KJHG) geregelt und werden durch entsprechende Ausführungsgesetze der Länder ergänzt. Dabei geht es z. B. um Fragen der Finanzierung, Bedarfsplanung, Ausstattung und um die Elternmitwirkung.

Trotz der hohen Bedeutung, die seinem Bildungsauftrag in der aktuellen öffentlichen und politischen Diskussion zugeschrieben wird, ist der Besuch eines Kindergartens in Deutschland nicht verpflichtend. Immerhin hat seit dem 01.01.1996 jedes Kind einen Rechtsanspruch auf einen Kindergartenplatz ab seinem dritten Geburtstag. Allerdings bezieht sich dieser Rechtsanspruch nur auf einen Halbtagsplatz, was den Bedürfnissen vieler vollzeit- oder teilzeit-berufstätiger Mütter nicht entspricht. Wie im Abschnitt zur Inanspruchnahme von Betreuungsangeboten (▸**Kap. 4.2**) deutlich wird, liegen die Besuchsquoten bei den Drei- bis Sechsjährigen insgesamt sehr hoch, so dass davon auszugehen ist, dass mehr als 90% aller Kinder in Deutschland vor dem Schuleintritt einen Kindergarten besucht haben.

Strukturelle Merkmale. Wie schon in den Ausführungen zu den Bildungszielen und -plänen (▸**Kap. 3**) erwähnt, besteht im Kindergartenbereich Trägerautonomie, d. h. die Träger der jeweiligen Einrichtungen verfügen im Rahmen der gesetzlichen Vorgaben über einen relativ großen Spielraum hinsichtlich der von ihnen verfolgten pädagogischen Konzepte und deren praktischer Umsetzung. Die Mehrzahl der Kindergärten wird von kommunalen, kirchlichen oder sonstigen gemeinnützigen Trägern, wie Verbänden der freien Wohlfahrtspflege, betrieben. Daneben gibt es eine Vielzahl privater Elterninitiativen und eingetragener Vereine. Betriebliche Kindergärten spielen in Deutschland derzeit (noch) eine untergeordnete Rolle. Im Jahr 2012 waren in Deutschland etwa 1/3 der Kindergärten in öffentlicher und 2/3 in freier Trägerschaft (Statistisches Bundesamt, 2012). Da der Kindergartenbesuch nicht verpflichtend ist, sind die Eltern in der Wahl einer Einrichtung im Prinzip völlig frei. Sie haben allerdings keinen Anspruch auf einen Platz in einer bestimmten Einrichtung, z. B. mit einem besonderen pädagogischen Konzept oder ihren Bedürfnissen entsprechenden Öffnungszeiten.

Auf der institutionellen Ebene lässt sich unterscheiden zwischen reinen Kindergärten und kombinierten Einrichtungen, die zusätzlich Plätze für unter dreijährige Kinder und/oder Hortplätze für Schulkinder vorhalten. Innerhalb beider Organisationsformen gibt es Einrichtungen mit altershomogener und altersübergreifender Gruppenzusammensetzung. Zudem lassen sich Kindergärten mit offenen, teiloffenen oder geschlossenen Gruppenkonzepten unterscheiden. Je nachdem verbringen die Kinder ihren Alltag entweder überwiegend in ihren (Stamm-)Gruppen oder es dominieren gruppenübergreifende Aktivitäten (▸**Kap. 5**). Grundlage der pädagogischen Arbeit in den Kindergärten sind die Bildungspläne der jeweiligen Bundesländer (▸**Kap. 3**). Von den Organisationsmerkmalen im Prinzip unabhängig sind die pädagogischen Konzepte, nach denen in einer Einrichtung gearbeitet wird, allerdings gibt es einige elementarpädagogische Ansätze, die bestimmte Gruppenkonzepte favorisieren. In ▸**Kap. 5** werden exemplarisch der Situationsansatz, die Montessori-Pädagogik, die Waldorf- und die Reggio-Pädagogik als die in Deutschland bedeutendsten pädagogischen Konzepte in ihren Grundzügen dargestellt.

Die Obergrenze für die Gruppengröße in Kindergärten, die oft auch der Regelgröße entspricht, liegt in den meisten Bundesländern bei 25 Kindern. Je nach Bundesland sind pro Gruppe mindestens 1,5 bis 1,75 pädagogische Fachkräfte einzusetzen. Für altersgemischte Gruppen, in denen auch Kinder unter drei Jahren betreut werden, und bei der Aufnahme so genannter Integrationskinder mit besonderem Förderbedarf sind geringere Gruppengrößen und eine höhere Anzahl einzusetzender Fachkräfte vorgesehen.

Ausbildung der in Kindergärten beschäftigten Fachkräfte. Bei den in Kindergärten tätigen Fachkräften handelt es sich in erster Linie um staatlich geprüfte Erzieherinnen und Erzieher. Die Ausbildung zur Erzieherin ist bundesweit nicht einheitlich geregelt und dauert je nach Bundesland zwischen zwei und vier

Jahren. In den meisten Bundesländern beinhaltet sie ein praktisches Anerkennungsjahr und ein einjähriges Vorpraktikum. Ausbildungsstätten sind in der Regel Berufsfachschulen für Sozialpädagogik, in Bayern Fachakademien für Sozialpädagogik. Zugangsvoraussetzung ist zumeist ein Realschulabschluss oder eine vorangehende Berufsqualifikation im pädagogischen Bereich. In geringerem Ausmaß sind auch Kinderpfleger/innen, Heilpädagogen/innen, Sozialpädagogen/innen, Sozialarbeiter/innen, Grund- oder Förderschullehrer/innen oder Sozialassistenten/innen in Kindergärten beschäftigt, wobei die relativen Anteile dieser Berufsgruppen zwischen den Bundesländern variieren: Während z. B. im Bundesdurchschnitt 2012 nur 12 % des Personals Kinderpflegerinnen waren, waren es in Bayern 37 % (Statistisches Bundesamt, 2012). Dafür waren in Bayern mit 50 % deutlich weniger Erzieherinnen beschäftigt als im Bundesdurchschnitt (69 %)[6]. Für die Übernahme einer Gruppenleitung ist in den meisten Bundesländern eine abgeschlossene Erzieherinnenausbildung Voraussetzung, für die Einrichtungsleitung entweder ein Erzieherinnen- oder ein (Fach-)Hochschulabschluss. Aktuell verfügen ungefähr 5 % der in Kindertagesstätten Beschäftigen über einen (Fach-)Hochschulabschluss (Statistisches Bundesamt, 2012).

In den letzten Jahren wurden immer wieder Forderungen laut, das Qualifikationsniveau der Erzieherinnenausbildung anzuheben, um den steigenden Ansprüchen der Tätigkeit gerecht zu werden, eine qualitativ hochwertige Betreuung und Förderung sicherzustellen und das gesellschaftliche Ansehen des Berufsbilds zu heben (Schmidt, 2005). Auch der OECD-Bericht *Starting Strong II* hebt hervor, dass das Qualifikationsniveau in der Kinderbetreuung in Deutschland im europäischen Vergleich relativ niedrig liegt (OECD, 2006). Zur Verbesserung der Ausbildung sind verschiedene Möglichkeiten im Gespräch, wie eine Verlagerung der Erzieherinnenausbildung an Fachhochschulen oder eine Überführung der bestehenden Fachschulen in Fachhochschulen (vgl. Pasternack & Schildberg, 2005). Auch verschiedene Modelle einer besseren Vernetzung von Theorie und Praxis in der Ausbildung werden diskutiert oder bereits erprobt, wie eine duale Ausbildung mit gleichberechtigten Schul- und Praxisanteilen. Außerdem wurde in den letzten Jahren eine Reihe neuer elementarpädagogischer Studiengänge an Fachhochschulen und Universitäten eingerichtet, die teils als berufsaufbauende oder -begleitende Qualifikation, etwa für Leitungskräfte, teils aber auch zur Erstqualifikation konzipiert sind. Entsprechend werden mit den Angeboten unterschiedliche Zielgruppen angesprochen und unterschiedliche Schwerpunkte gesetzt (vgl. Viernickel, 2011; Keil & Pasternack, 2011). Die Debatte über die künftige Organisation der Erzieherinnenausbildung ist noch nicht abgeschlossen, zumal mit einer Umstrukturierung der Ausbildung auch finanzielle Auswirkungen verbunden wären, vor allem durch eine mit einer besseren Qualifizierung einhergehende bessere Vergütung der Erzieherinnen. Zu einem bedeutsamen Anstieg der notwendigen Aufwendungen müsste dies nach einer Expertise von Pasternack und Schildberg (2005)

---

6 Die genannten statistischen Anteile beziehen sich auf Kindertageseinrichtungen insgesamt, beinhalten also sowohl Kindergärten als auch Kinderkrippen.

allerdings nicht unbedingt führen. Insgesamt kann konstatiert werden, dass sich die Ausbildung der in der frühen Bildung tätigen Fachkräfte momentan in einer Umbruchphase befindet.

Ein weiterer Punkt in der Diskussion ist der mit unter 5 % sehr niedrige Anteil männlicher Fachkräfte in den elementaren Bildungseinrichtungen (Statistisches Bundesamt, 2012). Auch hier könnte eine Anhebung des Qualifikationsniveaus über die damit einhergehende Aufwertung des Berufsbildes sowie eine bessere Vergütung möglicherweise für Veränderungen sorgen.

Finanzierung. An der Finanzierung der Kindergärten sind Länder, Kommunen, Eltern und Träger beteiligt, wobei sich die Finanzierungsmodelle und das Ausmaß der Elternbeteiligung an der Finanzierung zwischen den Bundesländern erheblich unterscheiden (vgl. Bock-Famulla, 2010). In Abhängigkeit vom Träger können die von den Eltern zu entrichtenden Beiträge aber auch innerhalb eines Bundeslandes oder sogar innerhalb einer Kommune erheblich variieren. Die Elternbeiträge sind, zumindest bei den kommunalen Einrichtungen, meist nach Einkommen gestaffelt; für Geschwisterkinder gelten oft Ermäßigungen – aber auch diese Regelungen werden trägerspezifisch gehandhabt.

Rheinland-Pfalz führte 2010 als erstes Bundesland eine komplette Gebührenfreiheit des Kindergartenbesuchs bereits ab dem zweiten Geburtstag ein. In Berlin wird die Beitragsfreiheit bis 2013 stufenweise auf drei Jahre vor Schulbeginn ausgebaut und in fünf weiteren Bundesländern (Hamburg, Hessen, Niedersachsen, Nordrhein-Westfalen, Sachsen) war Ende 2012 das letzte Jahr vor der Einschulung beitragsfrei. Dass solche Angaben nur Momentaufnahmen sind, wurde eingangs bereits erwähnt. In Schleswig-Holstein gab es vorübergehend eine Beitragsfreiheit für das letzte Kindergartenjahr, die aber wieder zurückgenommen wurde; im Saarland ist die Beitragsbefreiung vom Einkommen der Eltern abhängig. Bildungsforscher bezweifeln allerdings, dass die Gebührenfreiheit im letzten Jahr vor der Einschulung einen Beitrag zur Bildungsgerechtigkeit leisten kann, da die Besuchsquote in den beiden letzten Jahren vor dem Schuleintritt ohnehin sehr hoch ist (Autorengruppe Bildungsberichterstattung, 2012). Sinnvoller wäre daher eher eine Beitragsfreiheit der frühen Jahre, da sich hier nach wie vor Disparitäten hinsichtlich der Inanspruchnahme zwischen den verschiedenen Bevölkerungsgruppen zeigen (▸**Kap. 4.2**). Es gibt übrigens auch Kommunen, die unabhängig von den landes- oder trägerspezifisch geltenden Regelungen auf eine Kostenbeteiligung der Eltern ganz oder teilweise verzichten.

Aktuelle Entwicklungen. Insgesamt geht die Tendenz im Kindergartenbereich in den letzten Jahren zu einer Ausweitung des betreuten Altersbereichs auf die unter Dreijährigen und zu einem Ausbau der Ganztagsbetreuung. Damit sind neue Herausforderungen für die pädagogische Arbeit in den Einrichtungen verbunden. Ein Schwerpunkt der pädagogischen Anstrengungen wird in den kommenden Jahren sicherlich in der konkreten Umsetzung der in ▸**Kap. 3** thematisierten Bildungspläne der Bundesländer liegen. Auch die Integration bzw. Inklusion von Kindern mit besonderem Betreuungs- oder Förderbedarf in Regelkindergärten spielt eine immer größere Rolle im Alltag vieler Einrichtungen. So waren 2012 bereits 33 % aller Tageseinrichtungen für Kinder integrative Einrichtungen, während spezielle Einrichtungen für Kinder mit besonderem Förderbedarf quantitativ fast keine Rolle mehr spielen (Statistisches Bundesamt, 2012).

Kinderkrippen

Kinderkrippen decken in Deutschland den Altersbereich unterhalb des Kindergartens, d.h. bis zur Vollendung des dritten Lebensjahres ab. Dieser Bereich, der auch als U3-Betreuung bezeichnet wird, ist zugleich jener Bereich innerhalb des frühkindlichen Betreuungssystems, der in den letzten Jahren am stärksten expandiert ist. Grund dafür ist ein politisch motivierter, vor allem von Seiten der Familien- und Sozialpolitik intensiv vorangetriebener Ausbau der frühen Betreuungsangebote. Dieser Ausbau verfolgt das Ziel, die Situation junger Familien und erwerbstätiger Mütter nachhaltig zu verbessern und stellt damit eine Reaktion auf die seit Langem beklagte schlechte Vereinbarkeit von Beruf und Familie in Deutschland und die seit Jahrzehnten zurückgehenden Geburtenzahlen dar. Als ein weiteres Argument für den Ausbau der frühen Bildungsangebote wird die besondere Bedeutung frühpädagogischer Maßnahmen für eine Erhöhung der Bildungsgerechtigkeit und eine Verbesserung der individuellen Fördermöglichkeiten aufgeführt. Seither wurde eine Reihe von Maßnahmen zur quantitativen und qualitativen Verbesserung der Betreuung von Kindern unterhalb des Kindergartenalters eingeleitet.

Als erster Meilenstein dieser Bemühungen gilt das im Jahr 2005 in Kraft getretene *Gesetz zum qualitätsorientierten und bedarfsgerechten Ausbau der Kindertagesbetreuung in Deutschland* (**Tagesbetreuungsausbaugesetz, TAG**). Im TAG wurde die Zielsetzung formuliert, bis 2010 eine »bedarfsgerechte« Versorgung mit Betreuungsplätzen für unter dreijährige Kinder sicherzustellen. Der Begriff der Bedarfsgerechtigkeit wurde später dahingehend präzisiert, dass alle Kinder, deren Eltern erwerbstätig sind oder sich in Ausbildung befinden oder deren Wohl innerhalb der Familie nicht gesichert ist, einen Anspruch auf einen Betreuungsplatz haben sollten. Ursprünglich ging man davon aus, dass für etwa 35 % der unter dreijährigen Kinder ein solcher Bedarf gegeben sei. Errechnet wurde, dass zur Abdeckung dieses Bedarfs etwa 230 000 zusätzliche Betreuungsplätze neu einzurichten seien. Davon sollten 160 000 Plätze in Kindertageseinrichtungen, also in Krippen und in altersübergreifenden Einrichtungen entstehen und die restlichen Plätze in der Kindertagespflege durch Tagesmütter.

Ergänzt wurde das TAG durch das 2008 in Kraft getreten **Kinderförderungsgesetz (KiFöG)**, das »den Ausbau eines qualitativ hochwertigen Betreuungsangebotes beschleunigen und den Eltern echte Wahlmöglichkeiten eröffnen« sollte (Bundesministerium für Familie, Senioren, Frauen und Jugend, 2010). Das KiFöG schreibt fest, dass nach Abschluss der Ausbauphase ab dem 01.08.2013 alle Kinder ab dem vollendeten ersten Lebensjahr einen Rechtsanspruch auf einen Betreuungsplatz erhalten. Neuere Schätzungen gehen davon aus, dass sich ein bedarfsdeckendes Angebot an einer Betreuungsquote von etwa 39% orientieren muss, wobei es allerdings erhebliche regionale Unterschiede im Bedarf gibt (Bundesministerium für Familie, Senioren, Frauen und Jugend, 2012).

Aktuelle Zahlen zum Stand der Realisierung des KiFöG und des Platzausbaus sowie zur Inanspruchnahme von Betreuungsangeboten für die unter Dreijährigen insgesamt finden sich in ▸**Kap. 4.2** – vorab kann jedoch an dieser Stelle schon konstatiert werden, dass der Anteil der unter dreijährigen Kinder in außerfamilialen Betreuungseinrichtungen von 2007 bis 2012 um etwa zehn Prozentpunkte zugenommen hat und im März 2012 bei etwas über einem Viertel der Kinder dieser Altersgruppe lag (Statistisches Bundesamt, 2012). Nichtsdestotrotz ist kurz vor Inkrafttreten des Rechtsanspruchs bereits absehbar, dass das Ausbauziel des KiFöG nicht wie geplant erreicht werden wird. In Rheinland-Pfalz und Hamburg (ab dem zweiten Geburtstag) sowie in Sachsen-Anhalt und in Thüringen (ab dem ersten Geburtstag) galt der Rechtsanspruch auf einen Betreuungsplatz für die unter Dreijährigen übrigens schon vor Inkrafttreten des bundesweiten Anspruchs.

Strukturelle Merkmale. Das frühestmögliche Eintrittsalter in eine Krippe unterscheidet sich je nach Einrichtung: einige Einrichtungen nehmen bereits Säuglinge auf, andere erst Kinder ab sechs Monaten oder ab einem Jahr. Die Gruppengröße ist in Kinderkrippen auf acht bis zehn Kinder beschränkt, die von zwei Fachkräften zu betreuen sind. Für die Qualifikation des Personals gelten formal die gleichen Voraussetzungen wie im Kindergartenbereich. Anders als bei den Kindergartenkindern sind bei den unter dreijährigen Kindern, je nach Alter, pflegerische und fürsorgliche Aspekte, wie das Wickeln und Füttern, wichtige Bestandteile der Betreuung. Zudem wird im U3-Bereich die Bedeutsamkeit einer konstanten Bezugsperson für jedes Kind noch stärker hervorgehoben als im Kindergartenalter, entsprechend nimmt der Prozess der Eingewöhnung in den meisten Einrichtungen einen hohen Stellenwert ein (▸**Kap. 7.1**).

Eine Orientierung an spezifischen frühpädagogischen Konzepten zur Verwirklichung von altersgemäßen Bildungszielen spielt dagegen in dieser Altersgruppe bisher noch eine untergeordnete Rolle (▸**Kap. 5**). Insbesondere in den altersübergreifenden Einrichtungen sind die Strukturen häufig auf die Bedürfnisse der älteren Kindern ausgerichtet, während es an spezifischen Betreuungskonzepten für die Jüngeren mangelt. Aufgrund der Bedeutsamkeit früher Bildungserfahrungen ist zu hoffen, dass mit dem Ausbau der U3-Betreuung auch eine Intensivierung der frühpädagogischen Forschung einhergeht. Nur wenn wir mehr über die besonderen Bedürfnisse der unter dreijährigen Kinder wissen, können wir ihnen in der pädagogischen Arbeit gerecht werden und sie angemessen fördern, statt sie nur zu betreuen. Auch in der Ausbildung der pädagogischen Fachkräfte wird der Betreuung von Kleinkindern bislang noch nicht der Stellenwert beigemessen, der ihr eigentlich gebührt. Aufgrund der steigenden Bedeutung dieses Tätigkeitsfelds für das Berufsbild der Erzieherin werden die speziellen Anforderungen an die Arbeit mit Kleinkindern jedoch in den letzten Jahren verstärkt diskutiert und ihre stärkere Berücksichtigung in der Ausbildung angestrebt (vgl. Fröhlich-Gildhoff & Viernickel, 2010; Viernickel, Nentwig-Gesemann, Harms, Richter & Schwarz, 2011).

Kindertagespflege

Unter Kindertagespflege versteht man die »Erziehung, Bildung und Betreuung des Kindes während des Tages durch eine geeignete Tagespflegeperson in ihrem Haushalt, im Haushalt des Personensorgeberechtigten oder in anderen geeigneten Räumen« (Hessisches Kinder- und Jugendhilfegesetzbuch). Kinder in Tagespflege werden also entweder im Haushalt der Eltern oder im Privathaus bzw. in der Wohnung einer Tagesmutter oder eines Tagesvaters betreut, oft gemeinsam mit mehreren anderen Kindern. Diese Betreuungsform, die in einigen Aspekten dem Modell des »Kindermädchens« vergangener Jahrhunderte ähnelt, ist keine neuartige Erfindung – insbesondere im Altersbereich unterhalb des Kindergartenalters war sie seit jeher weit verbreitet. In den letzten Jahren wurde die Kindertagespflege aber durch die Präzisierung der rechtlichen und organisatorischen Rahmenbedingungen zunehmend formalisiert und im Rahmen der oben bereits genannten Gesetze zum Ausbau der Betreuung unter dreijähriger Kinder im Umfang deutlich forciert. Im TAG wird die Tagespflege ausdrücklich als gleichrangige Alternative zur institutionellen Betreuung genannt und damit deutlich aufgewertet. Im Bemühen, eine bedarfsgerechte Versorgung für die betroffene Altersgruppe zum genannten Stichtag zu gewährleisten, bietet sich die Tagespflege angesichts fehlender Krippenplätze aus Sicht der Kommunen als eine vergleichsweise kostengünstige Alternative an (wenn auch nicht unbedingt kostengünstiger für die Eltern, da die Tagespflege für sie in der Regel mit höheren Kosten verbunden ist als ein Krippenplatz). Nach den Zielvorgaben des TAG sollten zwischen 2005 und 2010 rund 70 000 neue Plätze in der Kindertagespflege entstehen. Auch im KiFöG wird die Kindertagespflege deutlich profiliert: Fast ein Drittel der zusätzlich benötigten Plätze sollten in diesem Bereich geschaffen werden, um den Rechtsanspruch auf einen Betreuungsplatz für ein- bis dreijährige Kinder erfüllen zu können.

Strukturelle Merkmale. Im **Kinder- und Jugendhilfeweiterentwicklungsgesetz (KICK)** aus dem Jahr 2005 und in den entsprechenden Folgegesetzen der Bundesländer werden für die Tagespflegepersonen konkrete Auflagen formuliert, die sich auf ihre Ausbildung, auf die Anzahl der maximal zu betreuenden Kinder und auf die Räumlichkeiten beziehen, in welchen die Betreuung stattfindet. Zugleich wird die Tätigkeit durch einheitliche Regelungen zum Sozial- und Krankenversicherungsschutz für die Pflegepersonen attraktiver gestaltet. Zur Aufnahme von Tageskindern ist eine Tagespflegeerlaubnis durch das Jugendamt notwendig, sofern die Betreuung gegen Entgelt 15 Wochenstunden übersteigt und länger als drei Monate betrieben werden soll.

Voraussetzung für die Erteilung dieser Tagespflegeerlaubnis ist neben der »persönlichen Eignung« ein Nachweis vertiefter Kenntnisse hinsichtlich der Anforderungen der Kindertagespflege. Diese Kenntnisse können in entsprechenden Kursen erworben werden, die z.B. über das Jugendamt angeboten werden und einen Umfang von mindestens 160 Stunden umfassen. Das Deutsche Jugendinstitut (DJI) hat dafür ein Curriculum entwickelt, das von vielen Ausbildungsträgern eingesetzt wird. Darin behandelt werden Themen aus den Bereichen der kindlichen Entwicklung und Förderung, die Beziehung zum Kind, die Gestaltung der Eingewöhnungsphase sowie Aspekte der Sicherheit und Gesundheit und der Kommunikation mit den Eltern, aber auch rechtliche und finanzielle Aspekte der Tagespflege (Weiß, Stempinski, Schumann & Keimeleder, 2008). Im Jahr 2012 hatten 84 % der aktiven Tagespflegepersonen eine solche Qualifizierungsmaßnahme erfolgreich abgeschlossen. Eine abgeschlossene fachpädagogische Berufsausbildung hatten dagegen nur ein Drittel aller Tagespflegepersonen. Wie in den Kindertageseinrichtungen lag auch in der nicht-institutionellen Tagespflege der Anteil männlicher Betreuungspersonen mit 3 % sehr niedrig (Statistisches Bundesamt, 2012). Eine weitere Voraussetzung für das Erteilen einer Tagespflegeerlaubnis ist das Vorhandensein von kindgerechten Räumlichkeiten.

In der Regel dürfen Tagespflegepersonen bis zu fünf fremde Kinder gleichzeitig betreuen, wobei im Laufe einer Woche insgesamt nicht mehr als zehn fremde Kinder betreut werden dürfen; andernfalls ist die Genehmigung einer Tageseinrichtung zu beantragen. In vielen Kommunen übernimmt das Jugendamt oder eine von ihm beauftragte Stelle die Vermittlung qualifizierter Tagesmütter mit Tagespflegeerlaubnis. Das Jugendamt bietet häufig auch zusätzliche finanzielle Leistungen, wie Zuschüsse zu einer leistungsgerechten Bezahlung sowie zur Kranken-, Unfall- und Rentenversicherung an, um die Tätigkeit als qualifizierte Tagespflegeperson möglichst attraktiv zu gestalten. Zugleich überwacht es die Einhaltung der oben genannten Bedingungen.

Wegen ihres im Vergleich zu Kindertageseinrichtungen eher familiären Charakters, der geringen Gruppengrößen und weil es eine feste Bezugsperson gibt, wird die Tagespflege von vielen Eltern von Kleinkindern oder Babys gegenüber der institutionellen Betreuung bevorzugt. Ein weiterer Vorteil sind die in den meisten Fällen individuell zu vereinbarenden Betreuungszeiten, die den Bedürfnissen von Eltern mit unregelmäßigen oder ungewöhnlichen Arbeitszeiten entgegenkommen. Allerdings müssen die Eltern dafür bislang in der Regel mehr Geld ausgeben als für einen Betreuungsplatz in einer öffentlichen Kindertageseinrichtung. In manchen Kommunen werden Tagespflegeplätze inzwischen öffentlich gefördert, um die Kostendifferenz zu den Krippenplätzen zu reduzieren; im Zuge des Rechtsanspruchs auf einen Betreuungsplatz ab August 2013 wird diese Bezuschussung wahrscheinlich zur Regel werden. Ein Nachteil der Tagespflege gegenüber der institutionellen Betreuung liegt allerdings in einem höheren Ausfallrisiko – wenn eine Tagesmutter erkrankt, muss die Betreuung ausfallen, während es in einer Kindertagesstätte für diesen Fall Vertretungslösungen gibt.

Insgesamt ist trotz der gesetzlichen Bemühungen um eine Standardisierung und Steigerung der Betreuungsqualität davon auszugehen, dass im Tagespflegebereich aufgrund der besonderen Abhängigkeit von der Persönlichkeit der Pflegeperson und der von ihr individuell gestalteten Tagesabläufe und Rahmenbedingungen eine besonders hohe Variabilität bezüglich der Qualität der gebotenen Anregungen besteht.

4.2 Nutzung früher Bildungs- und Betreuungsangebote

Bis zum Jahr 2006 veröffentlichte das Statistische Bundesamt im Vierjahresabstand aktuelle Daten zur Nutzung von Kindertageseinrichtungen in Deutschland. Aufgrund der gestiegenen politischen Relevanz des Themas und des damit verbundenen Bedarfs an aktuellen und verlässlichen Zahlen erwiesen sich diese Abstände jedoch als zu groß, insbesondere da die Statistiken in Folge des forcierten Ausbaus der U3-Betreuung derzeit sehr schnell veralten. Seither werden die Daten im Jahresabstand zum Stichtag 1. März erhoben und zusätzlich um Angaben zur nicht-institutionellen Kindertagespflege ergänzt.

Im März 2012 wurden in Deutschland insgesamt fast 2,46 Millionen Kinder unter sechs Jahren in einer Kindertageseinrichtung oder in Kindertagespflege betreut. Ungefähr 558 000 davon waren unter drei Jahre alt, das entspricht einem Anteil von etwa 27,6 % der Kinder dieser Altersgruppe (Statistisches Bundesamt, 2012).

Kinder unter drei Jahren

Aufgrund der verstärkten politischen Bemühungen um eine Steigerung der Betreuungsquote bei den unter Dreijährigen ist in diesem Bereich in den letzten Jahren eine starke Entwicklungsdynamik zu verzeichnen. Dies lässt sich auch aus den in ▸**Tab. 4.1** aufgeführten Zahlen zur Entwicklung der Betreuung unter dreijähriger Kinder über den Zeitraum von 2007 bis 2012 ablesen.

Zwischen 2007 und 2012 ist die Betreuungsquote im U3-Bereich sowohl in den Kindertageseinrichtungen als auch in der Kindertagespflege kontinuierlich gestiegen – insgesamt hat sie sich im Verlauf von sechs Jahren annähernd verdoppelt. Gleichwohl liegt die für 2012 berichtete Betreuungsquote von 27,6 % noch deutlich unterhalb einer Versorgungsquote von 39 %, die im Zwischenbericht zur

Tab. 4.1: Anteil der unter Dreijährigen, die in Kindertageseinrichtungen oder in der Kindertagespflege betreut werden (Prozentanteil an allen Kindern dieser Altersgruppe), für die Jahre 2007 bis 2012

	2007	2008	2009	2010	2011	2012
Deutschland gesamt	15,5	17,6	20,2	23,0	25,2	27,6
Ost (einschl. Berlin)	40,7	41,9	44,9	46,6	47,3	49,0
West	9,8	12,1	14,4	17,3	19,8	22,3

Quelle: Statistisches Bundesamt (2012)

Evaluation des KiFöG als Ausbauziel für 2013 angestrebt wird (Bundesministerium für Familie, Senioren, Frauen und Jugend, 2012). Im März 2012 fehlten zum Erreichen der Zielvorgabe bundesweit noch etwa 220000 Plätze, und zwar fast ausschließlich in Westdeutschland (Statistisches Bundesamt, 2012). Neuere Berechnungen gehen davon aus, dass bei einem gleichbleibenden Ausbautempo wie in den Jahren 2008 bis 2012 die angestrebte Betreuungsquote bei den unter Dreijährigen deutlich später, nämlich erst 2018 erreicht wird (Statistisches Bundesamt, 2012). Zur früheren Verwirklichung des flächendeckenden Rechtsanspruchs auf einen Betreuungsplatz ist somit eine erhebliche Steigerung der Anstrengungen notwendig.

Fast 85% der betreuten U3-Kinder wurden 2012 in einer Kindertageseinrichtung betreut, die restlichen in der Kindertagespflege. Von den unter dreijährigen Kindern, die in Kindertageseinrichtungen betreut wurden, waren im Jahr 2011 über 40% in Krippen, 14% als Zweijährige in Kindergärten und 37% in altersübergreifenden Gruppen untergebracht (Autorengruppe Bildungsberichterstattung, 2012).

Auffällig sind die regionalen Unterschiede im Hinblick auf die Inanspruchnahme von Angeboten: Im Osten Deutschlands übertraf die Betreuungsquote bereits 2007 die Zielvorgabe des KiFöG und lag 2012 noch immer mehr als doppelt so hoch wie im Westen (49% vs. 22%). Insgesamt wird in Ostdeutschland also fast die Hälfte der unter Dreijährigen außerfamilial betreut. Zugleich lag hier der relative Anteil der Tagespflege mit 10% niedriger als im Westen mit 18%, d.h. die Betreuung ist im Osten stärker auf die institutionellen Einrichtungen fokussiert (Statistisches Bundesamt, 2012). Die Unterschiede zwischen Ost- und Westdeutschland spiegeln sich auch in den Betreuungsquoten der einzelnen Bundesländer wider (**▸Tab. 4.2**): Sachsen-Anhalt, Mecklenburg-Vorpommern und Brandenburg lagen 2012 mit Betreuungsquoten von über 50% der unter Dreijährigen an der Spitze, aber auch Thüringen, Sachsen und Berlin lagen mit Anteilen von über 40% deutlich über dem bundesdeutschen Durchschnitt. Neben der guten Ausgangslage aufgrund der hohen Versorgungsquote zu DDR-Zeiten sorgt hier zusätzlich auch der Geburtenrückgang in vielen ostdeutschen Ländern und Regionen für Entlastungen. Unter den westdeutschen Ländern variierten die Betreuungsanteile dagegen zwischen 18% in Nordrhein-Westfalen und 36% in Hamburg (Statistisches Bundesamt, 2012).

Tab. 4.2: Anteil der Kinder, die in Kindertageseinrichtungen oder in der Kindertagespflege betreut werden (Prozentanteile an allen Kindern dieser Altersgruppe) (Stand: 01.03.2012)

Bundesland	Betreuungsquote für Kinder unter 3 Jahren	Betreuungsquote für Kinder zwischen 3 und 5 Jahren
Baden-Württemberg	23,1	95,2
Bayern	23,0	91,0
Berlin	42,6	93,9
Brandenburg	53,4	96,3
Bremen	21,2	89,1
Hamburg	35,8	87,4*

Tab. 4.2: Anteil der Kinder, die in Kindertageseinrichtungen oder in der Kindertagespflege betreut werden (Prozentanteile an allen Kindern dieser Altersgruppe) (Stand: 01.03.2012) – Fortsetzung

Bundesland	Betreuungsquote für Kinder unter 3 Jahren	Betreuungsquote für Kinder zwischen 3 und 5 Jahren
Hessen	23,7	93,4
Mecklenburg-Vorpommern	53,6	95,6
Niedersachsen	22,1	92,6
Nordrhein-Westfalen	18,1	92,9
Rheinland-Pfalz	27,0	97,4
Saarland	22,1	94,6
Sachsen	46,4	96,0
Sachsen-Anhalt	57,5	95,6
Schleswig-Holstein	24,2	90,7
Thüringen	49,8	96,9
Deutschland gesamt	**27,6**	**93,4**
Ost (einschl. Berlin)	**49,0**	**95,6**
West	**22,3**	**92,9**

Quelle: Statistisches Bundesamt (2012)

* in Hamburg inkl. Betreuung in vorschulischen Einrichtungen.

Eine nach Alter differenzierte Betrachtung zeigt, dass die Betreuungsquote mit steigendem Alter der Kinder kontinuierlich zunimmt: Während im Alter von unter einem Jahr in 2012 deutschlandweit weniger als 3 % der Kinder außerfamilial betreut wurden, waren es unter den Ein- bis Zweijährigen schon über ein Viertel (28 %) und unter den Zwei- bis Dreijährigen bereits die Hälfte (51 %) (Statistisches Bundesamt, 2012). Mit steigendem Alter klafft im Übrigen der Anteil zwischen Ost- und Westdeutschland zunehmend auseinander: Von den Ein- bis Zweijährigen wurden im Osten 59 % betreut, im Westen nur 21 %; von den Zwei- bis Dreijährigen waren es im Osten schon über 80 %, im Westen dagegen erst 43 % (Statistisches Bundesamt, 2012). Ein weiterer augenfälliger Unterschied zwischen Ost- und Westdeutschland zeigt sich hinsichtlich des Betreuungsumfangs: Während im Westen über ein Viertel (29 %) der unter dreijährigen Kinder in Betreuungseinrichtungen auf eine wöchentliche Betreuungszeit von maximal 25 Stunden kam und nur 39 % der Kinder ganztags (d. h. mindestens 36 Wochenstunden) betreut wurden, ist die Ganztagsbetreuung in den ostdeutschen Ländern eher die Regel: Fast drei Viertel der betreuten U3-Kinder (73 %) wurden dort für 36 Stunden oder mehr pro Woche betreut (Statistisches Bundesamt, 2012).

Vertiefende Analysen zur Nutzung von Betreuungsangeboten in Abhängigkeit von sozio-ökonomischen Hintergrundvariablen der Familien zeigen übrigens, dass Kinder aus sozial schwachen Bevölkerungsgruppen im U3-Bereich unterrepräsentiert sind. Nach Daten des Sozio-oekonomischen Panels (SOEP) betrifft dies insbesondere Kinder von Alleinerziehenden, Kinder mit Migrationshintergrund, Kinder in Niedrigeinkommenshaushalten und Kinder von Müttern mit niedrigem Bildungsniveau (Schober & Spieß, 2012).

Kinder zwischen drei und fünf Jahren

Im Altersbereich zwischen drei und fünf Jahren, d. h. im traditionellen Kindergartenalter, war 2012 mit 93 % insgesamt eine sehr hohe Besuchsquote außerfamilialer Betreuungsangebote zu verzeichnen (Statistisches Bundesamt, 2012), d. h. fast alle drei- bis fünfjährigen Kinder in Deutschland besuchten eine Betreuungseinrichtung (►**Tab. 4.2**). Anders als bei der U3-Betreuung spielte bei den Drei- bis Fünfjährigen der Bereich der Tagespflege mit einem Anteil von weniger als 1 % keine bedeutende Rolle mehr. Wieder lagen die Quoten in den ostdeutschen Ländern sowie in Rheinland-Pfalz und Baden-Württemberg mit über 95 % am höchsten, die Unterschiede zu den übrigen westdeutschen Ländern waren aber wesentlich geringer als im U3-Bereich. Lediglich in Bremen lag der Anteil der Drei- bis Fünfjährigen, die keine Betreuungseinrichtung besuchten, über 10 %. Zu bedenken ist, dass die hohen Besuchsquoten nichts darüber aussagen, wie lange die Kinder insgesamt eine Einrichtung besuchen, d. h. ob für ein, zwei oder drei Jahre vor der Einschulung.

Deutliche regionale Unterschiede gab es wiederum in der Nutzung (und vermutlich auch in der Verfügbarkeit) von Ganztagsangeboten: Während in den westdeutschen Ländern nur ein Drittel (34 %) der Kinder ganztags, d. h. länger als 7 Stunden täglich betreut wurde, traf dies in den ostdeutschen Ländern für mehr als 70 % der Kindergartenkinder zu (Statistisches Bundesamt, 2012). In Sachsen und Thüringen wurden 2010 sogar über 80 % der Kinder ganztags betreut. In Niedersachsen (63 %) und in Schleswig-Holstein (51 %) war demgegenüber die reine Vormittagsbetreuung im Umfang von weniger als fünf Stunden noch der Regelfall (Bock-Famulla & Lange, 2011). Auffällig ist, dass in den westdeutschen Ländern die Ganztagsbetreuungsquote bei den über dreijährigen Kindern sogar niedriger lag als bei den unter Dreijährigen. Dies ist wahrscheinlich sowohl auf fehlende Angebote als auch auf unterschiedliche Bedürfnisse der Eltern zurück zu führen: U3-Angebote sind aufgrund der Platzknappheit in vielen Regionen derzeit meistens berufstätigen Eltern vorbehalten, die meistens auf längere Betreuungszeiten angewiesen sind. Angebote im Kindergartenbereich werden dagegen auch von Kindern genutzt, deren Mütter nicht berufstätig sind und daher oft aus freien Stücken nur eine Halbtagsbetreuung in Anspruch nehmen.

Kinder mit Migrationshintergrund

Weil Kinder und Jugendliche aus Zuwandererfamilien in nahezu allen Indikatoren der Bildungsbeteiligung und des Bildungserfolgs ungünstigere Werte aufweisen als deutsche Gleichaltrige (Baumert & Schümer, 2001; Schwippert, Hornberg, Freiberg & Stubbe, 2007), wird den vorschulischen Bildungsangeboten und insbesondere dem damit verbundenen Kontakt zur deutschen Sprache gerade für diese Kinder eine besonders hohe Bedeutung beigemessen (z. B. Lisker, 2011; Klziak, Kreuter & Klingholz, 2012; Schneider et al., 2012).

Als Kinder mit Migrationshintergrund bezeichnet die amtliche Statistik alle Kinder mit ausländischer Staatsangehörigkeit, aus dem Ausland zugewanderte Kinder sowie Kinder mit mindestens einem aus dem Ausland stammenden Elternteil. Nach Maßgabe dieser Definition verfügten im Jahr 2012 26% der Kinder in deutschen Kindertageseinrichtungen über einen Migrationshintergrund, diese Zahl ist etwas niedriger als ihr Anteil an der Gesamtgruppe der unter Sechsjährigen in Deutschland von ungefähr 30% (Statistisches Bundesamt, 2012). Der Anteil der Kinder mit Migrationshintergrund in den Kindertagestätten lag im Westen deutlich höher als im Osten (31% versus 11%). Die Einrichtungen der Stadtstaaten Berlin, Bremen und Hamburg sowie der großen westdeutschen Flächenländer Baden-Württemberg, Hessen und Nordrhein-Westfalen hatten 2010 mit über 35% die höchsten relativen Anteile an Kinder mit Migrationshintergrund, während die Quoten in den ostdeutschen Ländern mit zwischen 5% und 7% sehr gering waren (Bock-Famulla & Lange, 2011). In manchen westdeutschen Ballungsräumen liegt der Anteil der Kinder mit Migrationshintergrund sogar noch deutlich höher: In Frankfurt am Main etwa beträgt ihr Anteil in den Kindertagesstätten ungefähr 60% (Stadt Frankfurt am Main, 2012).

▸**Tab. 4.3** zeigt die Häufigkeiten der Inanspruchnahme früher Bildungseinrichtungen im Jahr 2012 getrennt für Kinder mit und ohne Migrationshintergrund. Große Unterschiede gab es insbesondere im U3-Bereich: Bei Kindern mit Migrationshintergrund lag die Inanspruchnahme mit 16% deutlich niedriger als bei den deutschen Kindern mit 33%. Als mögliche Ursachen für diese Unterschiede sind viele Faktoren denkbar, z. B. kulturell differierende Auffassungen bezüglich der Erziehung und Betreuung von Kleinkindern, eine geringere Erwerbstätigkeitsquote von Müttern mit Migrationshintergrund oder die mit der frühen Betreuung verbundenen finanziellen Belastungen (Sachverständigenrat deutscher Stiftungen für Integration und Migration, 2013). Im Altersbereich von drei bis fünf Jahren zeigt sich dagegen, dass die große Mehrheit der Kinder mit Migrationshintergrund eine Kindertageseinrichtung besuchte (87%), allerdings lag auch dieser Wert noch deutlich unter dem der Kinder ohne Migrationshintergrund (96%).

Auffällig sind wieder die Unterschiede zwischen den Bundesländern: Während die Inanspruchnahme von Tagesbetreuung durch Kinder mit Migrationshintergrund in Baden-Württemberg, Nordrhein-Westfalen und Rheinland-Pfalz mit Anteilen von über 90% sehr hoch war und sich kaum von den Quoten deutscher

Tab. 4.3: Quote der Inanspruchnahme von Kindertagesbetreuung getrennt für Kinder mit und ohne Migrationshintergrund

	Kinder mit Migrationshintergrund	**Kinder ohne Migrationshintergrund**	**Insgesamt**
Kinder <3 Jahren	16 %	33 %	28 %
Kinder 3–5 Jahre	87 %	96 %	93 %

Quelle: Statistisches Bundesamt (2012)

Kinder unterschied, besuchten in Bayern nur 74% der Kinder mit Migrationshintergrund einen Kindergarten. Auch in Hamburg und Niedersachsen lagen die Anteile der Inanspruchnahme unter 80%, also mehr als 10 Prozentpunkte unter den Quoten der deutschen Kinder (Bock-Famulla & Lange, 2011).

Diese Zahlen bedeuten allerdings nicht zwangsläufig, dass z.B. in Bayern ein Viertel der Kinder mit Migrationshintergrund vor dem Schuleintritt überhaupt keinen Kindergarten besucht. Da die Besuchsquoten über die gesamte Altersspanne von drei bis fünf Jahren gemittelt sind, können höhere Besuchsquoten im letzten Jahr vor der Einschulung durch niedrige Quoten bei den Drei- bis Vierjährigen verdeckt werden. Diese Interpretation wird durch die Daten mehrerer Studien gestützt, die zeigen, dass Kinder mit Migrationshintergrund im Vergleich zu deutschen Kindern den Kindergarten erst später besuchen und daher insgesamt eine kürzere Verweildauer dort aufweisen (Becker, 2012; Tietze et al., 2012). Vor dem Hintergrund von Forschungsergebnissen, die einen positiven Zusammenhang der kumulativen Dauer des Kindergartenbesuchs mit der kognitiven und sprachlichen Entwicklung der Kinder belegen (►**Kap. 8.3**), bieten solche Disparitäten allerdings Anlass zur Besorgnis.

Im Hinblick auf die zentrale Bedeutung deutschsprachiger Interaktionen für den Erwerb deutscher Sprachkompetenzen gibt zudem eine weitere Tatsache zu denken: Mehr als ein Drittel der Kinder mit Migrationshintergrund wurde 2012 in Einrichtungen betreut, in denen der Anteil von Kindern aus nicht-deutschen Familien mit über 50% überwog, d.h. die deutsche Sprache war in diesen Einrichtungen nicht die Mehrheitssprache der dort betreuten Kinder (Autorengruppe Bildungsberichterstattung, 2012). Ungünstige Kompositionseffekte dieser Art können den Erwerb deutscher Sprachkompetenzen im Alltag entscheidend beeinträchtigen.

Zusammenfassung

In Deutschland lassen sich traditionell drei Formen früher Bildungs- und Betreuungseinrichtungen unterscheiden: die beiden institutionellen Einrichtungen Kinderkrippe für unter Dreijährige und Kindergarten für die Drei- bis Sechsjährigen sowie die Kindertagespflege, die größtenteils von unter Dreijährigen genutzt wird. Alle Einrichtungen unterstehen administrativ der Jugendhilfe. Trotz bundesweit vergleichbarer Vorgaben zu den zentralen Rahmenbedingungen früher Bildung und Betreuung, wie der Qualifikation der pädagogischen Fachkräfte und der zulässigen Gruppengrößen, sind viele andere Bestimmungen, wie z.B. das Ausmaß der Elternbeteiligung an den Betreuungskosten, entweder länderspezifisch geregelt oder unterliegen der Autonomie der Einrichtungsträger. Auch in der Wahl ihrer pädagogischen Konzepte sind die Träger frei.

Der quantitative Ausbau der U3-Betreuung wird derzeit stark gefördert. Trotz insgesamt stark gestiegener Betreuungsquoten ist absehbar, dass die politische Zielvorgabe einer Versorgung von 39% der Ein- bis Dreijährigen bis Mitte 2013 in den meisten westdeutschen Bundesländern nicht erreicht wird. Im Kindergartenbereich liegt dagegen die Versorgungsquote mit über 90 % sehr hoch. Es bestehen allerdings soziale Disparitäten in der Nutzung, die in erster Linie auf den späteren Kindergarteneintritt von Kindern mit Migrationshintergrund zurückgehen. Zudem gibt es große regionale Unterschiede in der Versorgung: In Ostdeutschland beginnt die Betreuung im Durchschnitt in einem früheren Alter und die Kinder verbringen dort mehr tägliche Zeit.

Literaturempfehlungen für dieses Kapitel

Autorengruppe Bildungsberichterstattung (2012). *Bildung in Deutschland 2012*. Bielefeld: Bertelsmann.

Bock-Famulla, K. & Lange, J. (2013). *Länderreport Frühkindliche Bildungssysteme 2013*. Gütersloh: Bertelsmann-Stiftung.

5 Pädagogische Konzepte im Elementarbereich

In Deutschland werden Einrichtungen der frühen Bildung von verschiedenen Trägern betrieben (▸Kap. 4.1). Im Wesentlichen sind dies die Kommunen, Verbände der freien Wohlfahrtspflege, die Kirchen und private Vereine. Da diese Träger bezüglich der Auswahl und Umsetzung ihrer pädagogischen Konzepte autonom sind, resultiert ein großes Ausmaß an Heterogenität bezüglich der realisierten pädagogischen Ansätze. Im Sinne einer angestrebten Pluralität und Konzeptionsvielfalt der Angebote ist diese Uneinheitlichkeit explizit erwünscht. Im Rahmen des bestehenden Angebots können die Eltern frei wählen, für welche Einrichtung und damit auch für welches pädagogische Konzept sie sich entscheiden. Zwar verfolgen die verantwortlichen Ministerien der Länder mit ihren Bildungsplänen das Ziel, allgemein gültige Standards bezüglich der Bildungs- und Erziehungsziele im vorschulischen Bereich vorzugeben. Die Bildungspläne enthalten jedoch, wie in ▸Kap. 3 erörtert wurde, eher abstrakt formulierte und relativ globale Ziele und überlassen es den Einrichtungen bzw. deren Trägern, wie sie die Umsetzung dieser Ziele konkret ausgestalten und anhand welcher pädagogischen Konzepte sie dabei vorgehen wollen.

Das Spektrum der in der Elementarpädagogik gebräuchlichen Konzepte reicht vom Situationsansatz über die Montessori-, Reggio-, Waldorf- und Freinet-Pädagogik bis zu mehrsprachig orientierten Konzepten oder den Konzeptionen der Natur-, Wald- und Bewegungskindergärten, um nur die bekanntesten zu nennen. Dabei sind die Trägerschaft einer Einrichtung und das dort verfolgte pädagogische Konzept nicht zwangsläufig miteinander assoziiert: Insbesondere unter den kommunalen und konfessionellen Kindergärten sind Einrichtungen mit ganz unterschiedlichen Konzepten zu finden. Relativ häufig sind hier solche, die nach dem Situationsansatz oder der Montessori-Pädagogik arbeiten. Dagegen werden beispielsweise Waldorf-Kindergärten, Natur- und Waldkindergärten oder mehrsprachig arbeitende Einrichtungen in der Regel von privaten Vereinen betrieben, die eigens zur Umsetzung dieser besonderen Konzeptionen begründet wurden.

Elementarpädagogische Konzepte im U3-Bereich

Bei Erscheinen dieses Buches wird ein Rechtsanspruch auf einen Betreuungsplatz für alle Kinder bestehen, die ihr erstes Lebensjahr vollendet haben. Vor dem Hintergrund des beschleunigten Ausbaus und der steigenden Inanspruchnahme von Betreuungsangeboten für die unter dreijährigen Kinder sieht sich die

Elementarpädagogik allerdings mit einem konzeptuellen Problem konfrontiert: So gut wie alle im deutschen Vorschulbereich realisierten Erziehungskonzepte wurden ursprünglich für den Altersbereich der drei- bis sechsjährigen Kinder entwickelt. Für die unter dreijährigen Kinder ist dagegen aktuell noch ein Mangel an altersspezifischen pädagogischen Konzepten zu konstatieren.

Die Debatte um die Relevanz und die Möglichkeiten früher Bildung bei Kleinkindern hat erst in den letzten Jahren richtig begonnen. Traditionell war der frühpädagogische Bereich in erster Linie durch die Aspekte der Betreuung und Pflege geprägt, erst seit kurzer Zeit wird nun auch hier über Bildungsaufgaben und Bildungspläne diskutiert. Derzeit sehen sich Einrichtungen aller pädagogischen Konzepte notgedrungen mit der Erfordernis konfrontiert, auch jüngere Kinder aufzunehmen und ihre Konzepte für die älteren Kinder soweit als möglich an die besonderen Bedürfnisse der jüngeren anzupassen. Dabei sind zwei unterschiedliche Vorgehensweisen zu beobachten: Zum einen werden eigene Gruppen für die unter dreijährigen Kinder gegründet, zum anderen werden die schon bestehenden Kindergartengruppen zunehmend für jüngere Kinder geöffnet – meistens für die Zweijährigen, es gibt aber auch altersübergreifende »Familiengruppen«, in denen Vorschulkinder aller Altersstufen, also vom Säugling oder Kleinkind bis zum Sechsjährigen, gemeinsam betreut werden. Allen Organisationsformen ist gemein, dass sie versuchen, innerhalb ihrer jeweiligen pädagogischen Ausrichtung den spezifischen Bedürfnissen der kleineren Kinder gerecht zu werden, ohne dass dies zu Lasten der älteren Kinder geht. Unter pädagogischen Gesichtspunkten ist es nicht unproblematisch, jüngere Kinder einfach in bestehende Gruppen mit älteren Kindern zu integrieren oder in Gruppen für jüngere Kinder nach pädagogischen Konzepten zu arbeiten, die eigentlich für ältere Kinder entwickelt wurden und sich an deren Bedürfnissen und Kompetenzen orientieren. Es bleibt zu hoffen, dass sich die Frühpädagogik in Zukunft verstärkt um die Entwicklung altersspezifischer Bildungs- und Erziehungskonzepte für die ersten drei Lebensjahre bemüht. Erst dann kann die von Bildungsplanern und Sozialpolitikern erhobene Forderung nach einer optimalen Nutzung der kindlichen Lernmöglichkeiten in den frühen Lebensjahren ernsthaft und entwicklungsangemessen umgesetzt werden.

Die wichtigsten elementarpädagogischen Ansätze

Aufgrund der Vielfalt der vorhandenen Ansätze ist es im Rahmen dieses Buches nicht möglich, einen umfassenden Überblick über alle in Deutschland eingesetzten Konzepte zu geben. Wir beschränken uns daher hier auf die Beschreibung der in der fachwissenschaftlichen Theorie und pädagogischen Praxis einflussreichsten und am häufigsten vertretenen Konzepte. Nach diesen Kriterien wurden die folgenden vier Konzepte zur exemplarischen Darstellung ausgewählt: der Situationsansatz, die Montessori-Pädagogik, die Waldorf-Pädagogik und die Reggio-Pädagogik. Natürlich kann ein solcher Überblick keine erschöpfende Beschreibung der jeweiligen Konzepte geben, sondern nur einen Einstieg in ihre Grundzüge und wichtigsten Charakteristika vermitteln. Für tiefer gehende

Einblicke in den Entstehungskontext der Konzepte, in ihre leitende Erziehungsphilosophie und in ihre pädagogische Praxis sei auf Originalarbeiten und auf die weiterführenden Literaturangaben verwiesen.

5.1 Der Situationsansatz

Der Situationsansatz entstand in den 1970er Jahren im Kontext der damals in Deutschland einsetzenden Bildungsreformen mit dem erklärten Ziel einer umfassenden Neuorientierung der (west-)deutschen Vorschulpädagogik. Dabei wird der unscharfe Begriff des Situationsansatzes nicht einheitlich gebraucht, häufig werden auch die verwandten, aber nicht synonymen Bezeichnungen situationsorientierter oder situationsbezogener Ansatz verwendet oder der Begriff der situativen Pädagogik. Im fachwissenschaftlichen Diskurs wird der Situationsansatz jedoch im Allgemeinen im Sinne des so bezeichneten Curriculums des Deutschen Jugendinstituts (DJI) verstanden.

Das gemeinsame Kernelement pädagogischer Bemühungen, die sich auf den Situationsansatz berufen, ist die Fokussierung auf die kindliche Lebensumwelt, die den Ausgangspunkt allen pädagogischen Handelns bildet (Zimmer, 2000). Lernen erfolgt hier nie isoliert, sondern immer eingebettet in den konkreten Lebenskontext der Kinder. Die praktische Umsetzung dieses Ansatzes im pädagogischen Alltag kann allerdings sehr unterschiedlich sein. Dies ist auch ausdrücklich intendiert, da der Situationsansatz kein standardisiertes Vorgehen bieten soll, sondern gerade die flexible Anpassung des pädagogischen Handelns an die konkrete Realität und die Bedürfnisse von Kindern und Erziehenden eines seiner zentralen Ziele ist. Allerdings erschwert die Heterogenität der darunter gefassten Maßnahmen die präzise Darstellung und Bewertung des Situationsansatzes – sie ist auch eine der Ursachen für die verschiedentlich gegen ihn erhobene Kritik der Beliebigkeit.

Die gesellschaftlichen und politischen Veränderungen in den 1960er und 1970er Jahren waren mit den Schlagworten Freiheit, Gerechtigkeit, Emanzipation und mehr Bildung für alle Bevölkerungsgruppen verknüpft. Im Zuge der daraus resultierenden Forderung nach einer Neuorientierung auch der vorschulischen Betreuung in Richtung einer stärkeren Betonung des Bildungsbegriffs beschäftigte sich eine Gruppe von Wissenschaftlern am Deutschen Jugendinstitut (DJI) in München unter der Leitung von Jürgen Zimmer intensiv mit den Bildungs- und Erziehungszielen im Vorschulalter und legte 1975 den Entwurf eines Erziehungsprogramms vor, das den Kindergärten – erstmals in Deutschland – einen eigenständigen Bildungsauftrag zuwies. Dieses Programm und insbesondere das dazugehörige Curriculum *Soziales Lernen* wurden in den folgenden Jahren in groß angelegten Studien im pädagogischen Alltag erprobt. Zu einer wissenschaftlichen Evaluation im eigentlichen Sinne ist es allerdings nie gekommen. Auch wenn keine konkreten Zahlen darüber vorliegen, gilt der Situationssatz heute als der am weitesten verbreitete Ansatz in deutschen Kindergärten (Fthenakis & Textor, 2000).

Grundprinzipien

Das dem Situationsansatz zugrunde liegende Menschenbild sieht das sich entwickelnde und lernende Kind als ein aktives Wesen, das nach Autonomie, Selbstentfaltung und Entscheidungsfreiheit strebt. Unter dem Begriff der **Autonomie** wird eine weitestmögliche Mit- und Selbstbestimmung des Individuums verstanden. Weil alle Aktionen eines Kindes in einem sozialen Kontext und in Interaktion mit seiner Umwelt stattfinden und sich auf diese auswirken, spielt auch der Begriff der **Solidarität** eine große Rolle. Neben Autonomie und Solidarität stellt die **Kompetenz** einen dritten zentralen Leitbegriff des Situationsansatzes dar.

Mit dem Situationsansatz wird das Ziel verfolgt, anhand so genannter **Schlüsselsituationen** übergeordnete Schlüsselkompetenzen zu vermitteln, die für die Bewältigung alltäglicher Lebenssituationen nützlich sind. Das Wissen über den kompetenten Umgang mit alltäglichen Herausforderungen und Problemen (Situationen) findet seinen Ausdruck in Ich-Kompetenzen, sozialen Kompetenzen und Sachkompetenzen eines Kindes. Ein wichtiges Prinzip des Situationsansatzes besteht nun darin, dass die Vermittlung von Wissen und der Erwerb von Kompetenzen der geschilderten Art nicht isoliert und abstrakt geschehen sollen, sondern dass die Kenntnisse und Fertigkeiten innerhalb realer sozialer Zusammenhänge erworben werden sollen. Die zu erwerbenden Kompetenzen sind also mit konkreten Lebenssituationen zu verbinden, die idealerweise einen Transfer auf ähnliche Situationen zulassen. Als typische Beispiele für die im Zuge des Situationsansatzes zu vermittelnden Schlüsselqualifikationen oder -kompetenzen gelten Selbstständigkeit und Teamfähigkeit sowie die Fähigkeit zur Selbstregulation, aber auch die Fähigkeit, sich eigenständig neue Sachverhalte aneignen zu können.

Pädagogisches Vorgehen

Zum Erwerb der oben genannten Schlüsselkompetenzen müssen zunächst einmal Situationen identifiziert werden, anhand derer sich diese Grundqualifikationen zur Situationsbewältigung exemplarisch erarbeiten lassen. Entscheidend ist, dass diese Situationen direkt aus dem Alltagsleben der Kinder stammen und unmittelbar an ihre konkreten Erfahrungen anknüpfen. Es müssen also alltägliche Situationen sein, die die Kinder (dennoch) vor neuartige Herausforderungen stellen. Das können soziale Konflikte im Kindergarten sein, aber auch Veränderungen in der unmittelbaren Umgebung von Kindern oder in deren Tagesablauf (wenn etwa eine Baustelle eingerichtet wurde und ein Umweg genommen werden muss; wenn die Mutter eines Kindes wieder zu arbeiten beginnt; wenn ein neues Kind in die Gruppe kommt, etc.). Typische Situationen betreffen auch den Umgang mit Differenz sowie das interkulturelle Lernen. Die konkreten Situationen werden zum Anlass für eine nachfolgende Projektarbeit genommen, bei der es darum geht, gemeinsam mit den Kindern Handlungs- und Lösungsmöglichkeiten zu erarbeiten. Wichtig ist, dass sich die anhand einer Problemsituation erworbenen Kompetenzen auch auf andere Situationen übertragen lassen und dass die Kinder dadurch befähigt werden, ihr Leben aktiver und selbstbestimmter zu gestalten. Das DJI-Curriculum gibt hierfür eine Reihe exemplarischer Situationen vor.

Das konkrete Vorgehen im Rahmen eines Projekts umfasst vier Schritte: In einem ersten Schritt müssen die Erziehenden eine Schlüsselsituation auswählen, die bedeutsam genug scheint, um daraus ein Gruppenthema zu gestalten. Dabei ist zu beachten, dass hinreichend viele Kinder von der Thematik betroffen sein müssen und dass sich relevante Bildungsinhalte daraus ableiten lassen. Dann sind konkrete Ziele im Hinblick auf die drei Kernbereiche Autonomie, Solidarität und Kompetenz festzusetzen, die mit den Kindern erreicht werden sollen. Im nächsten Schritt, der methodischen Umsetzung, werden gemeinsam mit den Kindern Lösungsmöglichkeiten für das Problem erarbeitet, wobei die Kinder ihren Fähigkeiten entsprechend soweit wie möglich einbezogen werden und eigene Ideen und Vorschläge einbringen sollen. In der abschließenden Auswertungsphase werden die gemeinsam gefundenen Lösungsansätze festgehalten und hinsichtlich ihrer Zielführung bewertet, um die daraus gewonnenen Erfahrungen für zukünftige Projekte nutzbar zu machen.

Strukturelle Merkmale des Situationsansatzes sind die Altersdurchmischung, die den Kindern zusätzliche Erfahrungen ermöglichen soll, sowie die Partizipation der Eltern, die schon allein deshalb notwendig ist, um auch die familiäre Lebenssituation der Kinder in die Auswahl bedeutsamer Schlüsselsituationen einbeziehen zu können. Eine weitere, im Rahmen des Situationsansatzes oftmals realisierte Neuerung ist der »offene Kindergarten«. Darunter versteht man verschiedene Stufen der Lockerung bzw. Aufweichung der festen Gruppenstrukturen. In der ausgeprägtesten Variante sind die Kinder nur noch formal so genannten Stammgruppen zugeordnet, in denen sie sich nur noch zu bestimmten Zeiten zusammenfinden, sich sonst aber frei innerhalb verschiedener gruppenübergreifender Funktionsräume bewegen können. Auch Projekte und gemeinsame Aktivitäten finden zumeist gruppenübergreifend statt. Indem sie ihre Aktivitäten, Spielorte und -partner selbstbestimmt auswählen können, erhalten die Kinder zusätzliche Entscheidungsfreiräume und Erfahrungsmöglichkeiten. Ein weiteres mögliches Element der Partizipation ist die Einrichtung einer Kinderkonferenz, in der die Kinder in die Entscheidungsprozesse eingebunden werden.

Rolle der Erziehenden

Die wichtigste Aufgabe der Erziehenden besteht im Situationsansatz darin, bedeutsame Situationen im Alltag der Kinder durch genaue Beobachtung zu identifizieren und aus diesen Situationen relevante Bildungsinhalte herauszufiltern. Sie können und sollen dabei auch eigene Ideen und Vorschläge einbringen, die aber immer auf der Beobachtung des kindlichen Alltags beruhen müssen. Voraussetzung für die pädagogische Arbeit ist eine positive und akzeptierende Grundhaltung, aus der heraus die Gefühle der Kinder wahrgenommen werden können. Die Erzieherinnen begleiten die Kinder beim Erwerb von Kompetenzen zur aktiven Gestaltung ihres alltäglichen Lebens und unterstützen sie dabei.

Gesamteinordnung

Zu den unbestrittenen historischen Verdiensten des Situationsansatzes zählt vor allem, dass er die Entwicklung des vorschulischen Bildungssystems in Deutschland nachhaltig stimuliert hat. In der Folge wurde neben dem Betreuungs- ein klarer Bildungsbezug des deutschen Kindergartens etabliert und es rückten bereichsübergreifende Schlüsselqualifikationen als Bildungsziele in den Blickpunkt des Interesses, die später maßgeblich in die vorschulischen Bildungspläne (►**Kap. 3**) eingeflossen sind. Die konsequente Ausrichtung an der konkreten kindlichen Lebenssituation und an den aktuellen Bedürfnissen der Kinder gilt als besondere Stärke des Situationsansatzes.

Einer der Hauptkritikpunkte am Situationsansatz ist die außerordentlich große Variabilität des Vorgehens. Hierin liegt aus der Sicht von Kritikern die Gefahr der Beliebigkeit. Zudem wird die Auswahl von relevanten Situationen gelegentlich kritisch gesehen. Letztlich bleibt sie trotz aller Partizipation doch Aufgabe der Erzieherinnen und obliegt ihrer subjektiven Einschätzung und damit einer gewissen Willkür. Auch die unkritische Übernahme und Anwendung des DJI-Curriculums *Soziales Lernen* wurde problematisiert, weil sie die Gefahr birgt, dass die ursprünglich nur als Beispiele gedachten Mustersituationen von den pädagogischen Fachkräften einfach übernommen werden, ohne auf die aktuelle Situation in ihrer Gruppe Bezug zu nehmen. Die Fülle der verfügbaren und gut vorbereiteten Materialen kann möglicherweise dazu verführen, die tatsächlichen Bedürfnisse der betreuten Kinder und den Bezug zu ihren realen Lebenswelten aus dem Blick zu verlieren. Das aber würde der zentralen Intention des Situationsansatzes komplett zuwider laufen.

5.2 Montessori-Pädagogik

»Hilf mir, es selbst zu tun!« – dieser einprägsame Leitsatz ist weithin bekannt und spiegelt die Erziehungsphilosophie und das den Schriften und der Pädagogik der italienischen Ärztin Maria Montessori (1870–1952) zugrunde liegende Menschenbild treffend wider. Die Pädagogik Maria Montessoris steht in der reformpädagogischen Tradition des ausgehenden 19. und beginnenden 20. Jahrhunderts, die ein neues Bild vom Kinde als eines eigenständigen und mit Respekt zu behandelnden menschlichen Wesens propagierte. Beeinflusst ist ihr Werk von den Ideen Jean-Jacques Rousseaus, Heinrich Pestalozzis und Friedrich Fröbels. Viele Merkmale von Maria Montessoris Menschenbild und viele ihrer pädagogischen Grundsätze sind in der Elementarpädagogik inzwischen selbstverständlich geworden, waren jedoch im Jahre 1907, als sie ihr erstes Kinderhaus in Rom gründete, geradezu revolutionär.

Die Pädagogik Maria Montessoris wird heute in mehr als 100 Ländern eingesetzt und schätzungsweise 660 000 Kinder und Jugendliche werden nach ihren Grundsätzen unterrichtet und erzogen. In Deutschland gibt es mehr als 1000 Montessori-Einrichtungen, davon sind ungefähr 600 Kinderhäuser oder -tagesstätten im Elementarbereich (Montessori Dachverband Deutschland, 2005). Im Gegensatz zum schulischen Bereich, wo private Träger überwiegen, gibt es im vorschulischen Bereich sowohl Montessori-Einrichtungen in privater als auch in kommunaler oder konfessioneller Trägerschaft.

In den meisten deutschen Bundesländern existieren Montessori-Landesverbände und es gibt eine Reihe bundesweit tätiger Verbände, auf internationaler Ebene besteht die *Association Montessori International* (AMI). Zur Erlangung des *Montessori-Diploms*, das zur zertifizierten Arbeit in Kinderhäusern und Schulen befähigt, ist die Absolvierung eines standardisierten Ausbildungskurses von ca. 300 Stunden an einer von drei bundesweit tätigen Ausbildungsorganisationen notwendig.

Das klassische »Kinderhaus« (*Casa dei Bambini*), wie Maria Montessori es nannte, nimmt Kinder im Alter von drei bis sechs Jahren in altersgemischten Gruppen auf. Schon zu Montessoris Lebzeiten, besonders aber in der heutigen Zeit wachsen das Interesse und die Nachfrage nach Plätzen in Montessori-Einrichtungen auch für unter dreijährige Kinder, so dass in den Kinderhäusern zunehmend Krippen- oder Spielgruppen ins Leben gerufen oder die Kindergartengruppen im Alter nach unten geöffnet werden. Für den Altersbereich der unter Dreijährigen gibt es zwar noch kein standardisiertes Montessori-Ausbildungscurriculum, es gibt jedoch bereits eine Vielzahl von Aufbaukursen, die auf diese Altersgruppe fokussieren.

Grundprinzipien

Grundlegend in der Entwicklungspädagogik Maria Montessoris ist die Vorstellung, dass jedem Kind der Wunsch und das Bedürfnis innewohnt, zu lernen und zu wachsen, indem es sich aktiv mit seiner Umwelt auseinandersetzt (Hedderich, 2011). Das Entwicklungspotenzial dazu liegt vollständig im Kinde selbst begründet. Das Kind wird nicht belehrt und »erzogen«, sondern entfaltet sich aus sich selbst heraus, indem es Anregungen aus seiner Umwelt aufnimmt und dabei Erfahrungen macht, die es zunehmend unabhängig von Erwachsenen werden lassen. Die zentrale Aufgabe der Erziehenden besteht darin, eine angemessene Umgebung vorzubereiten, damit ein Kind seine Entwicklungspotenziale frei entfalten kann – diese **vorbereitete Umgebung** ist einer der wichtigsten Grundsätze jeder Montessori-Einrichtung. Die Montessori-Pädagogik geht davon aus, dass sich schöpferisches Lernen nur durch eigenes Tun vollzieht. Kinder brauchen deshalb Raum für selbstständige Erfahrungen und Übung, um eigene Ideen und Fähigkeiten zu entwickeln. Wenn man Kinder ungestört alleine arbeiten und sich mit geeigneten Materialien beschäftigen lässt, so Montessori, sind sie aus sich heraus motiviert und konzentriert, lassen sich nicht ablenken und benötigen keine Hilfestellung. Diese Form der Konzentration auf sich selbst und auf die gerade bearbeitete Aufgabe nennt Montessori **Polarisation der Aufmerksamkeit.**

In der Entwicklung eines Kindes gibt es nach Montessori bestimmte sensible Perioden, in denen die Kinder besonders empfänglich für Anregungen aus spezifischen Bereichen sind und sich diesen mit besonderer Aufmerksamkeit zuwenden. Das Kindergartenalter bietet einen optimalen Zeitrahmen für das Erlernen von Fertigkeiten in den Bereichen der Sprache, Bewegung und Ordnung sowie im Hinblick auf die Verfeinerung der Sinneswahrnehmung.

Pädagogisches Vorgehen

Der Tagesablauf in einer Montessori-Einrichtung ist strukturiert durch die Phasen der Freiarbeit, der gemeinsamen Aktivitäten und der Bewegung im Freien. Einer ordnenden Struktur kommt sowohl in zeitlicher als auch in räumlicher und materieller Hinsicht eine große Bedeutung zu. Feste Strukturen erleichtern es dem Kind, eine Ordnung in seiner Umwelt zu erkennen und sich in ihr zurechtzufinden. Jedem Kind wird die Freiheit gewährt, sich seine Beschäftigung selbst auszusuchen und selbst zu entscheiden, wo, wie lange und mit wem es zusammen an einer Aufgabe arbeiten möchte. Dabei müssen allerdings bestimmte Verhaltensregeln eingehalten werden, um für alle Gruppenmitglieder ein geordnetes Arbeiten zu gewährleisten.

Im Vorschulalter spielen die **Übungen des täglichen Lebens** eine besondere Rolle. Dabei werden spezielle Materialien verwendet, um manuelle und praktische Fertigkeiten einzuüben (s. unten). Indem die Kinder in alltägliche Verrichtungen in der Einrichtung, z. B. Tisch decken, putzen etc. einbezogen werden, sollen sie lernen, selbst Verantwortung für ihre unmittelbare Umwelt zu übernehmen.

Ein weiterer wichtiger Aspekt der Erziehungsphilosophie Maria Montessoris ist die so genannte **kosmische Erziehung**. Montessori versteht darunter die Schaffung eines »Bewusstsein(s) vom Zusammenwirken aller Dinge und allen Lebens in der Gesamtheit des Universums« (Montessori, 1988, S. 19), aus dem sich die Bereitschaft zur Übernahme von Verantwortung für die Umwelt und die Gesellschaft ergibt. Im Vorschulbereich zählen hierzu insbesondere die Werteerziehung und die frühe naturwissenschaftliche und ethische Bildung durch das gemeinsame Erforschen von Natur und Kultur.

Montessori-Materialien. Maria Montessori ging davon aus, dass die sinnliche Wahrnehmung die notwendige Voraussetzung der begrifflichen Wahrnehmung darstellt. Daher sind spezielle Montessori-Materialien wesentliche Bestandteile der vorbereiteten Umgebung in der Montessori-Pädagogik. Die Montessori-Materialien sprechen die Freude der Kinder an sensorischen Reizen an und regen zum Beobachten, Befühlen und Unterscheiden an. Gemäß dem Grundsatz, dass Lernen nur über eigenes Tun möglich ist, sammelt das Kind über das selbstständige Hantieren mit dem Material Erfahrungen. Dabei wird in der Regel jeweils ein einzelner Sinn isoliert angesprochen. Bei vielen Materialien erschließt sich dem Kind ihre Verwendung intuitiv; zudem beinhalten die meisten die Möglichkeit zur eigenständigen Fehlerkontrolle.

Es gibt Materialien zur Sinnesschulung, zur Übung von Fertigkeiten des täglichen Lebens, zur kosmischen Erziehung sowie zur Entwicklung des mathematischen Denkens und der Sprache. Bei den Materialien zur Sinnesschulung steht die Wahrnehmung mit den verschiedenen Sinnen im Vordergrund: Die Kinder üben z. B., vorgegebene Objekte nach bestimmten Merkmalen, wie etwa Größe, Farbe, Form, Klang, Gewicht, haptischer Struktur oder Geruch, zu ordnen. Solche Objekte können z. B. farbige Hölzer unterschiedlicher Formen sein, Klangdosen oder mit Stoffen beklebte Tafeln. Mit den Materialien zum täglichen Leben können die Kinder vielfältige manuelle Fertigkeiten üben, z. B. das Gießen und Schöpfen von Wasser oder den Umgang mit Knöpfen oder Schleifen. Die Materialien zur kosmischen Erziehung bieten Möglichkeiten zur sinnlichen Wahrnehmung von Naturprodukten oder zur selbstständigen Durchführung kleiner Experimente. Mit den mathematischen Materialien können die Kinder u. a. das Erfassen und Vergleichen von Mengen, das Zählen oder das visuelle und taktile Erfassen von Holz- oder Sandpapierziffern üben; das Sprachmaterial bietet z. B. erste Erfahrungen mit Buchstaben.

Rolle der Erziehenden

Die Montessori-Pädagogik setzt dem zu Zeiten Montessoris vorherrschenden Macht- und Gestaltungsanspruch des erwachsenen Erziehers eine durch Passivität und Zurückhaltung geprägte, verständnis- und liebevolle Grundhaltung entgegen. Die Aufgabe der Erziehenden wird in erster Linie darin gesehen, eine vorbereitete Umgebung bereitzustellen, dem Kind also angemessenes Arbeitsmaterial anzubieten, das seine Selbstständigkeit und Kreativität herausfordert. Während das Kind arbeitet, nehmen die Erwachsenen sich zurück und respektieren seine ungestörte Konzentration. Dazu gehört auch, dass sie nicht handelnd eingreifen, wenn ein Kind Fehler macht, sondern ihm die Möglichkeit geben, Fehler selbst zu entdecken. Bei den Übungen des praktischen Lebens fungieren die Erziehenden modellhaft als Vorbild. Ihre wichtigsten Aufgaben sind die genaue Beobachtung jedes einzelnen Kindes und seines Entwicklungsstands und das Zuhören und Antworten auf Fragen. Durch zuverlässige Routinen im Tagesablauf und durch Ordnung und Struktur in den Räumlichkeiten und in den persönlichen Beziehungen bieten sie den Kindern Sicherheit.

Gesamteinordnung

Viele Gedanken Maria Montessoris sind später auch in andere Konzepte eingeflossen und haben die Weiterentwicklung der Pädagogik im 20. Jahrhundert entscheidend mitgeprägt. Zentrale Merkmale ihrer Grundhaltung und ihres Bildes vom Kind sind heute aus dem Alltag der meisten Einrichtungen, auch solcher, die nicht explizit nach ihrem Konzept arbeiten, nicht mehr wegzudenken – dies gilt insbesondere für ihren Blick auf das selbsttätig erkundende Kind. Aus heutiger Sicht überrascht, dass die Inhalte und Prinzipien eines über 100 Jahre alten Ansatzes in vielen Punkten dem ähneln, was wir heute als bereichsübergreifende Schlüsselkompetenzen bezeichnen. Der Erwerb vieler der von Montessori fokussierten Kompetenzen wird heute unter Schlagworten wie selbstreguliertes Lernen, selbstständiges Arbeitsverhalten oder Problemlösekompetenz altersübergreifend gefordert.

Widerspruch hat die vermeintlich einseitige Fokussierung Montessoris auf die kognitive Entwicklung des Kindes hervorgerufen. Kritiker sehen hierin die Gefahr einer Vernachlässigung der sozialen Entwicklungskomponente. Ein weiterer Kritikpunkt gilt der geringen Wertschätzung des freien Phantasiespiels. Während die meisten modernen Ansätze die hohe Bedeutung des freien Spiels für die kindliche Entwicklungsförderung betonen, sah Maria Montessori darin keinen eigenständigen entwicklungsfördernden Nutzen, sondern (nur) eine ungerichtete Tätigkeit, der sie keine bedeutende Rolle für die kindliche Entwicklung zuschrieb.

5.3 Waldorf-Pädagogik

Im Gegensatz zu den anderen in diesem Kapitel dargestellten Ansätzen handelte es sich bei der Waldorf-Pädagogik ursprünglich nicht um eine pädagogische Ausrichtung, sondern um eine Erziehungsphilosophie, die sich aus einer umfassenden Lebensphilosophie ableitet, nämlich der anthroposophischen Theorie Rudolf Steiners (1861–1925). Steiner gründete 1926 für die Kinder der Angestellten der Waldorf-Astoria-Zigarettenfabrik in Stuttgart den ersten Waldorf-Kindergarten, in dem die Kinder nach den Prinzipien dieser Philosophie erzogen wurden. Heute gibt es weltweit ungefähr 1600 Waldorfkindergärten in mehr als 60 Ländern; in Deutschland bestehen mehr als 550 Kindergärten (Vereinigung der Waldorfkindergärten, 2013). Im Unterschied zu anderen pädagogischen Konzepten, die zumeist trägerunabhängig praktiziert werden, werden Waldorf-Kindergärten nahezu ausschließlich durch private eingetragene Vereine betrieben, die sich explizit der Waldorf-Pädagogik verpflichtet fühlen.

Anthroposophische Lebensphilosophie

Im anthroposophischen Menschenbild Rudolf Steiners wird die **Dreigliedrigkeit** menschlicher Wesen, also ihr Bestehen aus Leib, Seele und Geist, besonders hervorgehoben (Stave, 1992). Diese Dreigliederung des Menschen muss in der Erziehung angemessen berücksichtigt werden, daher folgt die Waldorf-Pädagogik der Forderung Pestalozzis nach einer gleichberechtigten Förderung von »Kopf, Herz und Hand« und spricht das »Denken, das Fühlen und das Wollen« des Kindes in der Erziehung gleichermaßen an.

Das wichtigste Ziel der Erziehung besteht Rudolf Steiner zufolge darin, ein Kind bei der Verwirklichung seines individuellen Lebensmotivs zu unterstützen und ihm auf diese Weise zu Freiheit und Selbstbestimmung zu verhelfen. Lernen ist aber nach Steiner nur möglich in einer Umgebung, die durch eine Atmosphäre von Liebe, Freude und Heiterkeit geprägt ist. Diese Grundeinstellung spiegelt sich in der Forderung Steiners wider, »das Kind in Ehrfurcht auf(zu)nehmen, in

Liebe (zu) erziehen und in Freiheit (zu) entlassen«, die als ein zentraler Leitsatz der Waldorf-Pädagogik gilt.

Die Entwicklung des Kindes verläuft nach der anthroposophischen Theorie in aufeinander folgenden Entwicklungsstufen, die jeweils sieben Jahre umfassen (*Jahrsiebte*). In den ersten sieben Lebensjahren steht die Entwicklung des Kindes durch das **freie Spiel** im Vordergrund. Im freien Spiel offenbart sich das Kind selbst, tritt durch seine Äußerungen in Kontakt mit der Umwelt und verarbeitet seine Erfahrungen und Eindrücke von der Welt. Deshalb nimmt diese Spielform sowohl in der Theorie als auch in der praktischen Arbeit der Waldorfkindergärten eine entscheidende Rolle ein. Erzieherische Unterweisungen im traditionellen Sinne und das Lehren abstrakter Inhalte entsprechen dagegen nach Steiners Ansicht nicht den kindlichen Bedürfnissen, da sie sein Verlangen nach sinnlicher und ganzheitlicher Erfahrung ignorierten.

Pädagogisches Vorgehen

Wie bereits angesprochen, kommt in der Waldorfpädagogik in den ersten sieben Lebensjahren dem freien Spiel die zentrale Rolle für die kindliche Entwicklung zu. Damit sich das Kind frei entfalten kann, muss das Spiel zweckfrei sein und spontan erfolgen. Herkömmliche Spielsachen, die dem Kind eine bestimmte Funktion und Nutzungsweise vorgeben, engen es nach Steiner in seiner Kreativität ein und hindern es daran, selbst schöpferisch tätig zu werden. Daher werden in Waldorfkindergärten in erster Linie vielseitig verwendbare Naturmaterialien (z. B. Kastanien, Muscheln, Holzklötze etc.) oder sehr einfach gestaltete Gegenstände (z. B. einfache Holztiere oder Stoffpuppen) zum Spielen verwendet, da sie im Gegensatz zu »fertigen« Spielsachen die Phantasie der Kinder anregen und vielfältige kreative Spielmöglichkeiten eröffnen. Dabei kommt dem Erfahren und Begreifen der Umwelt mit allen Sinnen und der Bewegung eine große Bedeutung zu. Durch das freie Phantasiespiel der Kinder soll ein schöpferisches Chaos herbeigeführt werden, welches ihre Sinne anregt und ihre Entwicklung stimuliert. Zu starke Anweisungen von außen hemmen nach Steiner das Kind in seinem Selbstentfaltungsprozess, weshalb die Erziehenden nicht auf das Kind selbst, sondern nur auf die Umgebung des Kindes einwirken sollten.

Ein weiteres Grundprinzip der Waldorf-Pädagogik ist die Orientierung an gleichbleibenden *Rhythmen*. Es gibt tägliche Rituale und feste Wochentage für bestimmte Aktivitäten. Auch zyklisch wiederkehrende Ereignisse und die intensive Vorbereitung von Festen im Jahreskreis spielen eine große Rolle. Dazu gehört auch, dass die Kinder den Wechsel der Jahreszeiten in der Natur bewusst erfahren. Diese gleich bleibende Grundordnung in den zeitlichen Abläufen soll den Kindern Verlässlichkeit signalisieren und ihnen dabei helfen, ihren eigenen Rhythmus zu finden.

Die Bedeutung von *Klarheit und Struktur* spiegelt sich auch in der räumlichen Gestaltung der Umgebung wieder, in der eine klare Ordnung herrscht. Die Räumlichkeiten und das Außengelände sind so gestaltet, dass sie den Kindern eine Atmosphäre der Geborgenheit vermitteln und darüber hinaus vielfältige Sinneseindrücke anbieten. Auch in der Architektur ist eine klare Gliederung der

Räumlichkeiten wichtig, zudem dominieren in den Einrichtungen natürliche Materialien und Farben.

Rolle der Erziehenden

Das pädagogische Handeln in Waldorfkindergärten wird stark durch die Persönlichkeit der jeweiligen Erziehungspersonen geprägt. Im Vergleich mit den meisten anderen Konzepten kommt der Beziehung zwischen dem Kind und dem Erziehenden hier eine stärkere Bedeutung zu. Im ersten Jahrsiebt lernt das Kind vor allem durch Beobachtung und Nachahmung, d. h. die erwachsene Person dient als Vorbild, deren Handlungen, aber auch die darin sichtbar werdenden inneren Haltungen und Einstellungen vom Kind nachgeahmt und verinnerlicht werden. Dabei entwickelt sich auch die Erziehungsperson in der Interaktion mit dem Kind beständig weiter – Erziehung ist damit zugleich auch eine Form der »Selbsterziehung«.

Gesamteinordnung

Die Waldorf-Pädagogik erfreut sich seit vielen Jahren eines steigenden Interesses. Zu einem Teil wird dies vermutlich daran liegen, dass ihr ganzheitlicher Ansatz von vielen Eltern als eine Alternative zu der teilweise als einseitig erlebten Fokussierung des öffentlichen Bildungssystems auf die kognitive Förderung gesehen wird. Die Betonung des kreativen Ausdrucks und des freien Phantasiespiels, welches ohne aufwändige Funktionsspielsachen auskommt, scheint vielen Eltern in Zeiten übermäßigen Medienkonsums und zunehmender Reizüberflutung intuitiv ein sinnvoller pädagogischer Ansatz.

Die an der Waldorf-Pädagogik von jeher geäußerte Kritik bezieht sich zumeist weniger auf das konkrete pädagogische Handeln, als vielmehr auf die ihr zugrunde liegende anthroposophische Theorie Rudolf Steiners, die aus verschiedensten Gründen kritisiert wurde (vgl. zusammenfassend Lippert, 2001). Das eine ist aber ohne das andere nicht zu haben: Die anthroposophische Theorie bildet die Grundlage des pädagogischen Handelns der Waldorf-Pädagogik. Im eigentlichen Sinne vermittelt wird sie in den Einrichtungen zwar nicht, dennoch ist es für die Erziehenden unerlässlich, sich den anthroposophischen Prinzipien verpflichtet zu fühlen. Aber auch die Eltern müssen sich mit den Zielen der Waldorf-Pädagogik identifizieren können, wenn ihr Kind eine solche Einrichtung besuchen soll.

5.4 Reggio-Pädagogik

Im Vergleich zu den anderen in diesem Kapitel beschriebenen Ansätzen ist der Reggio-Ansatz in der pädagogischen Praxis zahlenmäßig nicht so häufig vertreten, dennoch findet dieses Konzept unter Erzieherinnen, Wissenschaftlern und Eltern großes Interesse, wird in Fachbüchern und -zeitschriften immer wieder ausführlich thematisiert und fehlt in keiner Übersicht über aktuelle elementarpädagogische Konzepte.

Das Besondere an diesem Ansatz ist, dass er nicht von einer einzelnen Person entwickelt wurde, sondern aus dem kommunalen Gemeinwesen einer ganzen Stadt heraus entstand, nämlich aus der Gemeinde Reggio Emilia in Italien. Entsprechend gilt der Kindergarten von Reggio als integraler Bestandteil dieser Stadt und die Verantwortlichen sind bestrebt, in ständigem Dialog mit den Bürgern zu stehen. Die Reggio-Pädagogik entstand nach dem Ende des Zweiten Weltkriegs aus der Eigeninitiative der Bürger von Reggio Emilia, welche die Erziehung ihrer Kinder als kollektive Aufgabe der Gemeinschaft ansahen. Sie wollten damit eine Alternative zu der damals in Italien vorherrschenden dogmatisch-konservativen Erziehung in katholischen Einrichtungen schaffen. Seit den 1970er Jahren wurde die Entwicklung der Reggio-Pädagogik maßgeblich beeinflusst durch Loris Malaguzzi, der sich bis zu seinem Tod im Jahr 1994 intensiv ihrer Verbreitung in der Öffentlichkeit widmete.

In Reggio Emilia gibt es heute 36 Krippen und Kindergärten, die in einem *pädagogischen Zentrum* verbunden sind, und die ihr Konzept ständig weiterentwickeln. Reggio ist inzwischen zur Pilgerstätte für Elementarpädagogen aus der ganzen Welt geworden, das Erziehungsmodell wurde mit nationalen und internationalen Preisen ausgezeichnet und wird ausführlich auf Fachtagungen und bei Kongressen dargestellt und diskutiert.

Grundprinzipien

Die Reggio-Pädagogik betrachtet Kinder als eigenständige, aktive und individuell einzigartige Wesen, die sozial, kreativ und neugierig sind und sich auf vielfältige Weise ausdrücken wollen und können (Ullrich & Brockschnieder, 2009). Bekannt wurde das Gedicht Malaguzzis von den »100 Sprachen des Kindes«, von denen die Gesellschaft nur eine einzige, nämlich die verbale, anerkenne. Die Reggio-Pädagogik sieht die zentrale Aufgabe der erziehenden Umgebung darin, dem Kind die Möglichkeit zu geben, seine vielfältigen weiteren Ausdrucksmöglichkeiten zu erproben und damit zu experimentieren, vor allem durch künstlerische Projekte und durch das darstellende Spiel.

Zentrale Begriffe der Reggio-Pädagogik sind Offenheit, Transparenz, Kreativität, Wahrnehmung und Kommunikation. Aus der Verankerung der Kindergärten im Gemeinwesen der Stadt ergibt sich die zentrale Bedeutung der Transparenz in beide Richtungen, die sich schon in der offenen Architektur der Einrichtungen widerspiegelt, insbesondere in der für die gesamte Bevölkerung offen stehenden Eingangshalle. Kindergärten sind in Reggio als Begegnungsstätten für alle Bürger gedacht, die Kinder dokumentieren der Öffentlichkeit hier in Ausstellungen fortlaufend die Ergebnisse ihrer Arbeit. Im Kindergarten lernen sie, sich als aktiven Teil des Gemeinwesens zu erleben und Verantwortung für dieses zu übernehmen. Insbesondere die Eltern, aber auch andere Bürger sind aufgefordert, sich aktiv am Leben der Einrichtungen zu beteiligen.

Pädagogisches Vorgehen

Der Alltag in Reggio-Kindergärten ist durch die Arbeit an **Projekten** geprägt. Diese Projekte, die oft von Kunstpädagogen begleitet werden, knüpfen an konkrete Erfahrungen, Fragen oder Anregungen der Kinder an und orientieren sich an ihrer unmittelbaren Lebenswelt. Dabei spielt das Wahrnehmen, Erfahren und Erforschen der Natur eine große Rolle. Auch Exkursionen sind ein wichtiger Bestandteil der Projektarbeit. In den zahlreichen kreativen Werkstätten eines Kindergartens, wie dem Kinderatelier, finden die Kinder Gelegenheit, ihre vielfältigen Ausdrucksmöglichkeiten zu erproben. Die Werkstätten bieten Möglichkeiten zum Wahrnehmen und Verarbeiten von ganz unterschiedlichen Materialien. Eine weitere wichtige Ausdrucksmöglichkeit in der Reggio-Pädagogik ist das **darstellende Spiel**. Hierzu zählen das Puppenspiel, das von einem professionellen Puppenspieler angeleitet wird, sowie das Spiel mit Spiegeln und Schatten, z. B. hinter beleuchteten Decken. Hierdurch sollen die Kinder auch lernen, sich selbst wahrzunehmen.

Anders als in den meisten elementarpädagogischen Konzepten sind die Kinder in Reggio-Kindergärten in altershomogenen Gruppen zusammengefasst, in denen sie ihre Projekte planen und realisieren. Die Gruppenräume dienen aber nur als Treffpunkte, den größten Teil des Tages verbringen die Kinder in den Werkstätten oder auf Exkursionen außerhalb des Geländes. Kontakte zwischen den verschiedenen Altersgruppen gibt es im Freispiel, für das jedoch im Vergleich zu den meisten anderen Ansätzen relativ wenig Zeit zur Verfügung steht. Dagegen überwiegen von den pädagogischen Fachkräften initiierte und begleitete Aktivitäten.

Eine wichtige Rolle in der Reggio-Pädagogik spielt die Dokumentation, sowohl nach innen als auch nach außen: Zum einen gibt es für jedes Kind eine eigene Dokumentationsmappe, in der seine Entwicklung festgehalten wird, zum anderen wird auf den so genannten »sprechenden Wänden« in der Einrichtung der Fortschritt aktueller Projekte mittels Photoserien, gemalter Bilder und Begleittexte dokumentiert.

Rolle der Erziehenden

Charakteristisch für die Arbeit der Reggio-Einrichtungen ist die Multiprofessionalität des Teams: Neben Pädagogen arbeiten vor allem Künstler und Werkstättenleiter sowie ein Puppenspieler in den Einrichtungen. Grundvoraussetzung für alle Personen, die mit den Kindern arbeiten, ist eine verständnisvolle Grundhaltung, die Kinder in ihrer Einzigartigkeit respektiert, ernst nimmt und versteht. Die Erziehenden ermutigen die Kinder während ihrer Aktivitäten zu selbstständigem Handeln, ohne korrigierend einzugreifen. Alle in den Projekten oder in der Freiarbeit entstandenen Werke der Kinder werden von den Erwachsenen wertgeschätzt, so wie auch jedes einzelne Kind wahrgenommen und geschätzt wird. Dadurch, dass die Mitarbeiter nicht nur Ausführende eines »fertigen« Konzepts sind, sondern selbst aktiv und kontinuierlich an der Weiterentwicklung des Konzepts ihrer Einrichtung beteiligt sind, kommt es im Allgemeinen zu einer starken Identifikation mit der eigenen Arbeit und zu einem hohen Maß an Selbstbewusstsein – beides sind wichtige Voraussetzung für eine erfolgreiche Erziehungsarbeit.

Gesamteinordnung

Aufgrund ihrer festen Verwurzelung in der Historie ihrer Entstehungsregion lässt sich die in Reggio praktizierte Pädagogik nicht ohne Weiteres auf die Bedingungen eines deutschen Kindergartens übertragen. Andererseits begreift sich die Reggio-Pädagogik ganz explizit nicht als ein abgeschlossenes pädagogisches Konzept, sondern eher als eine Erziehungsphilosophie oder Grundhaltung, die an die jeweiligen sozialen Gegebenheiten anzupassen ist.

Vor diesem Hintergrund lässt sich auch die Diskrepanz zwischen der großen Bedeutung der Reggio-Pädagogik in der fachlichen Diskussion und ihrer zahlenmäßig eher geringen Verbreitung in Deutschland erklären. Zwar gibt es inzwischen ein überregionales Netzwerk von Reggio-orientierten Kindergärten in Deutschland, die Anzahl der Kindergärten, die sich explizit als Reggio-Einrichtungen bezeichnen, ist jedoch vergleichsweise gering. Aufgrund der offensichtlich von diesem Ansatz ausgehenden Faszination und des hohen Interesses, das er unter Elementarpädagogen erfährt, kann man allerdings davon ausgehen, dass eine stetig wachsende Zahl an Erzieherinnen in den verschiedensten Einrichtungen mit den Ideen der Reggio-Pädagogik sympathisiert und dass Aspekte der Reggio-Pädagogik bereits mehr oder weniger stark in den pädagogischen Alltag der Einrichtungen integriert werden.

Allerdings setzt das Gelingen des Reggio-Ansatzes voraus, dass die Eltern im Besonderen und die Bevölkerung im Allgemeinen an der pädagogischen Arbeit der Einrichtungen interessiert sind und zu Mitwirkung und Engagement bereit. Besonders in den großstädtischen Ballungsräumen wird man darauf in der Regel nicht vertrauen können. Darüber hinaus bedarf es zur Verwirklichung der Grundprinzipien der Reggio-Pädagogik eines überaus engagierten, fachkundigen und kritisch reflektierenden pädagogischen Personals, das sich stark mit der Konzeption identifiziert und bereit ist, sich aktiv in die Ausgestaltung einzubringen. Diese Grundhaltung der in Reggio-Einrichtungen Tätigen ist wohl eines der Schlüsselmerkmale für den Erfolg Reggio-orientierter Kindergärten.

5.5 Fazit

Wie bereits erwähnt, handelt es sich bei den dargestellten Konzepten nur um eine kleine Auswahl der in Deutschland praktizierten elementarpädagogischen Ansätze. Darüber hinaus erfreuen sich insbesondere Wald- und Naturkindergärten sowie Bewegungskindergärten in den letzten Jahren wachsender Beliebtheit. Solche Kindergärten setzen der in anderen Einrichtungen weit verbreiteten

Fokussierung auf die kognitive und feinmotorische Förderung bewusst eine stärkere Betonung des grobmotorischen Bewegungs- und Explorationsdrangs der Kinder entgegen. Ein weiterer Trend spiegelt sich in der wachsenden Beliebtheit (zumeist privater) mehrsprachiger Kindergärten, die einerseits dem steigenden Anteil von mehrsprachig aufwachsenden Kindern Rechnung tragen, aber auch vermehrt von Eltern mit besonders hohen Bildungsaspirationen in Anspruch genommen werden. Solche Eltern verfolgen das Ziel einer möglichst frühzeitigen und intensiven Förderung zusätzlicher schul- und berufsrelevanter Schlüsselqualifikationen in einem Ausmaß, wie dies Regelkindergärten nicht leisten können (oder wollen).

Bei einer kritischen Würdigung der vier näher beschriebenen pädagogischen Ansätze darf nicht vergessen werden, dass es sich bei der Darstellung um die jeweilige »Idealform« einer pädagogischen Ausrichtung handelt, von der die tatsächliche Umsetzung des Konzepts in einer konkreten Einrichtung ungeachtet ihres »Labels« als Montessori-, Waldorf- oder Reggio-Kindergarten oder als eine nach dem Situationsansatz arbeitende Einrichtung mehr oder weniger stark abweichen kann. Die praktische Arbeit mit Kindern wird im Allgemeinen durch vielfältige Rahmenbedingungen mitbestimmt – auf welche Weise und wie konsequent ein Konzept umgesetzt wird, bleibt davon nicht unbeeinflusst.

Hier sind an erster Stelle die Persönlichkeit und die professionellen Kompetenzen der mit den Konzeptionen arbeitenden pädagogischen Fachkräfte zu nennen, verbunden mit ihren individuellen Erfahrungen, Stärken und Schwächen. Aber auch äußere Faktoren des sozialen und kulturellen Umfelds der Einrichtung, die individuellen Voraussetzungen der Kinder und die Merkmale ihrer Herkunftsfamilien wirken sich auf die pädagogische Arbeit aus. Manche Konzepte sehen individuelle Anpassungen an die sich ändernden gesellschaftlichen Gegebenheiten explizit vor (wie der Situationsansatz und die Reggio-Pädagogik), andere scheinen – zumindest in ihrer Grundkonzeption – weniger flexibel angelegt (wie die Montessori- und die Waldorf-Pädagogik). Aber auch hier sind vielerorts moderate Anpassungen an die jeweiligen Gegebenheiten unvermeidlich.

Im elementarpädagogischen Alltag vieler Einrichtungen wird es nicht selten zu einer individuell geprägten Umsetzung eines Konzepts aufgrund der eigenen Erfahrungsgeschichte und aufgrund der jeweiligen Rahmenbedingungen kommen. Eine eklektische Herangehensweise, die sich erfolgreicher Vorgehensweisen aus verschiedenen Konzepten bedient, wird in den meisten Einrichtungen vermutlich eher die Regel als die Ausnahme sein – und oft sicher auch fruchtbar und erfolgreich.

Im direkten Vergleich der hier vorgestellten pädagogischen Ansätze lassen sich die prägnantesten Unterschiede hinsichtlich der Aspekte **schulvorbereitende Aktivitäten, freies Spiel** und **Rolle der Erziehenden** ausmachen.

Während die Montessori-Pädagogik explizit entwicklungsangemessene mathematische und schriftsprachliche Aktivitäten fördert und die Kinder über das Anbieten spezieller Übungsmaterialien ermuntert, sich die entsprechenden Fertigkeiten selbstständig zu erarbeiten und einzuüben, lehnt die Waldorf-Pädagogik solche Aktivitäten im ersten Jahrsiebt ganz ausdrücklich ab und sieht sie im Gegenteil sogar als hinderlich für die kindliche Entwicklung an. Stattdessen sollten sich die Kinder im Vorschulalter auf kreative Ausdrucksformen und insbesondere auf das freie Spiel und die Bewegung konzentrieren. Im Reggio- und im Situationsansatz werden frühe akademische Kompetenzen zwar nicht so systematisch gefördert wie in den Montessori-Einrichtungen, beide Konzeptionen verfolgen jedoch auch im Prinzip einen eher bildungsorientierten Ansatz und werden – ihren Grundsätzen folgend – entsprechende Interessen und Wünsche, die häufig von den Kindern selbst kommen, situationsangemessen aufgreifen und der individuellen Entwicklung entsprechend unterstützen und fördern.

Gegensätzlich bewerten die Montessori- und die Waldorf-Pädagogik auch die Bedeutung des freien Spiels für die kindliche Entwicklung: Während Maria Montessori das freie Spiel als mehr oder weniger bedeutungslos abtat und sich nicht näher zu seiner Ausgestaltung äußerte, sah Rudolf Steiner darin die entscheidende kindliche Aktivität überhaupt für die persönliche Entwicklung und entwickelte Anweisungen, wie Kinder spielen sollten. Im Reggio-Ansatz kommt den Freispielphasen gegenüber der Projektarbeit eher eine untergeordnete Rolle zu. Im Situationsansatz gilt das freie Spiel der Kinder als gute Möglichkeiten zur Beobachtung ihres Verhaltens und zum Erkennen möglicher Schlüsselsituationen für die pädagogische Arbeit.

Auch die Rolle der Erziehenden wird in den Konzepten unterschiedlich gewichtet: Während Maria Montessori Zurückhaltung und Passivität der Erwachsenen fordert, um die selbsttätigen Bildungsprozesse des Kindes nicht zu stören, sehen die anderen Konzepte die Erziehenden in einer aktiveren und stärker lenkenden Rolle. Zwar fungieren sie in allen Ansätzen als Vorbilder zur Imitation von Verhalten, in der Waldorf-Pädagogik geht die Vorbildfunktion allerdings über die reine Verhaltensmodellierung noch hinaus und beinhaltet explizit eine Vermittlung von Werthaltungen und Grundeinstellungen. Natürlich ist eine Wertevermittlung auch in allen anderen Konzepten enthalten und erfolgt im pädagogischen Alltag ohnehin mehr oder weniger unvermeidlich, dennoch hebt die explizite Betonung der Erzieherpersönlichkeit in der Waldorf-Pädagogik die Rolle der Erziehenden und ihren prägenden Einfluss gegenüber den anderen Konzepten deutlich hervor. Auch die Vorstellung einer wechselseitigen Beeinflussung von Erziehungsperson und Kind im Sinne von »Erziehung als Selbsterziehung« wird nur in der Waldorf-Pädagogik explizit vertreten.

Ungeachtet aller nicht zu vernachlässigenden Unterschiede zwischen den beschriebenen Konzepten lässt sich hinsichtlich des dahinter stehenden Bildes vom Kind und im Hinblick auf die erzieherische Grundhaltung ein weitgehender Konsens ausmachen: Kinder werden als individuell einzigartige, kompetente, soziale, wissbegierige und lernfreudige Wesen betrachtet, die sich ihr Wissen und ihre Fertigkeiten selbstständig und aktiv aneignen. Die prägenden Einflüsse der Entwicklungstheorien von Piaget und Wygotski (►**Kap. 2.1**) sind hier unverkennbar. Demnach dürfen Kinder in allen vier Ansätzen nicht als passive und unmündige Wesen behandelt werden, die von kompetenteren Erwachsenen angeleitet und erzogen werden. Auch herrscht Einigkeit darüber, dass den Kindern mit Respekt, Akzeptanz, Verständnis und Wärme zu begegnen sei.

Hinsichtlich der angestrebten Erziehungsziele sind die Unterschiede bei genauerem Hinsehen kleiner als gedacht: In allen Ansätzen werden, wenn auch mit unterschiedlichen Begrifflichkeiten, übergeordnete Grundfertigkeiten als Ziele früher Bildung umschrieben. Die Begriffe Selbstständigkeit, Autonomie, Selbstentfaltung, Freiheit und Persönlichkeitsentwicklung sind in allen vier Konzeptionen von zentraler Bedeutung und werden in Übereinstimmung mit den Bildungsplänen der Länder als Ziele des pädagogischen Handelns definiert. Diese hohe Übereinstimmung macht deutlich, dass pädagogische Konzepte, die in einem Widerspruch zu diesen Grundsätzen und -werten stehen, in modernen, freiheitlichen und demokratischen Gesellschaften nicht mehr konsensfähig sind.

Zusammenfassung

Aufgrund der Trägerautonomie werden in den vorschulischen Einrichtungen sehr unterschiedliche pädagogische Konzepte verfolgt. Exemplarisch wurden der Situationsansatz, die Montessori-Pädagogik, die Waldorf-Pädagogik und die Reggio-Pädagogik beschrieben. Die Ansätze unterscheiden sich hinsichtlich zentraler Aspekte des pädagogischen Vorgehens und der dahinter stehenden Theorien. Dagegen stimmen sie in der Vorstellung vom Kind als eigenständigem und aktivem Lerner und in der Grundhaltung der Erziehenden sowie in zentralen Erziehungszielen überein.

Literaturempfehlungen für dieses Kapitel

Fthenakis, W. & Textor, M. (Hrsg.). (2000). *Pädagogische Ansätze im Kindergarten*. Weinheim: Beltz.

Kindergarten Heute Spezial (2005). *Pädagogische Handlungskonzepte von Montessori bis zum Situationsansatz*. Freiburg: Herder.

6 Förderung spezifischer Inhaltsbereiche

Die Förderung der kindlichen Entwicklung gehört zu den unumstrittenen Kernaufgaben vorschulischer Bildungsangebote. In ▸**Kap. 3** haben wir uns bereits ausführlich mit den Bildungsplänen der Bundesländer beschäftigt und kamen zu dem Ergebnis, dass mit leicht abweichenden Begrifflichkeiten, aber insgesamt hoher Übereinstimmung die Inhaltsbereiche

- Sprache, Kommunikation und Medien
- Mathematik, Natur und Technik
- Sozialverhalten
- Musik und Kunst
- Gesundheit und Bewegung

als zentrale Förderbereiche vorschulischer Bildung erachtet werden. Wir konzentrieren uns im Folgenden auf die drei erstgenannten Inhaltsbereiche. Zudem werden wir kurz auf die Denkförderung im engeren Sinne und auf die Förderung lernmethodischer Kompetenzen eingehen. Dies soll die Bedeutung pädagogischer Maßnahmen zur Förderung von Gesundheit und Bewegung und zur Entwicklung musikalisch-künstlerischer Fähigkeiten nicht herabsetzen, jedoch kann die von uns eingenommene pädagogisch-psychologische Perspektive dazu keinen besonderen Beitrag leisten.

Die Förderung der genannten Kompetenzen erfolgt in der Regel auf vielfältige Weise und meist integriert in den pädagogischen Alltag der jeweiligen Einrichtungen. Darüber hinaus gibt es jedoch eine Vielzahl spezifischer Ansätze zur Sprachförderung, zur Förderung des frühen mathematischen und naturwissenschaftlichen Denkens und zur Förderung des Sozialverhaltens, die sich wahlweise primärpräventiv an eine gesamte Kindergartengruppe oder aber sekundärpräventiv gezielt an Kinder mit besonderen Entwicklungsrisiken richten, wie beispielsweise Programme zur Sprachförderung für Kinder mit Deutsch als Zweitsprache.

Einen ersten Höhepunkt erlebte die Entwicklung von vorschulischen Förderprogrammen in den 1970er Jahren, als die Reifungstheorien und die behavioristischen Lerntheorien in der Pädagogischen Psychologie an Bedeutung verloren und sich die kognitiven Lerntheorien allmählich durchsetzten. Begleitet wurde die Aufbruchsstimmung von den positiven ersten Ergebnissen früher kompensatorischer Förderprogramme in den USA, wie etwa Head Start (▸**Kap. 8**). Der anfänglich große Optimismus dieser Phase wurde allerdings bald wieder gedämpft, weil sich die Effekte der genannten Projekte (zumindest vorerst) als kurzzeitig erwiesen. Auch in Deutschland konnten die in den 1970er Jahren eingeleiteten

Maßnahmen der kompensatorischen Bildung (z. B. die kompensatorische Spracherziehung, vgl. Sasse & Valtin, 2006) die mit ihnen verbundenen Erwartungen nicht erfüllen.

Seit der Jahrtausendwende hat die Frühförderung in Folge der PISA-Debatte, die den Fokus neuerlich auf den Bildungsauftrag des Elementarbereichs lenkte, wieder an Bedeutung gewonnen. Die Einstellungen gegenüber spezifischen frühpädagogischen Förderprogrammen und das Ausmaß ihres Einsatzes sind allerdings höchst unterschiedlich: Manche Kindertageseinrichtungen führen, oft eingefordert von Eltern mit hohen Bildungsaspirationen, mittlerweile eine ganze Palette unterschiedlicher Förderprogramme zu fast allen möglichen Inhaltsbereichen durch. Andere Einrichtungen verzichten dagegen bewusst auf eine isolierte Förderung einzelner Bereiche und konzentrieren sich stattdessen auf die ganzheitliche Förderung im Rahmen ihrer jeweiligen pädagogischen Konzepte.

Kritiker weisen zu Recht auf die Probleme und Gefahren hin, die mit einem unreflektierten Einsatz von Förderprogrammen durch teilweise unzureichend geschultes Personal einhergehen können. In Folge des »Förderbooms« ist in den letzten Jahren zudem ein schwer überschaubarer Wildwuchs an Programmen entstanden, die zu einem großen Teil weder theoretisch fundiert noch empirisch evaluiert sind. Die fehlende Wirksamkeit mancher Programme, kombiniert mit der Gefahr einer Überfrachtung des pädagogischen Alltags mit didaktischen Übungseinheiten, kann unter Umständen eine verständliche »Fördermüdigkeit« des Fachpersonals zur Folge haben. Dadurch kann der Einsatz tatsächlich wirksamer, theoretisch fundierter und positiv evaluierter Förderprogramme unterminiert werden.

Fokus: Prävention und Resilienz

Unter **Prävention** versteht man vorbeugende Maßnahmen, die dem möglichen Auftreten von Entwicklungsproblemen frühzeitig entgegenwirken sollen, noch bevor es zu einer Manifestation von Auffälligkeiten kommt. Es wird unterschieden zwischen drei verschiedenen Formen der Prävention: *Primäre Prävention* richtet sich flächendeckend an alle Kinder, unabhängig von ihren individuellen Entwicklungsbedingungen und eventuell bestehenden Risiken. *Sekundäre Prävention* wendet sich gezielt an Kinder, bei denen bestimmte Risikofaktoren vorliegen, die das Entstehen einer Problematik begünstigen können. Ein Beispiel sind Sprachförderprogramme, die sich speziell an Kinder mit nicht-deutscher Muttersprache richten. Eine weitere Form der Prävention ist die *tertiäre Prävention*, die einsetzt, wenn bereits erste Auffälligkeiten aufgetreten sind. In der Praxis sind die Übergänge von tertiärer Prävention zur therapeutischen Intervention oft fließend.

Ein Ansatz, der in der aktuellen Präventionsforschung relativ einflussreich ist, ist das so genannte **Resilienzkonzept**. Die Grundidee dieses Konzepts besagt, dass es neben Risikofaktoren der kindlichen Entwicklung auch eine Reihe von Schutzfaktoren und Ressourcen gibt, die sich gezielt stärken lassen. Der Ansatz fokussiert demnach nicht auf die Schwächen, sondern auf die Stärken und Kompetenzen gefährdeter Kinder. Hintergrund ist die Beobachtung, dass es immer wieder Kinder gibt, bei denen es trotz ungünstiger Entwicklungsbedingungen nicht zu Entwicklungsproblemen kommt – Kinder also, die sich als außerordentlich widerstandfähig erweisen. Die Beschäftigung mit protektiven Schutzfaktoren, die zur Entwicklung dieser Widerstandfähigkeit beitragen, ist das Hauptthema der Resilienzforschung. Als wichtige Schutzfaktoren gelten insbesondere eine positive emotionale Beziehung zu einer stabilen Bezugsperson und die Verfügbarkeit sozialer Unterstützung außerhalb der Familie (vgl. Fingerle, 2006).

Im Folgenden wollen wir einen Einblick in die »Förderlandschaft« in den oben genannten inhaltlichen Bereichen geben. Dabei wird zu jedem Bereich zuerst auf allgemeine Förderprinzipien eingegangen, die sowohl bei der in den Kindergartenalltag integrierten Förderung als auch bei additiven Fördereinheiten zu beachten sind. Anschließend werden spezifische Förderprogramme zur primären und sekundären Prävention von Entwicklungsproblemen dargestellt. Aufgrund der Vielzahl der verfügbaren Ansätze kann dieser Überblick nicht vollständig sein. Zu jedem Inhaltsbereich werden einige der im deutschsprachigen Raum bekanntesten und am häufigsten verwendeten Förderprogramme exemplarisch vorgestellt. Dabei beschränken wir uns auf evaluierte Programme, deren Wirksamkeit empirisch nachgewiesen ist. Natürlich kann diese Darstellung nur eine Momentaufnahme zum Zeitpunkt der Recherche wiedergeben, die aufgrund der rasanten Entwicklungsdynamik im Bereich der frühen Fördermaßnahmen wahrscheinlich schon in kurzer Zeit ergänzungsbedürftig sein wird.

Um Redundanz zu vermeiden, wird die Förderung spezifischer Inhaltsbereiche im Rahmen der in ▸**Kap. 5** vorgestellten pädagogischen Konzepte an dieser Stelle nicht noch einmal gesondert dargestellt. Das gilt insbesondere für die Förderprinzipien des Montessori-Konzepts, das umfangreiches Material zur Förderung der mathematischen und sprachlichen Entwicklung und zur Schulung der Wahrnehmung bereithält. Dieses wurde bereits an anderer Stelle ausführlich dargestellt (▸**Kap. 5.2**).

6.1 Sprachförderung

Die Förderung der sprachlichen Entwicklung gilt in der Öffentlichkeit als die wichtigste Aufgabe der vorschulischen Förderung schlechthin. Der Hauptgrund hierfür ist vor allem in der zentralen Bedeutung der Sprache für die gesellschaftliche Integration sowie für den Schriftspracherwerb und den Bildungserfolg insgesamt zu sehen. Dass die kompetente Beherrschung der deutschen Sprache eine Schlüsselqualifikation für das akademische (schulische) Lernen ist und dass sprachliche Defizite einen gravierenden Risikofaktor für die schulische Leistungsentwicklung darstellen, ist unstrittig (z. B. Baumert & Schümer, 2001; Schwippert et al., 2007).

Vor allem durch die internationalen Schulleistungsstudien und die darin offenbar gewordenen gravierenden Nachteile von Kindern mit Migrationshintergrund im deutschen Bildungssystem geriet der Aspekt ihrer sprachlichen Kompetenzen im letzten Jahrzehnt verstärkt in den Fokus der Öffentlichkeit und setzte die Verantwortlichen in der Bildungspolitik unter offensichtlichen Handlungszwang.

Weil eine effektive sprachliche Förderung im Elementarbereich zu den vordringlichsten Aufgaben der aktuellen Bildungspolitik gehört, wurden in den letzten Jahren zahlreiche Förderprogramme und Verfahren zur Sprachstandsdiagnostik entwickelt und eine Vielzahl von Expertisen zur Dokumentation des Forschungsstands initiiert und erarbeitet (z. B. Jampert, Best, Guadatiello, Holler & Zehnbauer, 2007; Ehlich, Bredel & Reich, 2008; Ehlich, Valtin & Lütke, 2012; Roßbach & Weinert, 2008; Lisker, 2011; Lengyel, 2012; Redder et al., 2011). Das (vorerst) jüngste Beispiel hierfür ist die Bund-Länder-Initiative *Bildung durch Sprache und Schrift, BISS* (Schneider et al., 2012), die Konzepte zur systematischen Weiterentwicklung der Sprachförderung, Sprachdiagnostik und Leseförderung in Deutschland erarbeiten soll. Die Liste der Gutachten und Forschungsprojekte ließe sich beliebig fortsetzen. Weil kein anderer Inhaltsbereich früher Bildung und Förderung soviel Aufmerksamkeit erfährt wie die Sprache, wird aber auch nirgendwo sonst über Zielsetzungen, Inhalte und Organisationsformen der notwendigen Maßnahmen so kontrovers diskutiert. Dies hängt auch damit zusammen, dass an der Diskussion unterschiedliche wissenschaftliche Disziplinen und Traditionen beteiligt sind, allen voran die empirische Bildungsforschung, aber auch die Sprachwissenschaft, die verschiedenen Teildisziplinen der Erziehungswissenschaft sowie die Entwicklungs- und die Pädagogische Psychologie.

Die Relevanz des Themas frühe Sprachförderung wird auch durch die folgenden Zahlen unterstrichen: In Deutschland hat mittlerweile mehr als jedes dritte Kind unter sechs Jahren einen Migrationshintergrund (Statistisches Bundesamt, 2012). In einigen westdeutschen Ballungsräumen liegt der Anteil noch deutlich höher und es ist davon auszugehen, dass er in den kommenden Jahren eher noch steigen wird[7]. Die meisten dieser Kinder erwerben Deutsch zusätzlich zu ihrer Erstsprache; der in der Fachsprache geläufige Begriff hierfür lautet *Kinder mit Deutsch als Zweitsprache*). Ein nicht unerheblicher Teil von ihnen kommt in den frühkindlichen Bildungseinrichtungen erstmals in Kontakt mit der deutschen Sprache.

Aber auch unter den muttersprachlich deutsch aufwachsenden Kindern gibt es einen gewissen Anteil, deren Sprachentwicklung aus den unterschiedlichsten Gründen nicht altersgemäß verläuft. Auch bei ihnen kann die spätere schulische Lern- und Leistungsentwicklung mit Problemen verbunden sein. Dies gilt insbesondere für Kinder aus so genannten »bildungsfernen« Familien, die zu Hause nicht genügend oder zu wenig anspruchsvolle sprachliche Anregungen erhalten, um auf die schulischen Anforderungen ausreichend vorbereitet zu sein. Diese

7 Auf die Diskussion um die Definition des Begriffs Migrationshintergrund kann hier nicht näher eingegangen werden. Eine ausführliche Erörterung hierzu findet sich bei Dubowy, Duzy, Pröscholdt, Schneider, Souvignier & Gold (2011).

Kinder sind insbesondere im Gebrauch der im schulischen Kontext vorherrschenden akademischen Bildungssprache benachteiligt. Hierunter versteht man einen grammatikalisch anspruchsvollen, dekontextualisierten Sprachtyp, für den der Sprachwissenschaftler Jim Cummins (1979) den Begriff *Cognitive Academic Language Proficiency* (CALP) geprägt hat. Während die Umgangssprache (nach Cummins: *Basic Interpersonal Communication Skills*, BICS) im Allgemeinen zur Alltagskommunikation ausreicht, ist die Beherrschung der akademischen Sprache für die Entwicklung der schulischen Kompetenzen und damit für den Schulerfolg außerordentlich relevant.

Von den Kindern mit sprachlichen Defiziten aufgrund ungünstiger (deutsch-) sprachlicher Sozialisationsbedingungen abzugrenzen ist die heterogene Gruppe von Kindern mit spezifischen Sprachentwicklungsstörungen. Bei dieser Gruppe kommt es unabhängig vom sprachlichen Anregungsniveau des Elternhauses zu Verzögerungen und Störungen des normalen Spracherwerbs. Diese Kinder (etwa 6–8 % eines Jahrgangs) bedürfen besonderer individueller Fördermaßnahmen, die im Rahmen einer allgemeinen Sprachförderung in den Kindertageseinrichtungen nicht zu leisten sind. Solche Maßnahmen werden durch speziell ausgebildete Fachkräfte, insbesondere durch Logopäden oder Linguisten durchgeführt – in den folgenden Ausführungen werden wir darauf nicht weiter eingehen.

Aus Erkenntnissen der Spracherwerbsforschung weiß man, dass Fördermaßnahmen umso Erfolg versprechender sind, je früher sie einsetzen (▸**Kap. 2.2**). Dies gilt auch für Kinder, die Deutsch als Zweitsprache erwerben. Zum einen profitieren Kinder mit Deutsch als Zweitsprache von einer frühen Förderung in der deutschen Sprache, weil sie so ihre natürlichen Sprachlernstrategien aus dem Erstspracherwerb nutzen können (Tracy, 2008). Zum anderen können frühzeitige Fördermaßnahmen präventiv wirksam werden und damit dem Auftreten bzw. der Verfestigung von schulischen und sozial-emotionalen Folgeproblemen entgegenwirken. So ist inzwischen bekannt, dass die sprachlichen Kompetenzen der Kindergartenkinder schon früh mit ihren Kompetenzen in anderen, nicht primär sprachlichen Lernbereichen zusammenhängen – vermutlich, weil schon im Kindergarten die meisten Lernanregungen in sprachlicher Form gegeben werden (Dubowy, Ebert, Weinert & von Maurice, 2008). Kinder mit sprachlichen Defiziten können diese Anregungen oft nur unzureichend nutzen und bilden daher schon früh Wissensdefizite aus, die im Schulalter rasch kumulieren.

Da es meist die pädagogischen Fachkräfte sind, die Kinder mit sprachlichen Defiziten identifizieren und fördern sollen, wird übereinstimmend eine verstärkte Aus- und Weiterbildung dieser Fachkräfte in den Grundlagen der Sprachentwicklung, der Sprachstandsdiagnostik und der Sprachförderung gefordert (Baden-Württemberg Stiftung, 2011; Lisker, 2011; Redder et al., 2011; Schneider et al., 2012). Aufgrund der zunehmenden Sensibilisierung für die Problematik gewinnt das Thema mittlerweile in der Ausbildung der Erzieherinnen an Gewicht, allerdings werden sich die positiven Effekte solcher Qualifizierungsmaßnahmen im pädagogischen Alltag erst mit Verzögerung bemerkbar machen.

Eine Recherche zum Thema Sprachstandsdiagnostik und Sprachförderung im Vorschulalter ergibt heute über die bereits genannten Expertisen hinaus eine Fülle von Empfehlungen und Forschungsübersichten sowie eine fast unüberschaubare Flut an Förderprogrammen und -initiativen der unterschiedlichsten Träger. Dabei darf allerdings nicht übersehen werden, dass viele Maßnahmen zwar gut gemeint sind, dass wir über ihre Wirksamkeit aber noch zu wenig wissen.

Allgemeine Merkmale von Sprachförderung

Sprachförderung im Kindergarten geschieht auf vielerlei Weise, zum einen explizit durch den Einsatz spezifischer Fördermaßnahmen, zum anderen aber auch implizit durch die alltägliche Kommunikation zwischen den Erzieherinnen und den Kindern sowie zwischen den Kindern untereinander. Gerade bei Kindern mit Migrationshintergrund, die oftmals vor dem Besuch des Kindergartens nur unzureichende Erfahrungen mit der deutschen Sprache sammeln konnten, sind solche sprachlichen Interaktionen besonders wichtig. Aber auch die deutschsprachig aufwachsenden Kinder aus bildungsfernen Elternhäusern profitieren von einer Anreicherung des sprachlichen Angebots – oft wird in diesem Zusammenhang der Begriff des »Sprachbads« verwendet. Eine ungünstige Zusammensetzung der Kindergartengruppe kann allerdings die Möglichkeit, über den täglichen Kontakt mit gleichaltrigen muttersprachlich deutschen Kindern die deutsche Sprache spielerisch zu erlernen, einschränken (▸**Kap. 4.2**).

Eine besondere Rolle bei der Sprachförderung spielen so genannte inszenierte Sprachlernsituationen (Knapp, Kucharz & Gasteiger-Klicpera, 2010; Ruberg & Rothweiler, 2012). Darunter fallen alle Situationen, die von der Förderperson mit dem direkten oder indirekten Ziel der Sprachförderung gestaltet werden. Sie können sowohl im Gruppenalltag als auch im Rahmen expliziter Fördereinheiten realisiert werden. Beispiele für solche inszenierten Sprachlernsituationen sind z. B. das gemeinsame Vorlesen oder Anschauen von Bilderbüchern, das Singen oder Sprechen von Liedern und Versen, das abwechselnde Erzählenlassen der Kinder im Stuhlkreis, aber auch die systematische Durchführung von Sprachlernspielen oder -übungen. In der Regel ergänzen sich die implizite Sprachförderung im Gruppenalltag und die explizite Förderung in gezielten Fördereinheiten gegenseitig. Oft (aber nicht zwangsläufig) liegt der Unterschied zwischen alltagsintegrierten und spezifischen Sprachfördersituationen darin, dass im Gruppenalltag eher situationsorientiert vorgegangen wird, indem grammatische Strukturen oder unbekannte Worte dann aufgegriffen werden, wenn sie in einer konkreten Situation tatsächlich vorkommen, während bei der Durchführung spezifischer Fördereinheiten deren Inhalte in der Regel von der Sprachförderkraft vorher festgelegt werden.

Mögliche Ansatzpunkte einer systematischen Sprachförderung können im Prinzip alle Bereiche der Sprache sein. In der Praxis fokussiert die Sprachförderung zumeist auf die folgenden vier Bereiche:

- Lexikon/Semantik (Wortschatz und -bedeutung)
- Morphologie/Syntax (Regeln der Wort- und Satzbildung)
- Pragmatik (sprachliche Kommunikation und soziales Sprechhandeln)
- Literalität (früher Umgang mit Schrift)

Selten konzentrieren sich die elementarpädagogischen Fördermaßnahmen ausschließlich und exklusiv auf nur einen dieser Bereiche, denn auch bei der ›natürlichen‹ Aneignung von Sprache ist die Ausbildung syntaktischer, semantischer und kommunikativer Kompetenzen stets miteinander verschränkt.

Im Allgemeinen wird unterschieden zwischen (elementar-)pädagogischen, eher ganzheitlich orientierten und sprachwissenschaftlich (linguistisch) begründeten Sprachförderprogrammen (Jampert et al., 2007). Während bei den ersteren meist der Erwerb alltagsrelevanter kommunikativer Kompetenzen im Vordergrund steht und dabei in der Regel vor allem an der pragmatischen Sprachkompetenz und an einer Erweiterung des Wortschatzes angesetzt wird, betonen die linguistisch ausgerichteten Programme die Notwendigkeit des impliziten Regellernens. Über eine Optimierung des Sprachangebots sollen die Kinder angeregt werden, sich die Regeln der deutschen Sprache intuitiv zu erschließen (Tracy, 2008; Schulz & A. Grimm, 2012).

Organisatorische und inhaltliche Konzepte

Sprachförderung kann entweder in der gesamten Gruppe, mit Teilgruppen von Kindern oder mit einem einzelnen Kind durchgeführt werden. Wird mit Gruppen gearbeitet, stellt sich die Frage, wie diese Gruppen zusammengesetzt sein sollen. In Bezug auf die sprachlichen Voraussetzungen homogene Gruppen bieten im Allgemeinen den Vorteil, dass man gezielt jene Inhalte aufgreifen kann, die allen Kindern der Gruppe Schwierigkeiten bereiten. Der Vorteil heterogen zusammengesetzter Gruppen liegt dagegen darin, dass sich die Kinder gegenseitig anregen und voneinander lernen können.

Die Planung und Durchführung einer additiven Sprachförderung sollte in jedem Fall mit einer individuellen Diagnostik und der Dokumentation des sprachlichen Entwicklungsstands jedes Kindes beginnen. Zur Erhebung des kindlichen Sprachstands steht eine Reihe standardisierter Testverfahren zur Verfügung, darüber hinaus kommen eine Vielzahl nicht-standardisierter Test- oder Beobachtungsinstrumente zum Einsatz (zur Übersicht und Diskussion des aktuellen Vorgehens zur Sprachstandsdiagnostik vgl. Fried, 2004; Roßbach & Weinert, 2008; Lisker, 2011). An die Diagnostik schließt sich das Erstellen individueller Förderpläne an, in denen möglichst konkrete Ziele sowie die angestrebten Maßnahmen zur Zielerreichung formuliert sein sollten. Während des Förderzeitraums sollte eine fortlaufende Evaluation der Lernfortschritte in Bezug auf die spezifizierten Zielbereiche erfolgen.

Als Grundvoraussetzung für den Erfolg jeder Fördermaßnahme gilt eine lernförderliche Umgebung, die sich in erster Linie durch ein angstfreies, freundliches und respektvolles Klima auszeichnet. Es ist auch darauf zu achten, dass keine »schulische« Atmosphäre entsteht, bei der die Kinder in eine passiv-rezeptive Rolle gedrängt werden. Bei jüngeren Kindern hat es sich bewährt, möglichst vielfältige Methoden und Materialien einzusetzen und verschiedene Aktivitätsformen zu variieren. Diese Abwechslung erleichtert den Kindern das Aufrechterhalten der Aufmerksamkeit. In typischen Sprachfördersituationen kommen vor allem die folgenden inhaltlichen Sequenzen zum Einsatz:

Fokus: Die Bedeutung der Muttersprache für den Zweitspracherwerb

Ob die Muttersprache der DaZ-Kinder systematisch in die Sprachförderung einbezogen werden sollte, wird ausgesprochen kontrovers diskutiert (Esser, 2006; Gogolin & Neumann, 2009; Ahrenholz, 2012; zusammenfassend: Jeuk, 2013). Nach der *Interdependenzhypothese* von Cummins (2000) baut der Erwerb der Zweitsprache auf der Erstsprache auf und wird durch diese positiv beeinflusst. Daraus lässt sich die Folgerung ziehen, dass sich eine zusätzliche Förderung der Erstsprache günstig auf den Zweitspracherwerb auswirken sollte. Empirische Studien zur Überprüfung dieser Hypothese beziehen sich meist auf das Schulalter und wurden vornehmlich im englisch-sprachigen Raum durchgeführt, wo die Wirksamkeit verschiedener Modelle des bilingualen Unterricht ausführlich erforscht wurde (für einen Überblick vgl. Limbird & Stanat, 2006; Reich & Roth, 2002). Über Effekte einer vorschulischen muttersprachlichen Förderung ist dagegen bislang wenig bekannt. Allenfalls gibt es Hinweise darauf, dass eine phonologische Förderung in der türkischen Muttersprache auch die phonologischen Kompetenzen in der deutschen Sprache verbessern kann (Souvignier, Duzy, Glück, Pröscholdt & Schneider, 2012).

- Sprachspiele oder spielerische Übungen
- Kommunikative Übungen (Erzählen, Bilder anschauen und beschreiben)
- Singen, Verse aufsagen, Reimspiele
- Vorlesen
- Bewegungsspiele

Als besonders effektiv haben sich bei Vorschulkindern dieselben Sprachlehrstrategien erwiesen, die Erwachsene intuitiv anwenden, wenn sie mit kleinen Kindern sprechen, um sie beim Erwerb ihrer Muttersprache zu unterstützen (►**Kap. 2.2**), und die auch in der Sprachtherapie mit sprachgestörten Kindern zum Einsatz kommen. Dazu gehören vor allem die »stützende Sprache«, also das Vorstrukturieren und Erleichtern der sprachlichen Interaktion, und die »lehrende Sprache«, also das Erweitern, Paraphrasieren (Umformulieren), Vervollständigen und das korrigierende Wiederholen des vom Kind Gesagten (vgl. Ritterfeld, 2000; Weinert & H. Grimm, 2012). Empfohlen werden auch offene Fragetechniken, um die Kinder möglichst viel zum eigenen Sprechen zu animieren. Dabei sollte die Sprachförderkraft eine zu starke Dominanz ihrer eigenen Sprachanteile in der Fördersituation vermeiden (Knapp et al., 2010).

Exemplarische Darstellung spezifischer Förderprogramme

Fast alle wissenschaftlichen Expertisen zur vorschulischen Sprachförderung in Deutschland beklagen einen eklatanten Mangel an empirischer Forschung zur Wirksamkeit der Sprachfördermaßnahmen (z. B. Jampert et al., 2007; Kany, 2007; Lisker, 2011). Obgleich Programme zur Sprachförderung mittlerweile

Fokus: Maßnahmen zur Sprachstandsdiagnostik und -förderung vor der Einschulung

Fast alle deutschen Bundesländer haben in den letzten Jahren Screening-Verfahren zur Erfassung des sprachlichen Entwicklungsstands von Kindern vor der Einschulung eingeführt, um Kinder mit sprachlichen Defiziten bereits vor Schuleintritt identifizieren und entsprechend fördern zu können. Im Jahr 2011 führten 14 der 16 Bundesländer vorschulische Sprachstandserhebungen durch (Autorengruppe Bildungsberichterstattung, 2012). Allerdings zeigen sich hinsichtlich der Zielgruppen und der Verbindlichkeit der Testdurchführungen erhebliche Unterschiede. In elf Bundesländern werden (theoretisch) alle Kinder einer bestimmten Altersstufe untersucht, in anderen nur Kinder mit nicht-deutscher Muttersprache, wieder in anderen (verpflichtend) nur die Kinder, die eine Kindertageseinrichtung besuchen. Auch der geplante Zeitpunkt der Erhebung streut zwischen 6 Monaten und 24 Monaten vor der Einschulung sehr weit. Zudem weicht das Vorgehen in der Praxis von dem offiziell vorgesehenen häufig ab, insbesondere was den tatsächlichen Zeitpunkt der Untersuchung angeht.

Die in den Ländern eingesetzten diagnostischen Verfahren unterscheiden sich sehr stark voneinander, vor allem im Hinblick auf ihre theoretische Fundierung, die empirische Validierung und die psychometrische Qualität. Darüber hinaus besteht eine hohe Varianz darin, welche Aspekte der Sprachkompetenz überhaupt erfasst werden (Ehlich et al., 2008; Fried, 2004; Lisker, 2011; Redder et al., 2011). In der Mehrzahl der eingesetzten Verfahren bleibt unberücksichtigt, dass mehrsprachig aufwachsende Kinder einer besonderen Betrachtung bedürfen (Lengyel, 2012; Schulz, Kersten & Kleissendorf, 2009). Die linguistisch orientierte Sprachstandserhebung für Kinder mit Deutsch als Zweitsprache (LiSe-DaZ; Schulz & Tracy, 2011), die Normen in Abhängigkeit von der Kontaktdauer mit der deutschen Sprache enthält, ist hier eine Ausnahme. Angesichts der Unterschiede zwischen den eingesetzten Verfahren, den untersuchten Zielgruppen und der Bevölkerungszusammensetzung der Bundesländer verwundert es nicht, dass die Quoten der als förderbedürftig klassifizierten Kinder erheblich variieren: Während z. B. im Saarland 2010 knapp 15 % der Kinder als förderbedürftig beurteilt wurden, waren es in Bayern 76 % der untersuchten Kinder (Autorengruppe Bildungsberichterstattung, 2012).

Auch die der Diagnostik folgenden Fördermaßnahmen sind nicht einheitlich geregelt, sondern unterscheiden sich erheblich hinsichtlich ihrer Dauer und Intensität, ihrer inhaltlichen Konzeption sowie der strukturellen Rahmenbedingungen. Die Fördermaßnahmen können je nach Bundesland zwischen 3 und 18 Monate andauern, in den Kindertageseinrichtungen, Grundschulen oder in speziellen Vorschulklassen stattfinden und von Erzieherinnen, Lehrerinnen oder eigens geschulten Sprachförderkräften durchgeführt werden. In einigen Bundesländern gibt es ein landesweit einheitliches Vorgehen, in anderen Ländern gar keine oder nur sehr vage formulierte Empfehlungen.

Meist bleibt die konkrete Umsetzung der allgemeinen Vorgaben den Einrichtungen selbst bzw. deren Trägern überlassen.

Wie für das föderal konzipierte deutsche Bildungswesen insgesamt charakteristisch, kann also von einem einheitlichen Vorgehen nicht die Rede sein, weder über die Länder hinweg noch für die Einrichtungen innerhalb eines einzelnen Bundeslandes. Viele Kommunen und Träger führen unabhängig von den Vorgaben der Länder eigene Sprachförderprogramme durch, oft ohne eine vorherige Individualdiagnostik (z. B. für alle Kinder mit DaZ). Ob ein Kind mit sprachlichen Defiziten in den Genuss einer systematischen Sprachförderung kommt, welches Förderprogramm dabei eingesetzt und wie kompetent diese Förderung durchgeführt wird, hängt also letztendlich vom Wohnort des Kindes ab.

fast flächendeckend zum Einsatz kommen, sind wissenschaftlich aussagekräftige Studien zu ihrer Effektivität immer noch rar. Viele der Maßnahmen gelten offenbar als so plausibel, dass von vornherein auf eine Überprüfung ihrer Effektivität verzichtet wird. Einige werden möglicherweise auch aufgrund des öffentlichen Handlungsdrucks vorschnell eingesetzt, bevor ihre Entwicklung abgeschlossen und ihre Durchführung erprobt ist. Es mangelt aber nicht nur an Evidenz über die generelle Wirksamkeit von Maßnahmen, sondern auch an Erkenntnissen zu den differenziellen Effekten. Vor allem wissen wir noch viel zu wenig über die Wechselwirkungen zwischen Merkmalen der zu fördernden Kinder (z. B. ihrem Alter, ihren Vorkenntnissen oder ihrer familialen Sprachsozialisation) und den Rahmenbedingungen (z. B. der Intensität und Dauer) und Inhalten der Sprachförderung (z. B. Grammatik oder Wortschatz) im Hinblick auf ihre Wirksamkeit (vgl. Weinert & Lockl, 2008). Ein umfassender Überblick über die derzeit in Deutschland verfügbaren Förderprogramme und ihre theoretische Fundierung sowie über die Zielgruppen, an die sie sich richten, findet sich bei Jampert und Kollegen (2007).

Im Folgenden werden drei Konzepte exemplarisch dargestellt, für die wissenschaftliche Evaluationsstudien vorliegen, und zwar die Programme **Deutsch für den Schulstart** von Klages und Kaltenbacher, **Kon-Lab** von Penner und **Frühe Sprachförderung** von Tracy. Alle drei Konzepte haben einen sprachwissenschaftlichen Hintergrund.

Das Förderkonzept **Deutsch für den Schulstart** von Hana Klages und Erika Kaltenbacher (2012) wendet sich in seiner Vorschulversion an vier- bis sechsjährige Kinder mit Deutsch als Zweitsprache oder aus bildungsfernen Bevölkerungsschichten, also an Kinder, deren Defizite in der deutschen Sprache vermutlich auf einen Mangel an anregenden Spracherfahrungen zurückzuführen sind. Das Programm hat einen Gesamtumfang von 180 Förderstunden und sieht eine tägliche Förderung im Umfang von einer Stunde in Gruppen von maximal sechs Kindern für die Dauer eines Jahres vor. Bestandteil des Verfahrens ist ein eigenes Instrument zur Sprachstandsmessung, um die Kompetenzen eines Kindes erfassen und fortlaufend dokumentieren zu können. Inhaltliche Schwerpunkte der Förderung sind vor allem jene Bereiche, in denen Kinder mit Deutsch als

Zweitsprache besonders häufig Defizite aufweisen: Die Anwendung des Genus- und Kasussystems, die Syntax sowie die Verwendung räumlicher Präpositionen. Aber auch der Wortschatz und das Sprachverständnis, die Sprachproduktion, die Aussprache und der Sprachrhythmus werden trainiert, ebenso gehört die Förderung schulrelevanter Fertigkeiten zum Programm. Eine reichhaltige Materialsammlung umfasst fast 500 Spiele und vielfältige multimediale Arbeitsmaterialien. Um *Deutsch für den Schulstart* durchführen zu können, ist die Teilnahme an einer mehrtägigen Schulung empfohlen.

Das Sprachförderprogramm **Kon-Lab** von Zvi Penner (2006) wurde ursprünglich für Kinder mit verzögerter Sprachentwicklung konzipiert, eignet sich jedoch aus Sicht des Autors auch für die Förderung von Kindern mit Deutsch als Zweitsprache. Es wendet sich an Kinder ab drei Jahren, die in Gruppen von vier bis zehn Kindern gefördert werden. Die Fördereinheiten von 15 Minuten Länge sollen drei- bis fünfmal wöchentlich durchgeführt werden. Auch hier werden explizit nicht nur die situationsgebundenen Sprachfertigkeiten gefördert, sondern zusätzlich der Erwerb des formalen Regelwissens. Die Fördereinheiten thematisieren z. B. die regelhafte Pluralbildung, die Verwendung von Artikeln und Präpositionen sowie den Satzbau, aber auch der Wortschatz und das Sprachverstehen werden gefördert. Didaktisch kommt eine Vielfalt von Methoden und Materialien zum Einsatz, teilweise werden die Übungen am PC durchgeführt. Auch hier ist eine obligatorische Schulung der das Programm durchführenden pädagogischen Fachkräfte in den wissenschaftlichen Grundlagen des Spracherwerbs vorgesehen. Mitunter kritisiert werden die hohen Kosten des kommerziell vertriebenen Materials.

Ebenfalls schwerpunktmäßig an Kinder mit geringen Deutschkenntnissen wendet sich die **Sprachliche Frühförderung** von Rosemarie Tracy (2003). Auch diese Maßnahme setzt auf die Förderung des intuitiven Regelerwerbs durch eine Optimierung des sprachlichen Angebots. Im Unterschied zu den zuvor genannten Ansätzen werden aber keine konkreten Spiele, Übungen oder Materialien für einen bestimmten Inhaltsbereich vorgeben, sondern die konkrete Umsetzung wird den Erzieherinnen selbst überlassen. Es handelt sich damit weniger um ein Förderprogramm im engeren Sinne, sondern eher um eine aufwändige Schulung der Erzieherinnen in Grundlagen der Sprachentwicklung und -förderung, durch die sie in die Lage versetzt werden sollen, eigenständig individuelle Fördermaßnahmen zu entwickeln. Die Förderung soll in Kleingruppen von maximal drei Kindern stattfinden, täglich eine Stunde umfassen und über einen Zeitraum von mindestens sechs Monaten andauern.

Ein tragendes Element aller drei Programme ist eine intensive Schulung der Erzieherinnen in den theoretischen Grundlagen der Sprachentwicklung. Eine solche Form der Qualifizierung gilt nach Meinung der meisten Experten als entscheidendes Qualitätsmerkmal von Sprachfördermaßnahmen. Nicht unproblematisch ist in allen drei Fällen der – aus sprachförderlicher Perspektive sicher sinnvolle und notwendige – hohe zeitliche und personelle Aufwand der Programmdurchführung. Wie stets beim Einsatz aufwändiger Förderprogramme stellt sich die Frage, ob eine solche Intensität angesichts der vielfältigen Aufgaben und Belastungen der in Kindertagesstätten Beschäftigten und aufgrund der oftmals angespannten personellen Situation überhaupt realistisch ist. Befürchtet wird gelegentlich auch, dass eine so aufwändige sprachliche Förderung weniger Kinder unter Umständen zu Lasten der anderen Kinder einer Gesamtgruppe gehen könnte.

Ein entscheidender Unterschied zwischen den drei Ansätzen liegt im Ausmaß ihrer Vorstrukturierung. Dabei bietet der sehr große Gestaltungsspielraum in der Umsetzung des Konzepts *Sprachliche Frühförderung* von Tracy sowohl Vor- als auch Nachteile. Zum einen eröffnet er den Erzieherinnen die Möglichkeit, ganz individuell auf den Entwicklungsstand und die spezifischen Defizite der Kinder einzugehen und ihnen genau auf ihre Interessen und Bedürfnisse zugeschnittene sprachliche Interaktionen zu ermöglichen. Zum anderen sind mit der eigenständigen Umsetzung der Förderprinzipien hohe Anforderungen verbunden, die Erzieherinnen mit wenig Erfahrung im Sprachförderbereich möglicherweise überfordern können. Wie gut die in den Fortbildungsveranstaltungen gegebenen Anregungen umgesetzt werden, wird letztlich in hohem Maße von der individuellen Erfahrung und dem pädagogischen Geschick der Erzieherinnen abhängen. Diese Ambivalenz wird auch in den Ergebnissen einer Befragung von Anwenderinnen deutlich: Während ein Teil der Erzieherinnen die Freiheit in der Gestaltung positiv erlebte, empfanden andere sie als Überforderung (Polotzek, Hofmann, Roos & Schöler, 2008). Ein ähnlich widersprüchliches Bewertungsmuster ergab sich übrigens auch in den Antworten der Befragung zum Programm **Kon-Lab**, allerdings in entgegen gesetzter Richtung: Während die unerfahrenen Erzieherinnen die starke Vorstrukturierung des Programms als Erleichterung erlebten, wurde sie von anderen als zu starr und einschränkend empfunden.

Wirksamkeitsprüfungen. Im Rahmen des Projekts »Sag' mal was« der Landesstiftung Baden-Württemberg wurden mehrere Evaluationsstudien zur Effektivität von Sprachförderprogrammen durchgeführt. Eine an der PH Heidelberg durchgeführte Evaluationsstudie (**EVAS – Evaluation von Sprachförderung bei Vorschulkindern**) unterzog die drei Förderprogramme *Deutsch für den Schulstart*[8], *Kon-Lab* und *Frühe Sprachförderung* einer vergleichenden empirischen Wirksamkeitsprüfung (Roos, Polotzek & Schöler, 2010). An der Studie nahmen 544 Kinder teil, von denen 325 zu Beginn als sprachlich förderbedürftig eingestuft wurden. Insgesamt 230 dieser Kinder wurden im letzten Jahr vor der Einschulung mit einem der drei Programme gefördert. Die übrigen Kinder mit Förderbedarf erhielten über die üblichen sprachlichen Anregungen im Kindergartenalltag hinaus keine spezifische Förderung, ebenso wie die Kinder ohne spezifischen Förderbedarf. Die Befunde zur Effektivität der drei spezifischen Förderprogramme fielen in dieser Studie recht ernüchternd aus: Nach Abschluss der Fördermaßnahmen zeigten sich keine Unterschiede in den Sprachkompetenzen der förderbedürftigen Kinder, ganz gleich, ob sie mit einem der drei spezifischen Förderprogramme oder unspezifisch im Kindergartenalltag gefördert worden waren. Sowohl die spezifisch geförderten Kinder als auch die nicht

8 in der Version von Kaltenbacher & Klages (2007)

spezifisch geförderten Kinder der Kontrollgruppe zeigten über den Förderzeitraum hinweg in allen Sprachbereichen Leistungsverbesserungen, diese sind jedoch vermutlich in erster Linie auf entwicklungsbedingte Effekte zurück zu führen. In keinem sprachlichen Kompetenzbereich erreichten die geförderten Kinder nach Abschluss der Maßnahmen das Niveau jener Kinder, bei denen kein Förderbedarf festgestellt worden war. Auch die Follow-up-Untersuchung zeigte keine längerfristigen Effekte der vorschulischen Sprachförderung auf die späteren Schulleistungen am Ende der zweiten Klasse. Es gab auch keine differenziellen Effekte der verschiedenen Fördermaßnahmen, machte also keinen Unterschied, an welchem der drei Programme die Kinder teilgenommen hatten.

Zu ähnlichen Ergebnissen kam auch das hessische Projekt **DACHS – Deutsch-Sprachförderung vor der Schule** (Sachse, Budde, Rinker & Groth, 2012). In dieser Studie wurde die Effektivität der ein Jahr vor der Einschulung durchgeführten sprachlichen »Vorlaufkurse« für Kinder mit sprachlichen Defiziten evaluiert. In einem Teil der einbezogenen Kurse wurde das Programm *Deutsch für den Schulstart* verwendet, im anderen Teil eine nicht-standardisierte Sprachförderung. Wieder zeigte sich keine Überlegenheit des strukturierten linguistischen Sprachförderprogramms gegenüber einem nicht-standardisierten Vorgehen; auch hier wiesen die geförderten (ausschließlich mehrsprachigen) Kinder nach Ablauf der Förderung immer noch deutlich unterdurchschnittliche Sprachkompetenzen auf.

Dass Evaluationsstudien keine Effekte von Förderprogrammen finden, kann unterschiedliche Ursachen haben. Zum einen ist ungewiss, ob die Fördermaßnahmen tatsächlich so durchgeführt wurden wie von den Programmentwicklern vorgesehen. Zudem hatten die meisten Sprachförderkräfte im Projekt *Sag' mal was* nur wenig Erfahrung mit der Durchführung von Fördermaßnahmen. In den Evaluationsstudien zeigte sich zudem, dass es aufgrund von Fehlzeiten der Kinder und aus organisatorischen Gründen zu einer erheblichen Verkürzung der tatsächlichen Förderzeit kam. Auch lag der Förderzeitpunkt in beiden Erhebungen relativ spät (im letzten Jahr vor der Einschulung). Eine früher ansetzende Förderung verspricht möglicherweise bessere Erfolge. Daneben wird eine Reihe methodischer Unzulänglichkeiten genannt, z. B. dass mit den Evaluationsstudien erst begonnen wurde, als die Fördermaßnahmen schon eingeleitet waren, so dass die Realisierung eines sauberen Kontrollgruppendesigns erschwert war. Folglich ist nicht auszuschließen, dass die Wirkung der Sprachfördermaßnahmen durch ungünstige Rahmenbedingungen unterschätzt wurde (Tracy, 2011b). Sicher ist allerdings dem Fazit der Autoren der EVAS-Studie zuzustimmen: »Die sprachliche Kompetenz ist zu komplex und durch zu viele Faktoren bedingt, als dass sie durch eine doch ziemlich kurze und punktuelle, zusätzliche Förderung im letzten Kindergartenjahr auszugleichen oder aufzufangen wäre.« (Roos et al., 2010, S.70).

Weitere evaluierte Sprachförderkonzepte. Das Ministerium für Jugend, Bildung und Sport in Brandenburg ließ zwischen 2008 und 2010 die kompensatorische Sprachförderung in den Brandenburger Kindertageseinrichtungen wissenschaftlich evaluieren (Projekt **EkoS**). Die kompensatorische Sprachförderung erfolgt in Brandenburg nach einem einheitlichen Konzept im Jahr vor der Einschulung über einen Zeitraum von ca. drei Monaten in Kleingruppen von vier bis sechs Kindern. Eingesetzt wird das Programm **Handlung und Sprache** (Häuser & Jülisch, 2006), das sich an sprachlich auffällige Kinder, primär aus sozial schwachen Familien richtet und durch geschulte Erzieherinnen durchgeführt wird. Das

Fokus: Sprachförderung im großen Rahmen: Das Projekt »Sag' mal was«

Ein Beispiel für die hohe Priorität von Maßnahmen der frühen Sprachförderung ist die Programminitiative *Sag' mal was* der Baden-Württemberg Stiftung (2011). Hierfür hat die Stiftung seit 2002 insgesamt €39 Millionen bereitgestellt, um Instrumente und Materialien zur Sprachstandsdiagnostik und Sprachförderung zu entwickeln, zu erproben und zu evaluieren. Zu den Zielen von *Sag' mal was* gehörte auch die Qualifizierung von Erzieherinnen im Hinblick auf die Sprachdiagnostik und die Planung, Durchführung und Dokumentation von Fördermaßnahmen. Zwischen 2003 und 2010 nahmen fast 90 000 Kindergartenkinder aus über 2400 Einrichtungen in Baden-Württemberg an den Fördermaßnahmen teil, ungefähr zwei Drittel davon waren Kinder mit Deutsch als Zweitsprache.

Ungewöhnlich für ein derart kostenintensives und groß angelegtes Projekt ist die Tatsache, dass die Vorgaben für die Durchführung der Sprachfördermaßnahmen relativ allgemein gehalten waren: Den Einrichtungen wurde kein spezifisches Programm vorgegeben, sondern die konkrete Umsetzung der Sprachfördermaßnahmen war ihnen im Prinzip selbst überlassen. Begründet wurde dies damit, dass man noch zu wenig über wirksame Fördermaßnahmen wisse und dass *Sag' mal was* deshalb als »lernendes Projekt« konzipiert sei. Verbindlich festgelegt waren allein die formal-organisatorischen Rahmenbedingungen: Die Förderung sollte sich an einem Gesamtumfang von 120 Stunden orientieren, in Gruppen von neun bis zwölf Kindern durch fortgebildete Erzieherinnen und ein bis zwei Jahre vor der Einschulung durchgeführt werden. Auswertungen der Begleitevaluation zeigen allerdings, dass diese Vorgaben nicht immer eingehalten wurden; so wurde z. B. die anvisierte Förderzeit im Durchschnitt deutlich verfehlt (Schöler & Roos, 2011). Inhaltlich kamen in den Einrichtungen sowohl vorstrukturierte Programme als auch ganzheitliche Ansätze oder Kombinationen beider Ansätze zum Einsatz.

Die Ergebnisse der wissenschaftlichen Begleitforschung fielen ernüchternd aus. In einer Studie der PH Weingarten zeigten sich keine nachhaltigen Effekte der Sprachförderung auf die Sprachkompetenzen (Gasteiger-Klicpera, Knapp & Kucharz, 2011). Auch längerfristige Effekte blieben aus. In einer zweiten, oben bereits beschriebenen Studie der PH Heidelberg wurden drei linguistisch orientierte Förderprogramme hinsichtlich ihrer Wirksamkeit verglichen. Auch in dieser Studie ließen sich keine positiven Effekte der Sprachförderung auf den Sprachstand der Kinder und kein Transfer auf die Lese-Rechtschreibleistungen am Ende der ersten und zweiten Klassen nachweisen (Schöler & Roos, 2011).

Aus den Ergebnissen lassen sich eine Reihe von Schlussfolgerungen und Empfehlungen ableiten. Zu großen Teilen betreffen sie die Aus- und Weiterbildung sowie die Supervision der Erzieherinnen. Zudem plädieren die Autoren der Evaluationsstudien für eine stärkere Alltagsanbindung der Maßnahmen. Gefordert werden auch ein früherer Beginn der Förderung, die Arbeit in kleineren Gruppen und ein längerer Förderzeitraum (Kucharz, Gasteiger-Klicpera, Knapp, Roos & Schöler, 2011).

Konzept zielt im Schwerpunkt auf eine Erweiterung des Wortschatzes sowie auf eine Verbesserung des Sprachverstehens und der Sprachproduktion. Zudem soll es sprachbezogene Ängste abbauen und die Kommunikationsfreude der Kinder steigern. Im Rahmen der Evaluation wurden etwa 800 Kinder mit und ohne Förderbedarf untersucht und bis zum Ende des ersten Schuljahres längsschnittlich begleitet. Die Evaluation zeigte kurzfristige positive Effekte unmittelbar nach Abschluss der Förderung, u.a. auf die Fähigkeit zur Satzproduktion. Nachhaltige Effekte der Sprachförderung ließen sich dagegen auch in dieser Studie nicht nachweisen (Wolf, Stanat & Wendt, 2011). Wiederum werden die Implementierungsqualität und eine unzureichende Qualifizierung der das Programm durchführenden Erzieherinnen als mögliche Ursachen für die ausbleibenden Effekte genannt. Es ist aber auch denkbar, dass die inhaltliche Konzeption des Programms auf den Prüfstand gehört.

Praxisorientierte Sprachförderkonzepte. Neben den exemplarisch dargestellten theoretisch fundierten Förderprogrammen gibt es eine Vielzahl praxisorientierter Fördermaßnahmen. Diese Fördermaßnahmen sind in der Regel situationsorientiert und greifen Themen aus der kindlichen Alltags- und Erfahrungswelt auf. Das Ziel liegt meist in der Förderung des Wortschatzes und der pragmatischen Kompetenzen (vgl. Überblick bei Jampert et al., 2007). Empirische Nachweise zur Wirksamkeit der Maßnahmen liegen im Allgemeinen nicht vor (oder sie genügen nicht den wissenschaftlichen Kriterien empirischer Forschung).

Ein Beispiel für einen solchen Ansatz »aus der Praxis für die Praxis« ist das Programm **Wir verstehen uns gut. Spielerisch Deutsch lernen** (Schlösser, 2007). Dieses Programm wendet sich primär an Vorschulkinder im Jahr vor der Einschulung und verfolgt einen ganzheitlichen Förderansatz. Die neun thematischen Bausteine sind auf die direkte Lebenswelt der Kinder bezogen und betreffen Sachverhalte, die in der Familie oder im Kindergarten vorkommen können. Das Programm zielt auf die Erweiterung des Grundwortschatzes und auf eine Verbesserung der kindlichen Ausdrucksfähigkeit. Weil der Beziehungsaspekt so wichtig ist, soll die Sprachförderung durch die vertrauten Erzieherinnen und nicht durch externe Förderkräfte durchgeführt werden.

Ein weiteres Beispiel für einen in der Praxis entstandenen Ansatz ist das Programm **Kikus** (Kinderkurse Deutsch), das vom Zentrum für kindliche Mehrsprachigkeit in München angeboten wird (Garlin, 2008). Das Vorgehen wird als systematisch, spielerisch und handlungsorientiert beschrieben. Ein besonderer Baustein dieses Konzepts ist der Einbezug der Eltern und der Muttersprache: Zusätzlich zur Förderung der Kinder in der deutschen Sprache werden die Eltern angeleitet, ihr Kind zu Hause kompetent in der Herkunftssprache zu fördern. Damit wird Mehrsprachigkeit explizit als positiver Zielzustand definiert und wertgeschätzt.

Die Verankerung eines Konzepts in der pädagogischen Praxis kann durchaus von Vorteil sein, insbesondere was die Motivation der Erzieherinnen zur Programmdurchführung angeht. Sie ersetzt aber keinesfalls den theoretischen Hintergrund und vor allem nicht die empirische Überprüfung der Wirksamkeit. Gelungene Leitfäden zur Sprachförderung in Kindertagessstätten kombinieren die Vermittlung fundierten theoretischen Hintergrundwissens mit praktischen Hinweisen zur sinnvollen Gestaltung sprachförderlicher Lernsituationen (z. B. Jampert et al., 2009; Ruberg, Rothweiler & Koch-Jensen, 2013).

Ansätze zur Verbesserung der sprachlichen Anregung durch Schulung der Erzieherinnen. Wie bereits erwähnt, zählt die Forderung nach einer besseren Qualifizierung der Erzieherinnen im Hinblick auf Kenntnisse der kindlichen Sprachentwicklung, -diagnostik und -förderung zu den zentralen Forderungen aller einschlägigen Expertisen. Auch im Projekt *Sag'mal was* stellte diese Komponente einen zentralen Ansatzpunkt dar. In den letzten Jahren wurden daraufhin verschiedene Ansätze entwickelt, die insbesondere das Sprachverhalten der Erzieherinnen in den Blick nehmen. Hierzu gehört das Projekt *Systematische sprachliche Anregung im Kindergartenalltag* von Beller und Beller (2009), dessen Schwerpunkt auf der Förderung eines entwicklungsförderlichen Interaktionsstils der Erzieherinnen und einer Erhöhung des sprachlichen Anregungsgehalts im Kindergartenalltag lag. Eine Evaluationsstudie konnte zeigen, dass eine 20-wöchige Fortbildung zu deutlichen Verhaltensänderungen der Erzieherinnen führte, die zugleich mit bedeutsamen sprachlichen Verbesserungen bei den betreuten Vierjährigen einhergingen. Ähnlich positive Ergebnisse zeigten sich auch im ebenfalls am Erzieherinnenverhalten ansetzenden »Heidelberger Trainingsprogramm zur frühen Sprachförderung in Kitas« (Buschmann et al., 2010). Damit scheint die Schulung von Erzieherinnen ein vielversprechender Ansatzpunkt zur effektiven Sprachförderung zu sein.

Fazit

Zusammenfassend muss festgestellt werden, dass wir trotz intensiver entwicklungspsychologischer und linguistischer Grundlagenforschung bislang zu wenig darüber wissen, welche Art von Förderung bei welchen Zielgruppen wirksam ist und wie die verschiedenen Lerner- und Angebotsmerkmale interagieren (Kany, 2007; Jampert et al., 2007; Weinert & Lockl, 2008).

Vor dem Hintergrund der wenig überzeugenden Ergebnisse der genannten Evaluationsstudien zur Sprachförderung wurde inzwischen verschiedentlich auch die prinzipielle Frage aufgeworfen, ob bei Vorschulkindern möglicherweise eine stärker alltagsintegrierte und situationsorientierte Förderung effektiver und sinnvoller sei als die Durchführung spezifischer aufwändiger Förderprogramme (Ehlich et al., 2012; Wolf et al., 2011). Auch dieser Frage wird sich die künftige Forschung ergebnisoffen stellen müssen.

Der heute weithin praktizierte unsystematische und nur wenig evidenzbasierte Einsatz vielfältiger Sprachfördermaßnahmen bindet in hohem Maße finanzielle und personelle Ressourcen. Dringlich sind deshalb seriöse Forschungsarbeiten, die darüber Aufschluss geben können, ob diese Ressourcen effizient zum Nutzen der geförderten Kinder eingesetzt werden (Redder et al., 2011; Schneider et al., 2012).

6.2 Vorbereitung des schulischen Schriftspracherwerbs

Der Erwerb schriftsprachlicher Kompetenzen ist eine der wichtigsten Entwicklungsaufgaben im Grundschulalter. Gleichzeitig zählen Lese-Rechtschreib-Schwierigkeiten und -störungen zu den am häufigsten berichteten schulischen Leistungsproblemen. Bei 4–8 % aller Kinder wird eine Lese-Rechtschreib-Störung (LRS) diagnostiziert; darüber hinaus gibt es eine relativ große Gruppe von Kindern, die zwar die diagnostischen Kriterien der LRS nicht erfüllen, aber dennoch gravierende Probleme im Lesen und Rechtschreiben haben. Der Gedanke an vorschulische Maßnahmen zur Vorbereitung des späteren Lesen- und Schreibenlernens und damit zur frühen Prävention möglicher Lese-Rechtschreibschwierigkeiten ist also naheliegend. Ähnlich wie bei der Sprachförderung ist auch hier wieder zu unterscheiden zwischen alltagsintegrierter Förderung und der additiven Förderung in spezifischen Fördereinheiten.

Prinzipien der alltagsintegrierten Förderung

Lange bevor Kinder mit dem eigentlichen Lesen und Schreiben beginnen, interessieren sich die meisten von ihnen für Schrift und machen sich erste Vorstellungen von ihrer Funktion (Nickel, 2007; Füssenich & Löffler, 2008). Für die frühen schriftsprachlichen Kenntnisse der Kinder und deren Förderung hat sich in der Fachliteratur der Begriff **early literacy** eingebürgert. Darunter versteht man die Summe der kindlichen Erfahrungen in den Bereichen der mündlichen und schriftlichen Sprache, also z. B. im Umgang mit Büchern und Schrift, erzählten Geschichten, Reimen und Sprachspielen. Bezüglich dieser frühen Erfahrungen variieren die Ausgangsbedingungen der Kinder stark in Abhängigkeit von ihrem familialen Hintergrund. Insbesondere Kindern aus so genannten bildungsfernen Elternhäusern oder aus Familien mit Migrationshintergrund fehlen oft die entsprechenden Erfahrungsmöglichkeiten innerhalb ihrer Familien. Aufgabe der frühen Bildungseinrichtungen ist es, die entsprechenden Anregungen auch denjenigen Kindern zu bieten, die in ihrem häuslichen Kontext wenig Erfahrungen mit Büchern, Sprache und Schriftsprache sammeln können.

Um das natürliche Interesse der Kinder an Schrift zu unterstützen, wird empfohlen, ihnen im Rahmen ihrer täglichen Umgebung vielfältige Erfahrungen mit Buchstaben und Schrift zu ermöglichen, z. B. über deutlich sichtbare Namensschilder, durch die Beschriftung von Gegenständen in der Einrichtung oder durch Spielmaterial, das Buchstaben enthält (z. B. Puzzles, Brettspiele etc.). Von zentraler Bedeutung ist natürlich ein großes Angebot an (Bilder-)Büchern und regelmäßiges Vorlesen im Gruppenalltag, um die Neugier und Lesemotivation der Kinder zu wecken und ihnen reichhaltige sprachliche Anregungen zu bieten. Wenn die Erzieherinnen selbst demonstrativ Gebrauch von Schrift machen, z.B. indem sie sich sichtbar Notizen machen und diese später den Kindern vorlesen, schulen sie beiläufig das Bewusstsein der Kinder für die Funktion der Schriftsprache. Sinnvoll ist auch Material, das Buchstaben sinnlich erfahrbar macht (z.B. aus Holz, Knete oder Sandpapier), ähnlich den in Montessori-Einrichtungen verwendeten Materialien (►**Kap. 5.2**). Das gemeinsame Suchen von Buchstaben und Schrift im Alltag, sei es auf Bildern oder auf Ausflügen in der realen Umwelt, macht den Kindern die ständige Gegenwart von Schrift im Alltag und deren Bedeutung bewusst.

Die meisten Kinder beginnen früh, in gespielter Form selbst zu »lesen« und zu »schreiben«, indem sie z.B. vorgeben, ihren Namen zu notieren, gekritzelte Briefe oder Nachrichten verfassen oder jüngeren Kindern Bilderbücher »vorlesen«. Diese Aktivitäten sollten von den Erzieherinnen aktiv aufgegriffen und unterstützt werden (Sasse, 2007; vgl. auch die Ausführungen zum »gestützten Schreiben« im Programm **Tools of the mind** ►**Kap. 6.7**). Auch jede Form von Sprachförderung im Kindergartenalltag, die den Wortschatz der Kinder erweitert oder sie für die Eigenarten der Sprache sensibilisiert, z.B. über Reime, Sprachspiele etc., dient im weitesten Sinne der Förderung des späteren Schriftspracherwerbs. Mehrere Studien belegen, dass eine frühe Förderung der *early literacy*, die den Kindern zu vielfältigen Erfahrungen mit Büchern, Schrift und Sprache verhilft, langfristig den schulischen Schriftspracherwerb erleichtert (Lenel, 2005; Lesemann & de Jong, 2004).

Explizite Förderung spezifischer Vorläuferfertigkeiten

In den letzten beiden Jahrzehnten beschäftigte sich ein Forschungszweig der Pädagogischen Psychologie intensiv mit der Identifikation von relevanten Teil- und Vorläuferfertigkeiten des Schriftspracherwerbs. Dahinter steht die Idee, durch die möglichst frühzeitige Förderung dieser Vorläuferfertigkeiten das Risiko für die spätere Entwicklung von Lese-Rechtschreibschwierigkeiten zu reduzieren. Als mögliche Risikofaktoren für das Entstehen einer LRS gelten ein verzögerter Spracherwerb und Defizite im Bereich der lautsprachlichen Basiskompetenzen.

Die Forschung konzentrierte sich insbesondere auf die so genannte **phonologische Bewusstheit** (Bus & van Ijzendoorn, 1999; Schneider, Roth & Ennemoser, 2000). Darunter wird die Fähigkeit verstanden, die lautliche Struktur einer Sprache zu erkennen und die Aufmerksamkeit auf ihre formal-lautsprachlichen Aspekte richten zu können. Hierzu gehören das Erkennen von Reimen und das Verständnis, dass sprachliche Äußerungen, wie etwa Wörter, in kleinere Einheiten (Laute/Phoneme) zerlegt werden können und dass diese Laute umgekehrt zu größeren Einheiten, nämlich zu Wörtern, zusammengesetzt werden können. Es wird unterschieden zwischen der phonologischen Bewusstheit im engeren und im weiteren Sinne. Zur phonologischen Bewusstheit im weiteren Sinne zählt das Analysieren größerer sprachlicher Einheiten, also das Entdecken von Silben in Wörtern und

Sätzen oder von Reimen. Diese Fähigkeiten entwickeln sich bei den meisten Kindern im Laufe des Vorschulalters spontan im alltäglichen Umgang mit der Sprache. Als phonologische Bewusstheit im engeren Sinne bezeichnet man die bewusste Wahrnehmung und den Umgang mit den kleinsten lautsprachlichen Einheiten der gesprochenen Sprache, den Phonemen, aus denen sich Wörter der gesprochenen Sprache zusammensetzen. Für den Erwerb schriftsprachlicher Fertigkeiten gilt vor allem die letztgenannte Fähigkeit als relevant, um die Zuordnung von Buchstaben zu Lauten besser erlernen zu können. Diese Fähigkeit bildet sich üblicherweise erst im Kontext des angeleiteten Schriftspracherwerbs in der Schule heraus.

Inzwischen wurde eine Reihe von Förderprogrammen zur Verbesserung der phonologischen Bewusstheit entwickelt. Ein in Deutschland weithin bekanntes und in vielen Kindergärten eingesetztes Trainingsprogramm zur Förderung der phonologischen Bewusstheit ist das Würzburger Programm **Hören, Lauschen, Lernen** (HLL) von Küspert und Schneider (2008). Das Programm ist für Vorschulkinder im Jahr vor der Einschulung konzipiert und enthält Sprachspiele, anhand derer die Kinder das Reimen, Silbieren und Lautieren sowie das genaue Zuhören und das Erkennen von Lauten in Wörtern üben können. *Hören, Lauschen, Lernen* wird durch Erzieherinnen in Kleingruppen von ungefähr sechs Kindern durchgeführt und umfasst tägliche Fördereinheiten von 10–15 Minuten über einen Zeitraum von 20 Wochen hinweg. Dabei werden nacheinander die folgenden sechs aufeinander aufbauenden Inhaltsbereiche spielerisch behandelt:

1. Lauschspiele
2. Reime
3. Sätze und Wörter analysieren und synthetisieren
4. Silben
5. Anlaute
6. Laute im Wort

Das Programm wurde in einer Reihe von Studien positiv evaluiert. Bei instruktionsgerechter und vollständiger Durchführung lassen sich langfristige Effekte auf den Schriftspracherwerb bis ins zweite Schuljahr hinein erzielen (Schneider, Küspert, Roth, Vise & Marx, 1997; Schneider & Marx, 2008; Schneider et al., 2000). Positive Effekte zeigten sich insbesondere für Kinder mit Lernrisiken und mit sehr schwachen phonologischen Basiskompetenzen (Weber, Marx & Schneider, 2007). Speziell für Kinder mit sprachlichen Defiziten hat sich der zusätzliche Einsatz eines ergänzenden Programms zur Vermittlung des alphabetischen Prinzips bewährt (*Hören, Lauschen, Lernen 2*). Dieses Programm führt explizit in das schriftsprachliche Grundprinzip der Buchstaben-Laut-Verknüpfung ein (Plume & Schneider, 2004). Für Kinder mit Migrationshintergrund oder mit Sprachentwicklungsstörungen scheint die Kombination beider Programme besonders hilfreich (Jäger et al., 2012; Marx, Weber & Schneider, 2005).

Ein weiteres Programm zur Förderung der phonlogischen Bewusstheit an der Schnittstelle zwischen Kindergarten und Schule ist das Programm **Lobo vom Globo** (Fröhlich, Metz & Petermann, 2010). Dieses Programm umfasst ähnliche

Inhalte wie HLL. Evaluationsstudien zeigen positive Effekte auf die schriftsprachliche Entwicklung, die allerdings nur dann nachhaltig sind, wenn die vorschulische Förderung in der Grundschule fortgesetzt wird (Fröhlich, Petermann & Metz, 2011; Rißling, Metz, Melzer & Petermann, 2011).

Aus elementarpädagogischer Perspektive wird verschiedentlich in Frage gestellt, ob isolierte Funktionstrainings der lautsprachlichen Vorläuferfertigkeiten des Lesens und Schreibens überhaupt sinnvoll sind. Die Einwände speisen sich zum einen aus der Auffassung, dass im Vorschulalter eine breitere und situationsorientiert verankerte Förderung der im vorherigen Abschnitt behandelten *early literacy*, die die Kinder an die sprachlichen und literalen Basisqualifikationen heranführt, sinnvoller sei als isolierte Funktionstrainings spezifischer Teilfertigkeiten. Hierfür spricht, dass es neben den zuvor erwähnten positiven Evaluationsergebnissen auch Studien gibt, die keine oder nur geringfügige Effekte einer isolierten Förderung der phonologischen Bewusstheit zeigen konnten (Hatz & Sachse, 2010; Lenel, 2005). Zudem gibt es auch Studien, die, anders als oben ausgeführt, eher mäßige Zusammenhänge zwischen der (vorschulischen) phonologischen Bewusstheit und den späteren Lese-Rechtschreibleistungen der Kinder berichten (Valtin, 2012b; Sauerborn-Ruhnau, 2011). Das Konstrukt der phonologischen Bewusstheit ist auch aus konzeptuellen Gründen kritisiert worden, weil es sprachlichwissenschaftlich sehr heterogene Teilfertigkeiten vereint (Osburg & Valtin, 2012). Mit einer zeitintensiven Schulung der phonologischen Bewusstheit ist außerdem aus Sicht der Kritiker ein unverhältnismäßig großer Aufwand verbunden, der zwangsläufig zu Lasten anderer wichtiger Förderbereiche gehe. Insgesamt – so lassen sich die Einwände zusammenfassen – könne eine ganzheitliche Förderung der *early literacy* in Verbindung mit einem guten schulischen Anfangsunterricht den Schriftspracherwerb letztlich besser vorbereiten als eine einseitige funktionsorientierte Förderung in den vorschulischen Einrichtungen (zur ausführlichen Kritik am Konstrukt der phonologischen Bewusstheit vgl. Suggate, 2012; Valtin, 2012a, b).

Unvereinbar scheinen uns die beiden Positionen nicht. Unstrittig ist, dass eine Förderung der phonologischen Bewusstheit andere Maßnahmen sprachlicher Förderung, wie das Erzählen, das Vorlesen, spielerische Sprachübungen und Maßnahmen zur Förderung der Lesemotivation und zum Heranführen an die Schrift nicht ersetzen kann (Schneider, 2012). Lenhard (2013) spricht in diesem Zusammenhang von der phonologischen Bewusstheit als einem ›Mosaikstein‹ der vorschulischen Sprachförderung, der durch zusätzliche Maßnahmen zu ergänzen sei.

6.3 Förderung früher mathematischer Kompetenzen

Neben dem Schriftspracherwerb gehört auch die Entwicklung mathematischer Grundfertigkeiten zu den inhaltlichen Lernschwerpunkten im Grundschulalter. In den ersten Schuljahren werden Basiskompetenzen im Umgang mit Zahlen und arithmetische Grundfertigkeiten erworben und gefestigt, die grundlegend für alle später zu erlernenden höheren arithmetischen und algebraischen Operationen sind. Es gibt jedoch einen nicht zu vernachlässigenden Anteil von Kindern, die bereits beim Erwerb dieser Basisfertigkeiten scheitern. Bei 3–6% der Kinder kommt es in der weiteren Entwicklung zu einer schwerwiegenden Beeinträchtigung der Rechenleistung, die als Rechenstörung bezeichnet wird. Ähnlich wie beim Schriftspracherwerb spielen auch hier Vorläuferfertigkeiten, die bereits im Vorschulalter erworben werden, für die schulische Kompetenzentwicklung eine bedeutsame Rolle. So wurde mehrfach gezeigt, dass Kinder mit schwachen Rechenleistungen noch in der Grundschule Defizite in grundlegenden Zahlen-Mengen-Kompetenzen aufweisen, was dafür spricht, dass diese basalen numerischen Kompetenzen das Fundament für die arithmetische Kompetenzentwicklung darstellen (Gaupp, Zoelch & Schumann-Hengsteler, 2004). Eine Längsschnittstudie von Krajewski und Schneider (2009) kommt zu dem Ergebnis, dass die vorschulischen numerischen Kompetenzen fast ein Viertel der Variabiliät der Mathematikleistung am Ende der Grundschulzeit erklären und damit in hohem Maße prädiktiv für die späteren Schulleistungen sind (vgl. auch Dornheim, 2008; Stern, 1997). Folglich werden in den Bildungsplänen der Länder die frühen mathematischen Kompetenzen als wichtiger Inhaltsbereich der vorschulischen Bildung bezeichnet (▸**Kap. 3**).

Wie bei der Sprachförderung bedarf es auch bei der frühen Förderung mathematischer Kompetenzen nicht notwendigerweise expliziter Fördereinheiten. Vielmehr lässt sich das frühe mathematische Denken gut in impliziten Lehr-Lernsituationen im regulären Tagesablauf der Einrichtungen fördern. Bei genauerem Hinsehen bieten sich fortwährend Gelegenheiten zum Zählen und zum Vergleichen von Mengen, Objekten und Größen. Hier sind die Erzieherinnen gefordert, diese Möglichkeiten aufzugreifen, indem sie die Kinder dazu auffordern, die Dinge, mit denen sie sich beschäftigen, zu vergleichen, zu zählen und zu ordnen und die Ergebnisse ihres Handelns zu verbalisieren (Welcher Stock ist größer, welcher kleiner? Welches Kind hat mehr, welches die meisten Nüsse gesammelt? Wie viele Kinder sind wir? Wie viele Stühle brauchen wir – wie viele fehlen noch?). Spiele, die explizit das Sortieren und Vergleichen erfordern, werden in den meisten Einrichtungen ohnehin eingesetzt. Auch im freien Spiel können das Zählen und der Umgang mit Zahlen von den Erzieherinnen aufgegriffen und vertieft werden, z. B. wenn die Kinder Kaufladen spielen. So wie Buchstaben zur frühen Vorbereitung auf den Schriftspracherwerb in der Einrichtung präsent sein sollten, hat es sich bewährt, die Zahlen und das Zählen im Alltag gegenwärtig und darüber hinaus (nach dem Prinzip von Maria Montessori) mit den Sinnen erfahrbar zu machen, z. B. als Magnet- oder Holzformen, in Puzzlen oder auf Bildern. In den meisten Kindertageseinrichtungen gibt es auch Materialien, die zum Messen und Vergleichen von Gewichten, Längen oder Mengen anregen, z. B. Waagen, Zollstöcke oder Gefäße für Umschüttexperimente. Wichtig ist die Möglichkeit zum eigenständigen Experimentieren und Ausprobieren.

Viele der heute gebräuchlichen Materialien, die Kindern die mathematischen Grundkonzepte verständlich machen sollen, lassen eine Anlehnung an die Ideen Maria Montessoris erkennen (▸**Kap. 5.2**). In den letzten Jahren kam zudem eine ganze

Palette von neuen Förderprogrammen auf den Markt, die allesamt das Ziel verfolgen, einer Verfestigung früher Defizite und basaler Schwächen frühzeitig entgegenzusteuern. Wie bei der Sprachförderung ist jedoch auch hier ein erheblicher Wildwuchs an Förderprogrammen zu konstatieren, die keiner empirischen Wirksamkeitsprüfung unterzogen wurden. Im Folgenden werden einige theoretisch fundierte und wissenschaftlich evaluierte mathematische Förderprogramme für den Elementarbereich beschrieben (zusammenfassend: Krajewski & Schneider, 2007; Lorenz, 2012).

Ein entwicklungspsychologisch begründetes Programm zur frühen Förderung mathematischer Kompetenzen ist das Programm **Mengen, zählen, Zahlen** (MZZ) von Krajewski, Nieding und Schneider (2007). Dieses Programm ist primärpräventiv für Vorschulkinder, aber auch für Grundschulkinder mit Defiziten in den numerischen Vorläuferkompetenzen gedacht und kann sowohl als Einzelförderung als auch in Kleingruppen von vier bis sechs Kindern durchgeführt werden. Das Programm umfasst 24 halbstündige Sitzungen, die über einen Zeitraum von acht Wochen möglichst am Ende der Kindergartenjahre durchgeführt werden sollten. Die drei aufeinander aufbauenden Förderschwerpunkte des Programms entsprechen den Kompetenzstufen des Modells von Krajewski (2003; ▸**Kap. 2.1**). Im ersten Schwerpunkt geht es um die mathematischen Basisfertigkeiten, im zweiten um den Erwerb des Anzahlkonzepts und im dritten um Beziehungen zwischen Mengen und Zahlen. Zu jeder dieser Stufen liegen verschiedene Übungen und anschauliches Material zur Visualisierung der abstrakten Zahlen vor, das durch verbale Beschreibungen unterstützt werden soll. Etwa die Hälfte der Fördereinheiten nimmt die Erschließung des Anzahlkonzepts ein. Ein wichtiges Förderprinzip ist das Bewusstmachen der Bedeutung von Zahlen als abstrakten Symbolen für konkrete Mengen.

In wissenschaftlichen Evaluationsstudien konnte gezeigt werden, dass die mit dem Programm MZZ geförderten Kinder im Vergleich zu Kindern ohne eine solche Förderung deutliche Zugewinne im Bereich Mengen-Zahlen-Kompetenzen und insgesamt ein höheres Niveau der mathematischen Vorläuferkompetenzen erzielten (Krajewski, Nieding & Schneider, 2008; Krajewski & Schneider, 2009). Auch für rechenschwache Grundschüler gibt es positive Befunde für den Einsatz von MZZ (Ennemoser & Krajewski, 2007). Aus elementarpädagogischer Sicht wird gelegentlich der nüchterne und wenig spielorientierte Programmaufbau kritisiert.

Relativ weit verbreitet ist das Programm **Komm mit ins Zahlenland** (Friedrich, de Galgóczy & Schindelhauer, 2011) für Kindergartenkinder. Dieses Programm wählt einen sehr phantasiebetonten Zugang zum Thema: Die Kinder erkunden gemeinsam das »Zahlenland«, ein Märchenland, in dem Zahlen mit menschlichen Eigenschaften (z. B. sind sie lieb oder böse, freundlich oder unfreundlich) in Zahlenhäusern, Zahlengärten und Zahlentürmen leben, und dort auf Zahlenfeen und -kobolde treffen. Die Kinder schließen Freundschaft mit den Zahlen und werden auf diese Weise jede Woche an eine neue Zahl zwischen 0 und 10 herangeführt. Empfohlen wird eine Förderstunde pro Woche mit ungefähr 9 bis 15 Kindern. In einer Evaluationsstudie konnten drei Monate nach Abschluss der Förderung Vorteile der geförderten Kinder im Vergleich zu einer Kontrollgruppe in verschiedenen Bereichen der frühen mathematischen Kompetenzen nachgewiesen werden (Friedrich & Munz, 2006).

Die kindgerechte Märchenhaftigkeit des Programms wird aus fachdidaktischer und entwicklungspsychologischer Sicht allerdings mitunter kritisiert (Krajewski & Schneider, 2007; Wittmann, 2006), weil damit die Gefahr verbunden sei, dass die Kinder durch den ausschmückenden Kontext vom eigentlichen Inhalt abgelenkt würden und zudem der Zugang zum abstrakten Wesen von Zahlen durch ihre Personalisierung und Vermenschlichung erschwert werde. Ein weiteres Problem wird darin gesehen, dass der Aufbau emotionaler Beziehung zu den Zahlen auch zu unerwünschten Effekten führen könnte, weil es nämlich bei erlebten Misserfolgen und Problemen im Umgang mit den Zahlen zu negativen Emotionen kommen könne (Lorenz, 2012). Zudem ist das Programm relativ erwachsenenzentriert und lässt wenig Raum für selbstständiges Erkunden.

In der Mathematik-Didaktik verankert ist das Projekt **Mathe 2000**, das seit 1987 an der Universität Dortmund durchgeführt wird. Im Rahmen dieses Projekts wurden Materialien für einen modernen Mathematikunterricht in allen Altersstufen nach den Prinzipien des aktiv-entdeckenden Lernens entwickelt. Für das Kindergartenalter liegen aus dieser Reihe die Spielebücher *Zahlenbuch 1* und *Zahlenbuch 2* vor, mit einer Vielzahl von mathematisch fundierten Spielen und Bauanleitungen, anhand derer die Kinder die Bereiche Zahlen und geometrische Formen spielerisch erfahren und erkunden können (Wittmann & Müller, 2009). Jeweils zehn unterschiedliche Lernumgebungen sind für die Bereiche der Zahlen und der geometrischen Formen vorbereitet. Das pädagogische Vorgehen soll zum selbstständigen Entdecken anleiten. Wie das Programm *MZZ* verzichten auch die Zahlenbücher aus dem Programm *Mathe 2000* bewusst auf begleitende Rahmengeschichten und -figuren, da solches Beiwerk, wie bereits ausgeführt, zur Erschließung eines sachgerechten Zugangs zur abstrakten Welt der Mathematik als kontraproduktiv betrachtet wird. Die Autoren sind sich durchaus der Tatsache bewusst, dass fachdidaktisch fundierte Programme, die »weniger auf die Verpackung als auf den Inhalt achten«, in der Elementarpädagogik gewöhnungsbedürftig sind und die Erzieherinnen nicht spontan in der Art ansprechen, wie es die oben beschriebenen, phantasievoll ausgeschmückten *Zahlenland*-Programme tun. Dennoch sind sie überzeugt, dass Programme, die die Begeisterung der Kinder für die Mathematik aus sich selbst heraus wecken, eine nachhaltigere Wirksamkeit entfalten (Wittmann, 2006).

In einer Vergleichsstudie (Pauen & Pahnke, 2008) wurden die beiden Programme *Komm mit ins Zahlenland* und *Mathe 2000* bei jeweils etwa 100 vier- bis fünfjährigen Kindergartenkindern eingesetzt und evaluiert. In dieser Studie zeigten sich nach zehn Wochen Förderung signifikante Lernzugewinne in fast allen eingesetzten Skalen zur Erfassung früher mathematischen Kompetenzen. Die Zugewinne waren unabhängig vom durchgeführten Programm, d.h. es gab keine differenziellen Effekte, die auf einen Vorteil eines der beiden Förderkonzepte hinwiesen. Die Autorinnen ziehen aus dem Ergebnis das Fazit, dass nicht so sehr die Art der Förderung entscheidend sei, sondern vielmehr die Tatsache, dass überhaupt gefördert werde. Einschränkend ist jedoch darauf hinzuweisen, dass die genannte Studie unter methodischen Gesichtspunkten eine ganze Reihe von Defiziten aufweist, die die Interpretierbarkeit der Ergebnisse stark einschränken. So fehlte eine Kontrollgruppe ohne mathematische

Förderung, es wurden keine verbindlichen Vorgaben zur Förderdauer und zur Intensität der Förderung gemacht und Prozesse der Selbstselektion der Erzieherinnen durch die freie Auswahl eines der beiden Programme waren nicht auszuschließen.

6.4 Förderung im Bereich der naturwissenschaftlichen Bildung

Lange Zeit konzentrierte sich die vorschulische Förderung in Deutschland inhaltlich auf die in der Grundschule besonders relevanten Kompetenzbereiche, also auf den (schrift-)sprachlichen und – weniger ausgeprägt – auf den mathematischen Bereich, während der naturwissenschaftlich-technische Bereich traditionell eher vernachlässigt wurde. Seit aber internationale Schulleistungsstudien, insbesondere die Studie TIMSS, auch für den Bereich des naturwissenschaftlich-technischen Wissens deutliche Defizite deutscher Schüler aufzeigten (Bos et al., 2008) und seit Verbände aus Industrie und Wirtschaft zunehmend Forderungen nach einer nachhaltigen Verbesserung der naturwissenschaftlichen Ausbildung erheben, zählt auch eine umfassende Förderung in den so genannten MINT-Fächern (den Fächern Mathematik, Informatik, Naturwissenschaften und Technik) zu den vorrangigen Bildungszielen. In der Bildungspolitik wird zunehmend auf die große Bedeutung der naturwissenschaftlich-technischen Kompetenzen als berufsqualifizierende Schlüsselqualifikationen verwiesen. Die Zukunftsfähigkeit der deutschen Wirtschaft wird nach Ansicht von Experten auch davon beeinflusst, ob es gelingt, Jugendliche und junge Erwachsene in hinreichender Zahl für die technisch-naturwissenschaftlichen Berufsfelder zu interessieren.

Es ist daher naheliegend, schon im Vorschulalter einen ersten Ansatzpunkt zur Förderung von naturwissenschaftlich-technischem Interesse zu suchen. In den letzten Jahren steigt die Zahl der Initiativen, die sich mit dem Thema beschäftigen, und es gibt inzwischen eine Vielzahl von Projekten in Kindertageseinrichtungen, die das Ziel verfolgen, Kinder bereits im Vorschulalter an Technik und an naturwissenschaftliche Phänomene heranzuführen und sie dafür zu begeistern. Meist werden dabei einfache und kindgerechte Experimente durchgeführt, um Möglichkeit zum eigenen »Forschen« und Experimentieren zu eröffnen und ein frühes Verständnis basaler physikalischer, biologischer und chemischer Gesetzmäßigkeiten zu fördern. Mehr noch als der Kenntniserwerb stehen hier das Wecken und das Aufrechterhalten der natürlichen Neugier der Kinder im Mittelpunkt der frühpädagogischen Aktivitäten. Dabei macht man sich die Offenheit der jungen Kinder gegenüber Phänomenen der sie umgebenden Welt und ihren ausgeprägten Wissens- und Erkundungsdrang zunutze: Kindergartenkinder zeigen von sich aus ein hohes Interesse an naturwissenschaftlichen Sachverhalten (Lück, 2001), das leider im Laufe der Schulzeit, u.a. durch die Fokussierung des Leistungsaspekts, oft wieder verloren geht.

Im Zuge dieser Entwicklung sind an zahlreichen Orten in Deutschland ›interaktive Museen‹ und ›Kinderlabors‹ gegründet worden, in aller Regel finanziert durch private oder (teil-)öffentliche Initiativen. Begleitend ist eine breite Palette kindgerechter »Experimentierkästen« für junge Kinder im Handel erhältlich, die Eltern zu Hause und Erzieherinnen in Kindertagesstätten einsetzen können. Das angeleitete Experimentieren fördert über den reinen Wissenserwerb hinaus eine Vielzahl weiterer Kompetenzen, wie die feinmotorische Geschicklichkeit, das Wahrnehmen mit verschiedenen Sinnen und die Beobachtung, aber auch soziale Kompetenzen und die sprachlichen Ausdrucksfähigkeiten werden dabei gefördert (Lück, 2006). Nicht zuletzt sind mit dem Experimentieren auch die allgemeinen kognitiven Fähigkeiten angesprochen, da die Kinder Ergebnisse ihrer Experimente deuten und erste Kausalbeziehungen (Wenn-dann-Zusammenhänge) herstellen müssen (z. B. »Immer wenn ich einen breiten Gegenstand ins Wasser gebe, dann schwimmt er oben; immer wenn der Gegenstand schmaler ist, geht er unter.«).

Exemplarisch für die Arbeit vieler kleinerer Initiativen wird im Folgenden das Wirken der 2006 gegründeten, bundesweit tätigen Stiftung **Haus der kleinen Forscher** beschrieben, die sich als die größte Frühbildungsinitiative in Deutschland bezeichnet (Stiftung Haus der kleinen Forscher, 2013). Gegründet und gefördert von großen deutschen Unternehmensstiftungen und mitfinanziert vom Bundesministerium für Bildung und Forschung verfolgt sie das Ziel, Kinder im Vorschulalter für naturwissenschaftliche und technische Phänomene sowie für die Welt der Mathematik zu interessieren und zur Verbesserung der Qualität früher Bildung in diesen Bereichen beizutragen. Die Bildungsinitiative unterstützt die vorschulischen Einrichtungen in vielfältiger Weise bei der Umsetzung der naturwissenschaftlichen Anteile der Bildungspläne. Im Jahr 2011 wurden nach Angabe der Stiftung mehr als 20 000 Kindertagesstätten in der einen oder anderen Weise von den Aktivitäten der Initiative erreicht, bis 2015 sollen es schon 36 000 Einrichtungen sein.

Die konkrete Umsetzung von Fördermaßnahmen wird durch mehr als 200 lokale Netzwerke begleitet und unterstützt. Ganz entscheidend ist die Arbeit der Stiftung durch die Fortbildung von Erzieherinnen geprägt. Im Rahmen von Fortbildungsveranstaltungen wird ihnen vor allem vermittelt, wie sich die naturwissenschaftlich-technischen Lerninhalte in die tägliche Arbeit in den Einrichtungen integrieren lassen. Einrichtungen, die ihre Mitarbeiterinnen regelmäßig fortbilden lassen, können sich als »Haus der kleinen Forscher« zertifizieren lassen – derzeit sind das schon über 1 000 Kindertageseinrichtungen in ganz Deutschland. Zu den Angeboten der Initiative gehören z. B. so genannte Forschungskarten, die konkrete Anregungen zum Forschen und Experimentieren mit Kindern geben, sowie begleitende Broschüren und Anregungen im Internet für die Erzieherinnen. Darüber hinaus werden thematische Aktionstage durchgeführt, bei denen die Kinder eigene »Forscherpässe« erhalten, um den Erfolg ihrer Erkundungen zu dokumentieren. Inhaltlich werden Aktionen zu verschiedenen Themen angeboten, z. B. zu Magneten, Energie, Wasser, Luft, Klängen und Geräuschen oder Licht und Farben.

Im Gegensatz zum steigenden Interesse an der MINT-Förderung und zur zahlreichen Nutzung vorhandener Angebote in der Praxis gibt es bisher kaum empirische Forschung zur Förderung naturwissenschaftlicher Kompetenzen im Elementarbereich. Eine der wenigen Ausnahmen ist das Projekt SNaKE (Studie zur naturwissenschaftlichen Kompetenzentwicklung im Elementarbereich), in welchem die naturwissenschaftlichen Kompetenzen von Kindergartenkindern und die Förderung dieser Kompetenzen durch verschiedene Lernangebote wissenschaftlich untersucht wurden. Ausgangspunkt war der Befund, dass im Kindergartenalltag zwar oftmals isolierte Experimente zu naturwissenschaftlichen Phänomenen durchgeführt werden, ein Bezug zum Erfahrungsraum der Kinder jedoch zumeist nicht hergestellt wird und auch Gespräche darüber eher selten stattfinden (Lankes, Steffensky & Carstensen, 2011). Im Rahmen des SNaKE-Projekts wurden in einer Studie mit 257 Kindern entweder a) nur naturwissenschaftliche Experimente durchgeführt, b) nur Gespräche über naturwissenschaftliche Phänomene in Alltagssituationen geführt oder c) beide Vorgehensweisen kombiniert. Die Ergebnisse zeigen, dass es nur in der kombinierten Bedingung zu einem Wissensvorsprung gegenüber den Kindern einer Kontrollgruppe kam (Steffensky, Lankes, Carstensen & Nölke, 2012). Dieses Ergebnis unterstreicht, dass der kognitiven Aktivierung eine große Bedeutung bei der Förderung zukommt: Zusätzlich zur praktischen Durchführung von Experimenten muss also ein Schwerpunkt auf der Reflexion und Verbalisierung des Beobachteten und auf der Interpretation der Ergebnisse liegen. Die Kinder müssen explizit dazu angehalten werden, die experimentellen Erfahrungen mit ihrem bereits vorhandenen Wissen zu verknüpfen und auf andere Kontexte zu transferieren, damit die Maßnahmen nicht wirkungslos bleiben.

6.5 Kognitive Förderung

Die kognitiven Grundfähigkeiten – in der Alltagssprache häufig gleichgesetzt mit dem Begriff *Intelligenz* – werden als eine zentrale Voraussetzung für jedes Lernen betrachtet, unabhängig vom Inhaltsbereich. Entsprechend hat sich die psychologische Forschung von jeher auch mit den Möglichkeiten zur Förderung der kognitiven Fähigkeiten beschäftigt. Die Auffassungen dazu gehen jedoch weit auseinander. Benjamin Bloom (1964) vertrat die These, dass sich die intellektuellen Fähigkeiten sehr früh ausbilden und in der Folge als weitgehend zeitstabil erweisen, d. h. späteren Fördermaßnahmen nur noch begrenzt zugänglich seien. Aus seinen Analysen zur Intelligenzentwicklung schlussfolgerte er, dass fünfzig Prozent der Leistungsvariabilität Siebzehnjähriger bereits im Alter von vier Jahren festgelegt seien. Diese Ansicht blieb allerdings nicht unwidersprochen und löste eine anhaltende Kontroverse über die Veränderbarkeit von Intelligenz aus.

Falls Blooms These zutrifft, lässt sich hieraus ein deutliches Argument für eine möglichst frühzeitige Förderung der intellektuellen Fähigkeiten ableiten, da die Mehrzahl schulischer Fördermaßnahmen demnach bereits zu spät käme. Auch die Ergebnisse früher Interventionsprogramme, wie des *Abecedarian-* oder des *Perry-Preschool Projects* (▸**Kap. 8.2**), sprechen für eine Wirksamkeit der frühen

Förderung auf die allgemeine Intelligenz. Allerdings blieben die Effekte zumeist eng auf die konkret geförderten Teilbereiche der Intelligenz beschränkt, Transfereffekte auf andere Bereiche wurden nur selten gefunden. Demnach kommt der Auswahl der für die kognitive Förderung als relevant erachteten Bereiche eine große Bedeutung zu. Unter den Oberbegriff der kognitiven Fähigkeiten fallen ganz verschiedene Kompetenzen, vor allem das logische oder induktive Denken und die Gedächtnisfähigkeit, aber auch Aspekte der Wahrnehmung und der Aufmerksamkeit. Wissenschaftlich evaluierte Fördermaßnahmen sind auch hier – wie schon in den anderen Inhaltsbereichen vorschulischer Förderung – eher selten und nur zu bestimmten Bereichen der kognitiven Entwicklung zu finden.

Die kognitive Förderung in Kindertageseinrichtungen konzentriert sich im Schwerpunkt auf die spielerische Förderung der genannten Kompetenzbereiche. Hier gibt es eine breite Palette von Spielen und Übungsmaterialien, derer sich die Einrichtungen bedienen können. Darüber hinaus gibt es viele kommerziell vertriebene Übungsbücher und Computerprogramme, die damit werben, das »Denken«, die Wahrnehmung und die Konzentration oder allgemein die »Intelligenz« der Kinder zu fördern.

Generell kommt dem kindlichen Spiel eine besondere Rolle bei der kognitiven Förderung zu, häufig wird es sogar »als Königsweg für die Entwicklungsförderung in der frühen Kindheit angesehen« (Kammermeyer, 2006, S. 181). Durch das **Phantasie- und Rollenspiel** wird eine Vielzahl kognitiver Kompetenzen angesprochen, insbesondere die Fähigkeit zum Perspektivenwechsel, zum Erwerb symbolischer Repräsentationen und zur Differenzierung von Phantasie und Realität. Gefördert werden aber auch die Kreativität, die Fähigkeit zur Metakommunikation und das abstrakte Denken. Erwachsene können den kognitiven Anregungsgehalt des kindlichen Spiels über entwicklungsförderliche Impulse gezielt beeinflussen, indem sie z. B. neue Themen setzen oder zusätzliche Aspekte in das Spiel der Kinder einbringen. Auch die Beteiligung kompetenter Partner, wie älterer Kinder oder Erwachsener, kann eine kognitiv anreichernde Wirkung im Hinblick auf das kindliche Spielverhalten erzielen (ausführlich vgl. Oerter, 1999).

Die Förderung der kindlichen **Wahrnehmung** bildet traditionell einen Schwerpunkt der pädagogischen Arbeit im Elementarbereich und wird in fast allen der in ▸**Kap. 5** vorgestellten pädagogischen Ansätze thematisiert. Einfallsreiche Materialien zum Fühlen, Sehen, Riechen und Hören sind in den meisten Einrichtungen vorhanden. Oftmals ist dabei eine Anlehnung an das Sinnesmaterial von Maria Montessori, das die verschiedenen Wahrnehmungsmodalitäten ansprechen soll, klar erkennbar. Auch das »Erfassen« der alltäglichen Umgebung (insbesondere der Natur) mit allen Sinnen wird in vielen Bildungsplänen und pädagogischen Konzepten betont. Zum gezielten Üben der visuellen Wahrnehmung eignen sich darüber hinaus die beliebten *Wimmelbücher*, Suchspiele oder Unterschiedsbilder, bei denen die Kinder Ungleichheiten zwischen zwei ähnlichen Bildern finden müssen. Durch letztere soll vor allem das Diskriminieren visueller Merkmale gefördert werden.

Das **Gedächtnis** der Kinder wird in einer Vielzahl von Spielen gefördert, allen voran durch den Klassiker *Memory*, aber auch durch viele moderne Varianten der Grundidee dieses Spiels. Darüber hinaus können die Kinder ihr Gedächtnis spielerisch bei vielen Gelegenheiten trainieren, z. B. beim Nacherzählen vorgelesener Geschichten, durch wiederkehrende Reime und Lieder oder durch das Abfragen von Routinehandlungen im Alltag (z. B. Woran müssen wir denken, wenn wir den Frühstückstisch decken? Was haben wir letzte Woche gemacht?).

Für die Förderung des **abstrakten, repräsentationalen Denkens** gilt im Allgemeinen ein Interaktionsstil als förderlich, der die Kinder durch verbale Interaktionen aus dem konkreten Hier und Jetzt löst und zum Bilden mentaler Repräsentationen anregt. Dazu müssen die Kinder allmählich auf eine nicht mehr an die unmittelbare Realität gebundene, abstraktere Ebene des Denkens geführt werden, z. B. durch Verallgemeinerungen, Bezugnahmen auf die Zukunft oder die Vergangenheit oder durch Übertragung auf andere Kontexte. Kognitiv stimulierend ist auch das Stellen von Fragen an das Kind, um es zum Nachdenken und eigenen Schlussfolgern anzuregen. Irving Sigel prägte für diesen Interaktionsstil den Begriff des **distancing**, also des mentalen Entfernens von der konkreten Realität der Gegenwart. Die förderlichen Effekte dieses Interaktionsstils auf die kognitive Entwicklung von Kindern konnten in einer Reihe von Experimenten nachgewiesen werden (Sigel, 1993).

Ein häufiger Ansatzpunkt für gezielte kognitive Fördermaßnahmen ist das **induktive** oder **logische, schlussfolgernde Denken**. Beim induktiven Denken geht es um das Erkennen von Gemeinsamkeiten und Unterschieden durch analytische Vergleiche, also um das Bilden von Objekt- oder Merkmalsklassen, um das Diskriminieren von Objekten oder Merkmalen und um das Erkennen von Beziehungen zwischen Objekten. Von einer Förderung dieser analytischen und systematisierenden Fähigkeiten verspricht man sich günstige Effekte auf das schulische Lernen, weil die genannten Fähigkeiten in fast allen Schulfächern benötigt werden.

Im deutschen Sprachraum besonders bekannt ist das **Denktraining für Kinder** von Klauer (1989), ein »Programm zur Förderung intellektueller Fähigkeiten«, das speziell auf den Bereich des induktiven Denkens zielt. Das Training wendet sich an Kinder zwischen fünf und acht Jahren, ist allerdings nicht für den flächendeckenden Einsatz in Kindertageseinrichtungen geeignet, sondern kommt eher in Beratungsstellen oder psychologischen Praxen zum Einsatz. Die Wirksamkeit des Trainingsprogramms wurde in vielen Studien nachgewiesen (Klauer, 2003; Klauer & Phye, 2008).

Eine neuere Version des Klauerschen Denktrainings für Kinder ist das Programm **Keiner ist so schlau wie ich** von Marx und Klauer (2007). Diese Version unterscheidet sich vom Originalprogramm vor allem in der Zielgruppe: Es ist explizit für den Einsatz durch Eltern, Erzieherinnen und Lehrer konzipiert und daher ohne besonderes Vorwissen einfach unter Verwendung der in Bilderbuchform gestalteten Testhefte durchzuführen. Die positiven Effekte des Programms auf die nonverbale Intelligenz von Vorschulkindern wurden mehrfach empirisch belegt (Marx & Keller, 2010). Bei den **Denkspielen mit Elfe und Mathis** (Lenhard, Lenhard & Klauer, 2012) handelt es sich um eine computerisierte Variante des Klauerschen Denktrainings. Evaluationsstudien beschränken sich bislang auf Grundschulkinder und zeigen positive Effekte insbesondere bei den leistungsschwächeren Kindern (Lenhard & Lenhard, 2011). Folglich sind positive Effekte auch bei Vorschulkindern gut denkbar, jedoch empirisch noch nicht nachgewiesen.

6.6 Förderung sozial-emotionaler Kompetenzen

Zwar richtet sich derzeit der Fokus der Elementarpädagogik vermehrt auf die Förderung der kognitiven Entwicklung, dennoch liegt ein traditionelles und unumstritten zentrales Erziehungsziel der vorschulischen Bildung nach wie vor in der Förderung eines adäquaten Sozialverhaltens und im Erwerb sozialer, prosozialer und emotionaler Kompetenzen. Neuere Erhebungen deuten darauf hin, dass ca. 20% der Kindergartenkinder in Deutschland Auffälligkeiten in ihrer sozial-emotionalen Entwicklung aufweisen (Tröster & Reineke, 2007). Angesichts dieser Zahlen erstaunt es nicht, dass es eine ganze Reihe von Förderprogrammen gibt, die auf das Erlernen sozialer Problemlösefertigkeiten und auf die Prävention von Verhaltensauffälligkeiten und -störungen zielen. In der Regel sind solche Programme primärpräventiv konzipiert, d.h. sie richten sich an alle Kinder einer Kindergartengruppe, ganz gleich, in welchem Maße individuelle Risikofaktoren vorhanden sind und ob es möglicherweise bereits zu Auffälligkeiten im Sozialverhalten gekommen ist.

Die mit den Programmen verbundenen Zielsetzungen werden natürlich in den Einrichtungen auch außerhalb eines speziellen Förderprogramms im regulären Alltag mit den Kindern verfolgt. Entscheidend ist dabei vor allem der Umgang mit real auftretenden Konflikten zwischen Kindern oder zwischen Kindern und Erwachsenen. Hier ist es wichtig, mit den Kindern über die Gefühle der verschiedenen betroffenen Seiten zu sprechen und gemeinsam nach Lösungsmöglichkeiten zu suchen, die für alle Seiten akzeptabel sind. Auch können weitere potenzielle Konfliktsituationen explizit thematisiert werden, z.B. im gemeinsamen Stuhlkreis, und die Kinder können unter Anleitung mögliche Lösungen suchen und einüben. Wichtig für die Förderung sozial-emotionaler Kompetenzen ist auch, dass in der Einrichtung generell eine positive und verständnisvolle Atmosphäre herrscht. Eine entscheidende Rolle spielt hierbei das Modellverhalten der Erzieherinnen: Wenn sie den Kindern selbst ein respektvolles, sozial kompetentes und empathisches Miteinander vorleben, trägt dies nicht unerheblich zur Förderung der Sozialkompetenz der betreuten Kinder bei (zusammenfassend: Wiedebusch & Petermann, 2011). Im Folgenden werden drei im deutschen Sprachraum verbreitete spezifische Förderprogramme zur Prävention problematischen Sozialverhaltens exemplarisch vorgestellt.

Eines der am häufigsten eingesetzten Programme zur Primärprävention von aggressivem und gewaltbereitem Verhalten ist das Programm **Faustlos** von Manfred Cierpka. Dabei handelt es sich um eine an die deutschen Verhältnisse adaptierte Version des amerikanischen Programms **Second Step** (Beland, 1991). *Faustlos* gibt es sowohl für den Einsatz im Kindergarten (Cierpka, 2004a) als auch in einer Version für die Grundschule (Cierpka, 2004b). Eingeübt werden soziale Verhaltensfertigkeiten, kognitive Problemlösestrategien, ein angemessener Umgang mit Ärger und Wut und das Empfinden von Empathie. Das Programm für Kindergartenkinder besteht aus 28 Lektionen von jeweils 20 Minuten Dauer, die aufeinander aufbauen und möglichst im Wochenabstand durchzuführen sind. *Faustlos* setzt an drei zentralen Aspekten der Emotionsverarbeitung an, nämlich an der Empathiefähigkeit, an der Impulskontrolle und an der Emotionsregulation.

Der Trainingsbaustein zur Förderung der **Empathiefähigkeit** soll die Fähigkeit der Kinder fördern, sich in die Gefühle und in das Denken anderer Menschen hineinzuversetzen. In den einzelnen Trainingseinheiten geht es um das Erkennen und Differenzieren unterschiedlicher Emotionen, wie Freude, Trauer, Ärger oder Angst. Die Kinder üben anhand von Photos, Gefühle in Gesichtern von Menschen besser erkennen zu können, sie gegeneinander abzugrenzen und selber mimisch auszudrücken. Die Übungseinheiten zur Förderung der **Impulskontrolle** sollen dazu beitragen, dominante aggressive Handlungsimpulse besser unterbinden zu können. Ein zentraler Bestandteil dieses Bausteins ist die Vermittlung gewaltfreier Handlungsalternativen, d. h. die Kinder erlernen unter Anleitung Problemlösetechniken, die ihr eigenes Handlungsrepertoire erweitern. Im Trainingsbaustein **Umgang mit Ärger und Wut** sollen die Kinder lernen, ihre Emotionen zu regulieren, negative Gefühle besser auszuhalten und sozialverträglich auszudrücken. Dabei üben die Kinder auch, die Auslöser heftiger Gefühle wahrzunehmen und anderen ihre Gefühle mitzuteilen. Ein Beispiel hierfür ist der Umgang mit Beschimpfungen und Hänseleien. Hier lernen die Kinder, klar auszudrücken, dass sie etwas nicht wollen und den anderen Kindern dabei ihre Gefühle zu signalisieren.

Alle Lektionen werden eingeleitet durch eine gemeinsame Erarbeitung der Thematik anhand von Photokarten, gefolgt von einer Übungsphase, in der erst die Erzieherin als Verhaltensmodell fungiert und die Kinder dann in Rollenspielen die thematisierten Verhaltensweisen selbst einüben. Den Abschluss einer Sitzung bildet eine Transferphase, in der nach Übertragungsmöglichkeiten auf den kindlichen Alltag, auch außerhalb der Einrichtung, gesucht wird. Unterstützt wird die Programmdurchführung im Kindergarten durch den Einsatz von zwei Handpuppen (*Wilder Willi* und *Ruhige Schneck*). Evaluationsstudien mit Kindern im Vorschulalter haben gezeigt, dass *Faustlos* zu einer Verbesserung der Emotionserkennung, der sozialen Problemlösekompetenzen und der Impulskontrolle sowie zu einer Abnahme verbaler Aggressionen beiträgt (Schick & Cierpka, 2006).

Ein weiteres Programm zur Förderung des Sozialverhaltens ist das **Verhaltenstraining zur Förderung sozial-emotionaler Kompetenz** von Koglin und Petermann (2006). Dabei handelt es sich, wie bei dem vorher beschriebenen, um ein primarpräventives, verhaltenstherapeutisch orientiertes Programm für Drei- bis Sechsjährige. Die Programmarbeit ist in eine altersgemäß interessant gestaltete Rahmenhandlung (den Kindern vertraute Erlebnisse von zwei Meerkindern in einem Meereskindergarten) eingebettet. Moderiert werden die Sitzungen durch eine Handpuppe (*Delfin Finn*). Wie bei *Faustlos* geht es auch im *Verhaltenstraining* primär um die Förderung emotionaler Kompetenz, also um das Kennenlernen, Wahrnehmen und Unterscheiden eigener und fremder Emotionen wie

Freude, Trauer, Wut, Angst und Scham. Mögliche Ursachen und unterschiedliche Ausdrucksformen von Emotionen werden behandelt und wie man sie regulieren kann. Die Förderung von Problemlösefertigkeiten verfolgt das Ziel, die Handlungsspielräume für gewaltfreie Problemlösungen zu erweitern. Anhand von Beispielgeschichten werden gemeinsam mit den Kindern alltägliche Konflikte im Umgang miteinander besprochen und es wird nach konstruktiven Lösungsmöglichkeiten gesucht, die im Rollenspiel eingeübt werden. Dabei geht es z. B. um die Wahrnehmung und die Interpretation von Handlungsabsichten, um das Suchen und Finden von Handlungsalternativen, um die Antizipation der Konsequenzen eigener Handlungen und um deren Bewertung. Im Rahmen der Programmarbeit werden eine Reihe verhaltenstherapeutischer Prinzipien eingesetzt, wie positive Verhaltensverstärker und »Ampelkarten«, anhand derer die Kinder zur Einhaltung von Regeln (Sitzen und Zuhören) angehalten werden. Begleitstudien weisen auf verbesserte Fertigkeiten der Emotionsregulation bei den teilnehmenden Kindern und auf eine Verringerung des Problemverhaltens speziell bei den Risikokindern hin (Koglin & Petermann, 2011; Wadepohl, Koglin, Vonderlin & Petermann, 2011).

Als letztes Programm zur Förderung des Sozialverhaltens soll das Programm **Lubo aus dem All!** von Hillenbrand, Hennemann und Heckler-Schell (2008) vorgestellt werden. Dieses Programm stammt aus dem theoretischen Kontext des Resilienzkonzepts und richtet sich an Vorschulkinder im letzten Kindergartenjahr. Empfohlen wird eine »soziale Durchmischung« der Trainingsgruppe, so dass die in ihrer Sozialkompetenz schwächeren Kindern genügend positive Vorbilder finden, um ein kompetentes Sozialverhalten zu erlernen. Die Rahmenhandlung des Programms bildet die Geschichte des kleinen Außerirdischen *Lubo*, der lernen will, gut mit den Menschen auf der Erde zurecht zu kommen. Wie in den beiden zuvor beschriebenen Programmen geht es auch hier im Schwerpunkt um die Förderung der emotionalen und sozialen Kompetenzen. Geübt wird vor allem das Erkennen, Ausdrücken und Regulieren von Emotionen, der Aufbau positiver Beziehungen zu Gleichaltrigen sowie von Fertigkeiten zur Verbesserung der Kooperation, des Selbstmanagements, der Selbstbehauptung und der Selbstsicherheit. Die Kinder sollen auch lernen, Konsequenzen des eigenen Handelns besser einschätzen zu können. Eine bessere Integration von »Außenseiterkindern« sowie der Vermittlung des Wertes von Freundschaften und Beziehungen sind weitere Ziele. Zudem enthält der Programmablauf verschiedene Rituale, z. B. einen »Gefühlswetterbericht«, bei dem die Kinder ihre aktuelle Gefühlslage benennen sollen, oder eine »Sternenrunde«, in der alle Kinder individuelle Rückmeldung zu ihrem Verhalten bekommen und für angemessene Verhaltensweisen verstärkt werden. Eine Evaluationsstudie zeigte einen signifikanten Anstieg der sozialen Problemlösefertigkeiten der Kinder, der auch noch vier Monate nach Abschluss des Programms nachweisbar war. Auch bezüglich des prosozialen Verhaltens, des Auftretens von Verhaltensproblemen sowie des sozialen Status von zuvor auffälligen Kindern zeigten sich Verbesserungen (Hennemann, Hillenbrand & Hens, 2011).

Vergleich der drei Programme. Gemeinsames Merkmal der drei beschriebenen Programme ist eine kindgerechte und zur Mitarbeit motivierende Gestaltung mit Rahmengeschichten, die durch ansprechende Details angereichert sind. Ein weiteres gemeinsames Element der Programme ist ihre methodische Vielfalt: Alle Programme bieten eine altersadäquate Mischung aus inhaltlichen Gesprächs- und Arbeitsphasen im Stuhlkreis, Rollenspielen, Bewegungs- und Kooperationsspielen sowie Mal- und Bastelaktivitäten und nutzen vielfältige Materialien, wie Bildkarten, Poster, Regel- und Aktivitätskarten und Handpuppen. Auch die Programminhalte sind – ungeachtet des unterschiedlichen theoretischen Hintergrunds – relativ ähnlich. In allen drei Programmen geht es um das Erkennen, Unterscheiden und Ausdrücken eigener und fremder Emotionen und um die Fähigkeit zur Perspektivübernahme. Auch bei der Förderung sozialer Handlungskompetenzen zeigen sich hohe Übereinstimmungen. Bei *Lubo* sind außerdem der Zusammenhalt der Gruppe und die Integration von Außenseiterkindern zusätzliche explizite Förderziele. Um den Transfer des Gelernten in den Alltag der Kinder erleichtern, wird in allen Programmen empfohlen, die Eltern in die Programmdurchführung einzubeziehen – zumindest, indem man sie über Einsatz und Ziele des Programms informiert. Ein Nachteil aller drei Programme dürfte aus Sicht der Erzieherinnen im vergleichsweise hohen Zeitaufwand liegen.

6.7 Förderung lernmethodischer Kompetenzen

Eine der in aktuellen Debatten so oft zitierten bereichsübergreifenden Schlüsselkompetenzen, deren Förderung übereinstimmend von Seiten der Wissenschaft, der Bildungspolitik und der Wirtschaft gefordert wird, ist die Fähigkeit zum »Lernen lernen«. Die darunter zu verstehenden Kompetenzen werden wahlweise auch als lernmethodische Kompetenzen oder als Lerntechniken, als Fähigkeit zum **selbstregulierten Lernen** oder auch als **metakognitive Kompetenzen** bezeichnet. Unter dem Begriff der Metakognition versteht man in der Psychologie das »Wissen über das Wissen« und über die eigenen Denkprozesse. Im Fachjargon hat sich für diese und für andere bereichsübergreifende Kompetenzen auch der Begriff der *soft skills* eingebürgert, die den *harten* Kompetenzen des bereichsspezifischen inhaltlichen Wissens und Könnens gegenüberstehen.

Für den Schulunterricht wird die Forderung, dass solche bereichsübergreifenden Kompetenzen vermittelt werden sollten, schon seit vielen Jahren erhoben – weitgehend folgenlos allerdings, denn die gezielte Vermittlung von Lernmethoden spielt in den schulischen Lehrplänen bislang kaum eine Rolle (vgl. Baumert et al., 2001). Relativ neu ist dagegen die Forderung nach der Förderung entsprechender Kompetenzen bereits im Elementarbereich. In einer Gesellschaft, in der das Schlagwort vom »lebenslangen Lernen« allgegenwärtig ist und deren Mitglieder immer wieder mit sich wandelnden Anforderungen konfrontiert sind, können die Kompetenzen zur selbstständigen Wissensaneignung nicht früh genug gebahnt und erworben werden. Die Bundesländer haben darauf reagiert und die Vermittlung lernmethodischer Kompetenzen in ihren Bildungsplänen (▸**Kap. 3**) verankert.

Es herrscht Einigkeit darüber, dass lernmethodische Kompetenzen insbesondere bei jungen Kindern nicht ohne Inhalte, also nicht losgelöst vom Erlernen sachinhaltlichen Wissens, vermittelt und erworben werden können. Der Elementarpädagogik stellt sich damit die Herausforderung, geeignete alters- und entwicklungsangemessene Lerninhalte auszuwählen, um die lernmethodischen Aspekte zu transportieren (vgl. Gisbert, 2004). Im eklatanten Gegensatz zur Betonung der Bedeutsamkeit selbstregulativer und lernmethodischer Kompetenzen in der bildungspolitischen Debatte und in den Bildungsplänen gibt es bisher kaum konkrete Ansätze oder Programme für die systematische Förderung dieser Kompetenzen in der elementarpädagogischen Praxis. Auch die diesbezüglichen Hinweise in den Bildungsplänen bleiben äußerst vage.

Die schwedische Pädagogin Ingrid Pramling hat sich mit dem Thema der metakognitiven Förderung im Elementarbereich und seiner konkreten Umsetzung in ihren Forschungsarbeiten empirisch auseinandergesetzt. Insbesondere hat sie sich intensiv mit den Vorstellungen junger Kinder vom Lernen beschäftigt. Aus ihrer Forschung leitete sie einen Förderansatz für Vorschulkinder ab, dessen Ziel darin besteht, die Kinder zum Nachdenken über die eigenen Lernprozesse anzuregen. Auf diese Weise sollen ihnen die Prinzipien des eigenen Lernens bewusst gemacht werden (Pramling, 1990). Nach Pramling haben Vorschulkinder anfangs eine intuitive Vorstellung von *Lernen als Tun.* Eines der Ziele der metakognitiven Förderung liegt darin, diese Vorstellung über dic fortlaufende Reflexion eigener Lernprozesse in Richtung eines reiferen Verständnisses von *Lernen als Wissenserwerb* zu modifizieren. Anhand der Erarbeitung eines konkreten Themas (z. B. Regen) wird dabei nicht nur Sachwissen erworben, sondern es werden Prinzipien des Wissenserwerbs verdeutlicht und es wird im Anschluss versucht, neu erworbene Einsichten auf andere, ähnliche Situationen zu übertragen. Wichtig ist hierfür, dass der Prozess der Wissensvermittlung immer wieder durch Phasen der Reflektion unterbrochen wird, in denen das Lernen selbst zum Thema gemacht wird und die Kinder unter Anleitung darüber nachdenken, ob, was und wie sie gerade gelernt haben. Pramling überprüfte die Wirksamkeit ihres metakognitiven Förderansatzes in mehreren empirischen Studien mit fünf- bis sechsjährigen Vorschulkindern (Pramling, 1990). Dabei konnte sie zeigen, dass sich die Konzepte über das Lernen bei den Kindern in den Interventionsgruppen tatsächlich in der intendierten Weise veränderten. Sie waren später auch besser als andere Kinder in der Lage, tiefer gehende Strukturen neu angebotenen Lernmaterials selbstständig zu erschließen.

Wichtig ist an dieser Stelle der Hinweis, dass der metakognitive Ansatz Pramlings bislang nicht im Sinne eines fertigen, in Kindergärten einsetzbaren Curriculums verfügbar ist. Jedoch scheint der Ansatzpunkt, lernmethodische Schlüsselkompetenzen zu fördern, indem man den Kindern ihr eigenes Lernen bewusst macht und ihre Aufmerksamkeit auf den Prozess des Lernens selbst lenkt, äußerst vielversprechend.

In den USA sind die Prinzipien zur Förderung metakognitiver Kompetenzen dagegen bereits in ein ausgearbeitetes Vorschulcurriculum eingeflossen. Beim Programm **Tools of the Mind** (Bodrova & Leong, 2007) handelt es sich allerdings nicht um eine spezifische und zeitlich begrenzte Intervention, wie bei den bisher geschilderten Förderprogrammen, sondern um ein umfassendes pädagogisches Gesamtkonzept, das sich über die gesamten Vorschuljahre erstreckt, also die formalen Bildungsstufen der amerikanischen *pre-school* und des *kindergarten* abdeckt[9].

Das Konzept, das sich an der Entwicklungstheorie von Lew Wygotski (▸**Kap. 2.1**) orientiert, fokussiert im Schwerpunkt die Förderung der selbstregulativen Kompetenzen des Kindes, die in der kognitionspsychologischen Literatur auch als Teilbereich der so genannten *exekutiven Funktionen* beschrieben werden. Wie der Name *Tools* schon andeutet, geht es in diesem Curriculum um die Vermittlung bereichsübergreifender kognitiver oder mentaler Werkzeuge, die nach Wygotski zur Entwicklung aller höheren mentalen Funktionen, wie der Gedächtnisfunktionen, des logischen Denkens, der fokussierten Aufmerksamkeit und vor allem der Selbstregulation, notwendig sind. Diese kulturabhängigen mentalen Werkzeuge werden nach Wygotski über die Interaktion mit Erwachsenen in sozialen Kontexten erworben.

Das Grundprinzip von *Tools of the mind (ToM)* besteht in einer konsequenten Förderung innerhalb der individuellen **Zone der proximalen Entwicklung** (▸**Kap. 2.1**). Die Kinder werden also möglichst mit Anforderungen und Herausforderungen konfrontiert, die in ihrer individuellen Entwicklung den als nächstes anstehenden Entwicklungsschritt darstellen. Dies sind Anforderungen, zu deren Bewältigung sie alleine zwar noch nicht in der Lage sind, die sie unter Anleitung von kompetenten Erwachsenen jedoch bereits bewältigen können. Dabei unterstützen die Erwachsenen den Erwerb von Fertigkeiten und Kenntnissen nach dem Prinzip des *scaffolding* (▸**Kap. 2.1**), indem sie zu Beginn eines Lernprozesses die kompetente Problemlösung selbst modellieren und das Kind dann verbal bei der eigenen Verhaltensausführung anleiten. Mit der Zeit geben sie immer weniger und zunehmend abstraktere Anweisungen. Damit nehmen sie ihren eigenen Anteil an der Aktivität zurück und übertragen die Handlungsverantwortung nach und nach an das Kind.

Im *ToM*-Programm wird davon ausgegangen, dass es auf jeder Altersstufe so genannte *leading activities* gibt, also Aktivitäten, die dem kognitiven Entwicklungsstand der Kinder angemessen sind und mit deren Förderung die größten Entwicklungsfortschritte zu erreichen sind. Für Kleinkinder zwischen einem und drei Jahren sind dies objektorientierte Aktivitäten, welche vor allem die Entwicklung des non-verbalen Denkens fördern. Bei Kindern im Kindergartenalter dominiert als *leading activity* dagegen das Rollenspiel, welches die Vorstellungskraft und die Entwicklung symbolischer Funktionen fördert. Diese Aktivitäten bestimmen den Tagesablauf in Einrichtungen, die nach dem *ToM*-Konzept arbeiten, und werden konsequent zur Entwicklungsförderung genutzt.

Ein weiterer Bestandteil des Konzepts ist das so genannte *gestützte Schreiben* (*scaffolded writing*), das über das frühe Verschriftlichen von Handlungsplänen

9 Im amerikanischen Bildungssystem entspricht der Begriff *pre-school* in etwa unserem Kindergarten, während *kindergarten* die erste obligatorische Stufe des Bildungssystems bezeichnet, die eine Art Vorschuljahr darstellt.

die Entwicklung der kindlichen Selbstregulation und des Schriftspracherwerbs unterstützen soll. Dabei werden die Kinder in *pre-school* oder *kindergarten* dazu angehalten, bei allen Aktivitäten im Voraus zu überlegen, was sie tun wollen und ihre Pläne selbstständig »aufzuschreiben« (z. B. mit den Anfangsbuchstaben, mit Linien, die die Wörter eines Satzes darstellen oder mit einer erfundenen Schreibweise). Auch der Einsatz von Sprache als Steuerungsmittel spielt eine wichtige Rolle in *ToM*. Da Wygotski in der lauten selbstbezogenen Sprache des Kindes (*Private Speech*) einen Zwischenschritt auf dem Weg zur Internalisierung der Sprache und damit zum inneren, lautlosen Denken sah (▸**Kap. 2.1**), werden die Kinder ermutigt, sich durch offene verbale Selbstinstruktion selbst zu steuern und anzuleiten, wiederum unterstützt durch ein entsprechendes Modellverhalten ihrer Lehrer und Erzieher.

ToM wird zwar erst seit einigen Jahren in den USA eingesetzt, zahlreiche Evaluationsstudien können jedoch schon jetzt auf recht gute Erfolge verweisen. In einer Reihe von Studien zeigten sich positive Effekte auf die selbstregulativen Kompetenzen der Kinder im Vergleich zu Kontrollkindern, die an anderen, qualitativ hochwertigen Vorschulprogrammen teilgenommen hatten (Diamond & Lee, 2011).

6.8 Fazit

Zusammenfassend lässt sich die aktuelle Situation der deutschen »Förderlandschaft« im Elementarbereich folgendermaßen charakterisieren: Wir wissen einiges über wirksame Förderprinzipien und es gibt eine Reihe spezifischer Förderprogramme, die nachweislich wirksam sind. Für einen großen Teil der verwendeten Programme liegen aber bisher keine aussagekräftigen Evaluationsstudien im Sinne einer wissenschaftlichen Wirksamkeitsprüfung vor. Unabhängig vom Förderbereich und von der Fördermethode lässt sich festhalten, dass größere und nachhaltigere Effekte vor allem bei einem möglichst frühzeitigen Beginn und bei einer möglichst langen zeitlichen Erstreckung der Fördermaßnahme zu erwarten sind. Punktuelle Maßnahmen mit geringer zeitlicher Intensität haben sich dagegen oft als »Strohfeuer« erwiesen. Zudem hat sich gezeigt, dass Programme umso wirksamer sind, je spezifischer sie sich auf den angezielten Förderbereich beziehen. Eine unspezifische Förderung führt in der Regel nicht zu Kompetenzverbesserungen in den spezifischen Inhaltsbereichen, z. B. in den Kernbereichen der frühen (schrift-) sprachlichen oder mathematischen Kompetenzen (Krajewski & Schneider, 2007; Schneider, 1997). Damit verknüpft ist allerdings das Problem der Spezifität der erreichten Effekte: Die meisten Förderprogramme zeigen Auswirkungen (wenn überhaupt) nur auf einen sehr engen, nämlich den tatsächlich geförderten Bereich, während ein Transfer des Gelernten auf weiter entfernte Bereiche, obwohl von den meisten Maßnahmen angestrebt, in der Regel nicht erfolgt.

Auch bei den nachweislich wirksamen Förderprogrammen ist nicht immer gewiss, worauf ihre positiven Effekte eigentlich beruhen. So ist davon auszugehen, dass der Erfolg einer pädagogischen Intervention in vielen Fällen nicht nur auf die Programmwirkungen im engeren Sinne zurückzuführen ist, sondern auch auf andere Wirkmechanismen, insbesondere auf die durch die Förderung erfahrene sozial-emotionale Zuwendung. Allerdings sprechen die empirischen Befunde dafür, dass sich die Wirkungen der sozialen Zuwendung im Allgemeinen auf motivationale Effekte beschränken, während die durch die Intervention angestrebten spezifischen Effekte im Wesentlichen auf die Wirkung der Programme als solche zurück zu gehen scheinen (Hager, Hübner & Hasselhorn, 2000).

Umstritten ist die Frage, ob es kritische oder sensible Altersphasen (Zeitfenster) für den Erwerb bestimmter Kompetenzen gibt, die bei Einleitung einer Fördermaßnahme zu beachten sind. Im Allgemeinen wird heute davon ausgegangen, dass solche sensiblen Phasen nur für einige wenige Lernbereiche existieren und dass bei normal entwickelten Kindern in den meisten Inhaltsbereichen eine Förderung auf nahezu allen Alters- und Entwicklungsstufen sinnvoll ist.

Angesichts der Fülle der vorliegenden Förderprogramme und der Vielzahl wichtiger Förderbereiche ist es nicht verwunderlich, dass viele pädagogische Fachkräfte in den frühpädagogischen Einrichtungen verunsichert sind. Was und womit soll angesichts der vielen Angebote zuerst und was nachrangig gefördert werden, und welche Förderbereiche müssen aufgrund zeitlicher, finanzieller oder personeller Beschränkungen ganz auf der Strecke bleiben? Verstärkt wird diese Verunsicherung durch eine ausgeprägte Anspruchshaltung vieler bildungsbewusster Eltern, die um verpasste Entwicklungschancen fürchten und am liebsten für ihre Kinder ein »Rundum-Förderpaket« in Anspruch nehmen würden. Angesichts dieser Verunsicherung ist es wichtig, sich klar zu machen, dass es weniger auf die Durchführung teurer und zeitaufwändiger Förderprogramme ankommt als auf eine kontinuierliche, auf die individuellen Bedürfnisse und den Entwicklungsstand jedes einzelnen Kindes abgestimmte Förderung im regulären Kindergartenalltag.

Statt nach dem »Gießkannenprinzip« einzelne Förderbereiche isoliert und unverbunden abzuarbeiten, scheint es sinnvoller, für die jeweilige Einrichtung und die dort betreuten Kinder genau zu überlegen, in welchen Inhaltsbereichen eine gezielte Förderung durch ein spezifisches Förderprogramm für die Mehrzahl der Kinder tatsächlich hilfreich ist. In den übrigen Inhaltsbereichen wird oftmals ein ganzheitliches, alltagsintegriertes Vorgehen im Rahmen des in der Einrichtung verfolgten pädagogischen Konzepts empfehlenswert sein. Natürlich werden Maßnahmen zur Sprachförderung in vielen Fällen – vor allem in Einrichtungen mit einem hohen Anteil an Kindern mit Deutsch als Zweitsprache – zwangsläufig einen Förderschwerpunkt bilden.

Kaum eine Erzieherin wird sich in alle der oben thematisierten Inhaltsbereiche so einarbeiten können, dass sie die oft sehr aufwändigen Förderprogramme den Vorgaben entsprechend einsetzen kann. Das ist aber auch nicht notwendig, wenn die zentralen Förderprinzipien erkannt werden und konsequent in das pädagogische Handeln im Alltag einfließen. Ein vollständig verplanter Kindergartenalltag, in dem – überspitzt formuliert – montags die phonologische Bewusstheit gefördert wird, dienstags das Sozialverhalten, mittwochs die frühen mathematischen Fertigkeiten, donnerstags die Konzentration und freitags die lernmethodische Kompetenz, läuft zu Recht dem professionellen Verständnis und der pädagogischen Intuition der Mehrzahl der pädagogischen Fachkräfte und Eltern zuwider. Nach dem Grundsatz »Weniger ist Mehr« scheint eine gut vorbereitete und qualitativ hochwertige Förderung im Detail Erfolg versprechender als ein oberflächliches Abarbeiten zu vieler Inhaltsbereiche. Eine gute Erzieherinnenaus- und -fortbildung, die zum Erkennen der relevanten Förderbereiche, zur Auswahl geeigneter Maßnahmen sowie zu deren kompetenter Durchführung befähigt, ist hierfür die wichtigste Voraussetzung.

Zusammenfassung

Die frühe Förderung der kindlichen Entwicklung gilt als zentrale Aufgabe vorschulischer Bildungseinrichtungen. In diesem Kapitel wurde auf spezifische Förderansätze sowie auf allgemeine Förderprinzipien in den aus pädagogisch-psychologischer Perspektive besonders relevanten Inhaltsbereichen der sprachlich-kognitiven, mathematisch-naturwissenschaftlichen und sozial-emotionalen Entwicklung eingegangen.

Obgleich die Sprachförderung als besonders zentral erachtet wird, sind empirische Belege für die Wirksamkeit spezifischer Förderprogramme ausgesprochen spärlich. Hier sind weitere Forschungsanstrengungen dringend notwendig. In den Bereichen der phonologischen, der frühen mathematischen, der kognitiven und der sozial-emotionalen Kompetenzförderung gibt es einige Förderkonzepte, die als theoretisch begründet und in ihrer Wirksamkeit überprüft gelten können.

Angesichts der Vielzahl von Förderbereichen steht das pädagogische Fachpersonal vor der Herausforderung, einen gangbaren Weg zwischen einer gezielten (und zeitaufwändigen) Förderung einzelner Inhaltsbereiche auf der einen Seite und einer unspezifischen, alltagsintegrierten Förderung in den übrigen Entwicklungsbereichen auf der anderen Seite zu finden.

Literaturempfehlung für dieses Kapitel

Gisbert, K. (2004). *Lernen lernen. Lernmethodische Kompetenzen von Kindern in Tageseinrichtungen fördern.* Weinheim: Beltz.

Jampert, K., Best, P., Guadatiello, A., Holler, D. & Zehnbauer, A. (2007). *Schlüsselkompetenz Sprache. Sprachliche Bildung und Förderung im Kindergarten. Konzepte – Projekte – Maßnahmen* (2. Auflage). Berlin: Verlag das Netz.

Krajewski, K. & Schneider, W. (2007). Prävention von Rechenstörungen. In W. v. Suchodoletz (Hrsg.), *Prävention von Entwicklungsstörungen* (S. 97–114). Göttingen: Hogrefe.

Wiedebusch, S. & Petermann, F. (2011). Förderung sozial-emotionaler Kompetenz in der frühen Kindheit. *Kindheit und Entwicklung*, 20 (4), 209–218.

7 Gestaltung von Übergängen in der frühen Bildung

Frühe Bildung hat einen zeitlichen Anfang und ein Ende. Sie beginnt mit dem Übertritt in die Kindertagespflege, Krippen oder Kindergärten und endet mit dem Schulanfang. Den Beginn und das Ende der nicht elterlichen frühen Bildung charakterisieren damit Situationen des Übergangs. Auch zwischen den verschiedenen Stationen der frühen Bildung, also zwischen Krippe oder Tagespflege und Kindergarten, liegen solche Wechsel. Übergänge zwischen verschiedenen Lebensbereichen sind immer mit Veränderungen verbunden. In den neuen Lebensbereichen sind andere Anforderungen zu bewältigen und es wird in der Folge zu individuellen Veränderungen kommen, die mit den Besonderheiten der neuen Situation zusammenhängen. In der Pädagogischen Psychologie hat man sich seit vielen Jahren mit den Gelingensbedingungen normativer Übergänge befasst und mit der Frage, wie sich Übergangsprobleme vermeiden oder verringern lassen. Übergänge sind aber nicht von vornherein mit Risiken verbunden, sondern auch mit Chancen und neuen Entwicklungsmöglichkeiten – für die meisten Kinder verläuft der Übergang von der Familie in den Kindergarten und vom Kindergarten in die Schule völlig problemlos. Ob Übergänge (Transitionen) überhaupt grundlegende und neuartige Entwicklungs- und Persönlichkeitsveränderungen mit sich bringen oder ob in den Übergangssituationen nicht vielmehr zuvor bereits vorhandene (Anpassungs-)Probleme kognitiver, sozialer und emotionaler Art nur umso deutlicher hervortreten, wird kontrovers diskutiert (Beelmann, 2006; Faust, Kratzmann & Wehner, 2012; Roßbach, 2006).

Anders als der Eintritt in die Grundschule, der schulrechtlich geregelt ist, unterliegt der erste Übergang von der Familie in die außerfamiliale Betreuung keiner altersbezogenen Normierung. Es ist auch nicht festgelegt, wie viele Übergänge in außerfamiliale Betreuungsformen es vor dem Schuleintritt geben soll. Etwa fünf Prozent aller Eltern verzichten gänzlich auf Formen außerfamilialer Betreuung – für ihre Kinder wird der Schuleintritt damit zum ersten Übergang überhaupt. Auf Krippen- oder Tagespflegekinder kommen hingegen bereits vor dem Schuleintritt zwei Übergänge zu: Zunächst von der Familie in die Betreuung und anschließend von dort in den Kindergarten. Kinder, die bis zum Schulalter ausschließlich einen Kindergarten oder eine altersübergreifende Einrichtung besucht haben, haben nur einen ersten Übergang zu bewältigen, nämlich von der Familie in die Kindertageseinrichtung. Im Folgenden wird zunächst darauf eingegangen, welche Anforderungen und Veränderungen mit dem ersten Übergang einhergehen und was es dabei zu beachten gilt. Anschließend wird der Übergang vom Kindergarten in die Grundschule thematisiert. Eine möglichst optimale Gestaltung dieses normativen (zweiten) Übergangs ist schon seit langer

Zeit Gegenstand bildungswissenschaftlicher und bildungspolitischer Diskussionen (Faust, 2006; Roßbach, 2006).

7.1 Von der elterlichen zur außerfamilialen Betreuung

Kinder unter drei Jahren

Der erste Übergang von der ausschließlich familialen Betreuung in eine Tagesbetreuung stellt kleine Kinder unter drei Jahren vor große Herausforderungen: Sie müssen mit einer völlig neuen Umgebung, fremden Kindern und unvertrauten Tagesabläufen zurechtkommen, und vor allem: sie müssen – oft erstmals in ihrem Leben – für eine begrenzte Zeit ohne ihre Eltern auskommen. Die ihnen dabei zur Seite stehenden Erzieherinnen sind ihnen zu Beginn noch völlig unvertraut. Der erste Übergang macht also besondere Anpassungsleistungen auf Seiten des Kindes erforderlich, die mit hohem Stress verbunden sein können.

Was ist beim Übergang von der Familie in die Krippe oder in die Kindertagespflege zu beachten? Auf der Seite der individuellen Voraussetzungen spielt vor allem der Entwicklungsstand eines Kindes im sozial-emotionalen Bereich eine große Rolle. Auf der Seite der Betreuungssituation kommt es vor allem auf die Gestaltung und Dauer der Eingewöhnungszeit an. Für die unter drei Jahre alten Kinder ist im Allgemeinen eine Betreuungsrelation von mindestens 1:4 oder 1:5 und eine Gruppengröße von maximal acht bis zehn Kindern festgelegt (►**Kap. 4.1**), Fachleute empfehlen allerdings eine noch kleinere Gruppengröße und einen höheren Personalschlüssel. Dabei ist die Konstanz der Betreuungsperson hier noch wichtiger als bei älteren Kindern. Eine hohe Qualität der pädagogischen Prozesse (►**Kap. 8.3**) erleichtert die Eingewöhnung. Wie die Eltern müssen auch die Betreuungspersonen in der Lage sein, prompt und verlässlich auf die kindlichen Signale zu reagieren. Eine wichtige Voraussetzung eines gelingenden Anfangs ist auch der Aufbau von routinierten Formen der Zusammenarbeit zwischen den Betreuern und den Eltern eines Kindes.

Bindungstheoretische Forschung. Ein großer Teil der Forschung zur Eingewöhnung von Kleinkindern in Tageseinrichtungen stammt aus dem bindungstheoretisch geprägten Kontext. Die Bindungstheorie (►**Kap. 2.3**) geht davon aus, dass eine sichere Bindungsentwicklung, also der frühe Aufbau einer verlässlichen und vertrauensvollen Beziehung zu einer primären Bezugsperson, eine wichtige Voraussetzung für das Gelingen anderer Entwicklungs- und Lernvorgänge eines Kindes ist und seinen Umgang mit neuen Herausforderungen und unbekannten Menschen entscheidend beeinflusst. Daher hat sich dieser Forschungszweig u. a. mit der Frage beschäftigt, wie Kinder mit unterschiedlichen Bindungsmustern –

unterschieden werden sicher gebundene, unsicher-vermeidend gebundene und unsicher-ambivalent gebundene Kinder (▸ Kap. 2.3) – auf die zu Beginn gänzlich unvertraute Situation in einer Kindertageseinrichtung reagieren.

Ahnert und Rickert (2000) konnten anhand von Messungen der Herzaktivität zeigen, dass sicher gebundene Kleinkinder während der Eingewöhnung eine geringere Belastung erfahren als unsicher-vermeidend gebundene Kinder, solange die Mutter anwesend ist. Nach der ersten Trennung von der Mutter äußerten die sicher gebundenen Kinder dagegen deutlich mehr negative Emotionen, während die unsicher gebundenen Kinder auf den ersten Blick unbelasteter wirkten und weniger weinten. Die physiologischen Belastungsparameter unterschieden sich jedoch zwischen den beiden Gruppen nicht, d. h. alle Kinder erlebten objektiv das gleiche Ausmaß an Stress. Die sicher gebundenen Kinder konnten jedoch offensichtlich ihr Unwohlsein deutlich mitteilen und sich so Trost und Zuwendung durch die Erzieherinnen verschaffen, während die unsicher gebundenen hierzu nicht in der Lage waren. Daraus lässt sich folgern, dass der Übergang in die Krippe (bzw. zur Tagesmutter) und das Sich-Einlassen auf neue Situationen und Personen offenbar besser gelingt, wenn die Kleinkinder bereits emotional *sicher gebunden* sind. Unabhängig vom Bindungstyp normalisierte sich die Herzaktivität bei allen Kindern mit zunehmender Erfahrung in der Tageseinrichtung. Auch in einer Untersuchung von Ziegenhain und Wolff (2000) waren die sicher gebundenen Kinder in der ersten Zeit in der Krippe zwar ängstlich und zurückhaltend, wurden jedoch mit der Zeit aufgeschlossener und aktiver, während die unsicher-vermeidend gebundenen Kinder ein entgegen gesetztes Verhaltensmuster zeigten, nach anfänglicher Aktivität und Offenheit immer verschlossener wurden und regelrecht erschöpft schienen. Dies spricht dafür, dass sie ihr Belastungsempfinden anfangs nicht offen ausdrücken und angemessen regulieren konnten, wodurch die Anpassung an die neue Situation erschwert wurde.

Diese Ergebnisse deuten darauf hin, dass nicht die frühe außerfamiliale Betreuung an sich, sondern die frühe Betreuung von Kindern mit ungünstigen Beziehungserfahrungen einen Risikofaktor für die sozial-emotionale Entwicklung darstellt. Insbesondere für die unsicher-ambivalent gebundenen Kinder, die einen Wechsel zwischen Trennung und Wiederkehr der elterlichen Bezugsperson nicht gut bewältigen können und oft sehr emotional reagieren, wird vermutet, dass sie einer besonders sorgfältigen Eingewöhnungsphase bedürfen. Bei unsicher-vermeidend gebundenen Kindern liegt das Problem, wie die beschriebenen Studien zeigen, eher darin, dass sie sich scheinbar schnell und problemlos eingewöhnen, da sie z. B. nur selten weinen. Darin liegt die Gefahr, dass die Eingewöhnungsphase dieser Kinder zu früh beendet wird, obwohl sie noch nicht ausreichend mit der neuen Situation vertraut geworden sind.

Andere Forschungsbefunde deuten darauf hin, dass der Zeitpunkt des Beginns einer Betreuung eine bedeutende Rolle spielt: In der Regel verläuft die Eingewöhnung während des ersten Lebensjahres problemloser als später. Ungefähr um den ersten Geburtstag herum scheint eine Entwicklungsphase einzusetzen, die die Eingewöhnung in eine außerfamiliale Betreuung eher erschwert (Rauh, Ziegenhain, Müller & Wijnroks, 2000).

Berliner Eingewöhnungsmodell. Ein bewährtes und weit verbreitetes Konzept zur Gestaltung der Eingewöhnungsphase ist das bindungstheoretisch orientierte **Berliner Eingewöhnungsmodell** (Laewen, Andres & Hédervári, 2011), das einen gleitenden und behutsamen Übergang von der ausschließlich familialen in die außerfamiliale Betreuung gewährleisten soll. Nach diesem Modell verbringen die Kinder anfangs nur kurze Zeit in der Tageseinrichtung, und zwar in Begleitung ihrer Mutter, dann wird die Zeitdauer stundenweise erweitert und die Anwesenheit der Mutter allmählich verringert. Die Gesamtdauer der Eingewöhnungsphase ist nicht vorab festgelegt, sondern richtet sich nach dem Temperament, dem Verhalten und den Vorerfahrungen des Kindes. Als Minimalzeit für eine Eingewöhnung gelten jedoch drei Tage. Das Ziel der Eingewöhnungsphase besteht darin, den Aufbau einer vertrauensvollen Beziehung zur Betreuungsperson zu unterstützen und das Kind mit den Abläufen und Regeln der neuen Umgebung vertraut zu machen. Die zeitweilige Anwesenheit der Mutter soll ihm hierfür die nötige Sicherheit gewähren.

Ziegenhain und Wolff (2000) konnten zeigen, dass Kinder, die einen »sanften« Übergang in die Krippe in Form einer intensiven Eingewöhnung mit längerer Anwesenheit der Mutter erfuhren, nach einem halben Jahr in der Krippe häufiger eine sichere Bindung zu ihrer Mutter hatten als Kinder, die einen abrupten Übergang erfahren hatten, d.h. deren Mutter nur kurz oder gar nicht dabei gewesen war. Dies deutet darauf hin, dass sich die Erfahrungen der Kinder in der Eingewöhnungssituation auf die Qualität der Mutter-Kind-Bindung auswirken können – besonders, wenn ihrem Bedürfnis nach Sicherheit nicht entsprochen wird.

Allerdings gibt es auch Hinweise darauf, dass es nach Abschluss der schrittweisen Eingewöhnung zu einem erneuten Anstieg der Belastungen kommen kann, wenn das Kind seinen »Sonderstatus« verliert und dauerhaft ohne die Mutter im regulären Einrichtungsalltag zurechtkommen muss. Dieser verzögerte Belastungsanstieg muss dann letztlich doch vom pädagogischen Personal aufgefangen werden (Ahnert, 2007).

Kinder über drei Jahren

Für die Kinder über drei Jahren wird der Übergang von der Familie in den Kindergarten im Allgemeinen weit weniger kritisch gesehen als der Übergang jüngerer Kinder in die Krippe oder zur Tagesmutter. Das überrascht, ist doch dieser Übergang, vor allem, wenn es die erste Übergangssituation eines Kindes ist, in gleicher Weise mit einem Wechsel von einer vertrauten in eine anfangs völlig unvertraute Umgebung mit fremden Personen und Abläufen verbunden. Zwar wird der sozial-emotionale Entwicklungsstand der über Dreijährigen in aller Regel weiter vorangeschritten sein als der von Einjährigen – es ist aber immerhin denkbar, dass diesem Entwicklungsvorteil der Dreijährigen der Nachteil der längen Gewöhnung an die exklusiv mütterliche Betreuung entgegensteht. Daher kommt auch bei diesem Übergang einer langsamen, schrittweisen Eingewöhnung eine hohe Bedeutung zu. Ausführliche Aufnahmegespräche, in denen die Erzieherinnen sich einen Eindruck über den individuellen Entwicklungsstand des Kindes, seinen familialen Hintergrund, seine Vorlieben (Wie lässt es sich am besten trösten? Hat es ein vertrautes Kuscheltier oder bestimmte Rituale, die ihm Sicherheit geben? etc.) und eventuelle Entwicklungs- oder Verhaltensprobleme verschaffen, sind unbedingt zu empfehlen. Auch ein ständiger Informationsaustausch während der Eingewöhnungszeit, aber auch in der ersten Zeit danach, erleichtert den Übergang. Da die Erzieherinnen das Kind und seine individuellen Eigenarten noch nicht kennen, besteht die Gefahr, dass sie anfangs Verhaltensweisen, mit denen das Kind bestimmte Gefühlszustände signalisiert, missdeuten und unangemessen reagierten. Daher sind die Eltern, die ihr Kind und seine typischen Reaktionen am besten kennen, in der Anfangszeit die wichtigste Informationsquelle.

Bislang kaum thematisiert wurden die Übergänge von der Krippe oder Kindertagespflege in den Kindergarten. Hier wird oft von Eltern und Erzieherinnen implizit erwartet, dass der Übergang einem Kind leichter fallen sollte, da es ja bereits an die Trennung von der Mutter gewöhnt sei. Die Versuchung ist daher groß, die Dauer der Eingewöhnung abzukürzen. Dabei ist jedoch zu bedenken, dass die Betreuungssituation für diese Kinder trotzdem ebenso neu und unvertraut ist wie für diejenigen, die erstmals eine außerfamiliale Betreuung erfahren – sie sind ebenfalls mit unvertrauten Erzieherinnen, einer fremden Umgebung und anderen Tagesabläufen konfrontiert und müssen sich in einer deutlich größeren Gruppe und mit älteren Kindern als bisher zurechtfinden. Daher gilt auch für das Gelingen dieser Übergänge zwischen frühen Bildungsinstitutionen, dass ausreichende Phasen der Eingewöhnung und Vorbereitung wichtige Voraussetzungen für ein Gelingen der Betreuung sind.

7.2 Von der Kindertagesstätte in die Schule

Am weitaus häufigsten ist die Übergangsproblematik beim Eintritt in das formale Schulsystem betrachtet worden (Beelmann, 2006; Griebel & Niesel, 2011). Alle in ▸**Kap. 3** dargestellten Bildungspläne beschäftigen sich mit der Gestaltung dieses Übergangs. Weil den Kindergärten inzwischen vermehrt Bildungsaufgaben zugeschrieben werden, kann eine gelungene Schuleingangsphase auch als Qualitätsnachweis der zuvor in den Kindergärten geleisteten elementarpädagogischen Arbeit betrachtet werden. Es ist aber im Selbstverständnis der elementarpädagogischen Einrichtungen auch heute noch nicht unumstritten, welcher Stellenwert den schulvorbereitenden Aktivitäten im Vergleich zu anderen Bildungs- und Erziehungsaufgaben zukommt (▸**Kap. 1.3**). Eine zu frühe und zu einseitig kognitiv ausgerichtete Schulvorbereitung und spezifische Förderung schulrelevanter Fertigkeiten wird zu Recht kritisiert, wenn sie entwicklungsunangemessen betrieben wird.

Traditionell lassen sich im Selbstverständnis von Kindergarten und Grundschule starke Tendenzen der Abgrenzung und Trennung konstatieren – diese Abgrenzungen haben ihre Ursachen in einem Verständnis von Kindergarten als spielerischem Schonraum und einem Primat des sozialen Lernens (▸**Kap. 1.3**). Erst seit die Bildungspläne der Länder explizit eine Kooperation zwischen den Einrichtungen fordern (▸**Kap. 3**), ist in vielen Fällen eine Annäherung der Institutionen zu beobachten. Zur Optimierung des Übergangs bedarf es einer vertrauensvollen Zusammenarbeit zwischen den vorschulischen Bildungs- und Betreuungseinrichtungen und der Grundschule – idealerweise auf der Grundlage institutionsübergreifender Bildungspläne, wie sie z.B. in Hessen, Nordrhein-Westfalen, Thüringen und Mecklenburg-Vorpommern vorliegen. Inzwischen wurden entsprechende Maßnahmen der Kooperation mehr oder weniger flächendeckend eingeleitet: Besuche der Kindergartenkinder in der Schule und die zeitweise Teilnahme der Kinder am Schulunterricht gehören ebenso dazu wie eine gezielte Vorbereitung der Lehrer auf die einzuschulenden Kinder durch Gespräche mit den Erzieherinnen und den Eltern.

Die neuartigen Anforderungen, die Kinder beim Schuleintritt zu bewältigen haben, sind vielfältig: Im Anfangsunterricht werden sie mit neuen Organisationsformen des Lernens und mit neuen Lerninhalten vertraut gemacht. Spielerische Anteile, die im Kindergarten noch dominant waren, treten mehr und mehr zurück; der Unterricht wird zunehmend fachlicher. Neue Regeln und Routinen, die den sozialen Umgang miteinander und das Lern- und Arbeitsverhalten in Unterricht und Schule betreffen, müssen erlernt werden. Zugleich gehen mit der Einschulung bedeutsame Veränderungen im Selbstkonzept und Selbstbewusstsein des Kindes einher: Die Statuszuschreibung »Schulkind« hat für die meisten Kinder eine enorme persönliche Wichtigkeit.

Eine gelungene Phase des Schuleintritts ist aufgrund ihrer Bedeutsamkeit für die schulische Lern- und Leistungsentwicklung seit jeher Gegenstand erziehungswissenschaftlicher und psychologischer Diskussionen. Wie können die Kindertageseinrichtungen zur Sicherstellung der Schulbereitschaft und zum Gelingen des Übergangs beitragen? Immer mehr hat sich in den letzten Jahren die Erkenntnis durchgesetzt, dass die Grundlagen der schriftsprachlichen und mathematisch-naturwissenschaftlichen Kompetenzentwicklung in der Schule bereits in den vorschulischen Jahren gelegt werden und dass eine entwicklungsangemessene Förderung von Vorläuferfertigkeiten und Lernvoraussetzungen des Lesens, Schreibens und Rechnens sowie insbesondere der Sprache im Kindergarten langfristig sinnvoll ist (▸**Kap. 6**). Zudem sind grundlegende Maßnahmen der

Fokus: Einschulungsregelungen und ihre Auswirkungen

In den meisten Bundesländern gilt: Kinder, die bis zum 30.6. eines Jahres sechs Jahre alt werden, sind zum 1.8. diesen Jahres schulpflichtig. Schulfähige, aber noch nicht schulpflichtige Kinder, die das sechste Lebensjahr bis zum 31. Dezember dieses Jahres vollenden, können auf Wunsch der Eltern vorzeitig eingeschult werden. Bei fehlender Schulbereitschaft kann der Schuleintritt um ein Jahr hinausgeschoben werden. Sieben Länder haben den Stichtag mittlerweile nach hinten verlegt, um das durchschnittliche Schuleintrittsalter zu senken (auf den 31.07., den 31.08. oder den 30.9; Berlin sogar auf den 31.12.).

In Bayern und Nordrhein-Westfalen wurden Pläne, den Stichtag vom 30.09. aus noch weiter zu verschieben, inzwischen wieder zurückgenommen, weil die Eltern in Folge der Stichtagsverschiebung vermehrt die Zurückstellung ihrer Kinder beantragten. Im Jahr 2010 wurden deutschlandweit 7,5 % der Kinder eines Jahrgangs verspätet eingeschult, 4,5 % dagegen vorzeitig (Autorengruppe Bildungsberichterstattung, 2012). Beide Anteile schwanken stark zwischen den Ländern in Abhängigkeit vom geltenden regulären Stichtag. In den Ländern mit einem späteren Stichtag wurden über 10 % der Kinder verspätet eingeschult.

Ob die relativ jüngeren Kinder einer Jahrgangsklasse in ihrer schulischen Lern- und Leistungsentwicklung dauerhaft benachteiligt sind, wird kontrovers diskutiert. Eine Reihe von Studien findet einen solchen relativen Alterseffekt (RAE) im Hinblick auf die Kompetenzentwicklung der Kinder und für andere Indikatoren des Bildungserfolgs (Dhuey & Lipscomb, 2010; Puhani & Weber, 2007). In anderen Studien ließen sich nur geringe und stetig abnehmende Effekte des relativen Einschulungsalters auf die Leistungsentwicklung nachweisen (Gold, Duzy, Rauch & Quiroga, 2012). Der Startvorteil der relativ älteren Kinder ist offenbar ein zeitlich begrenztes Phänomen. Er wirkt umso weniger, je bedarfsgerechter der Anfangsunterricht den Entwicklungs- und Lernbesonderheiten der jüngeren Kinder Rechnung trägt.

Ebert, von Maurice & Kluczniok (2011) gingen der Frage nach, ob es sich bei den vorzeitig eingeschulten Kindern um sprachlich und kognitiv besonders kompetente Kinder handelt. Zwar wurden die später vorzeitig eingeschulten Kinder von ihren Erzieherinnen bereits zwei Jahre vor ihrer Einschulung als kompetenter im sprachlich-kognitiven Bereich eingeschätzt als Gleichaltrige. Ihre Leistungen in objektiven Testverfahren zur Erfassung kognitiver und sprachlicher Kompetenzen unterschieden sich jedoch nicht von den Leistungswerten einer nach Alter parallelisierten Vergleichsgruppe. Die Entscheidung der Eltern für eine frühzeitige Einschulung scheint mithin – neben anderen Erwägungen, wie Freundschaften und elterlichen Bildungsaspirationen – eher durch die subjektiven Einschätzungen über die Lernfähigkeit eines Kindes beeinflusst zu sein als durch die tatsächlichen Kompetenzen.

lernmethodischen Förderung hilfreich, die z. B. am Arbeitsverhalten der Kinder ansetzen. Besonders wichtig ist auch die Identifikation und kompensatorische Förderung von Kindern mit Entwicklungsauffälligkeiten.

Individuelle Voraussetzungen des Übergangs

Zentrale Entwicklungsvoraussetzungen eines gelingenden Schulanfangs sind z. B. das Sprachverhalten eines Kindes, seine Aufmerksamkeits- und Konzentrationsfähigkeit und das logisch-schlussfolgernde Denkvermögen. Im sozialen Bereich sind vor allem die Kommunikations- und Konfliktfähigkeit, die Kooperationsbereitschaft und das Regelbewusstsein zu nennen. Im motorischen Bereich kommen das Beherrschen fein- und grobmotorischer Grundfertigkeiten und in motivationaler

Hinsicht die Ausdauer und die Anstrengungs- und Leistungsbereitschaft hinzu. Lehrer in Schuleingangsklassen betonen zudem die zentrale Bedeutung der Fähigkeit zur Selbstregulation und von Merkmalen des Arbeitsverhaltens, insbesondere der Fähigkeit zum selbstständigen zielgerichteten Arbeiten. Hinzu kommen spezifische Vorläuferfertigkeiten und Lernvoraussetzungen, die für den Schriftspracherwerb und für den Erwerb mathematischer Kompetenzen von Bedeutung sind. So verstanden ist die Schulbereitschaft eine facettenreiche Entwicklungsaufgabe, zu deren Bewältigung die vorschulische Bildung einen wichtigen Beitrag leisten kann.

Fokus: Schulreife und Schulfähigkeit

Mit dem Begriff der **Schulreife** wird ein Zustand beschrieben, in dem ein Kind über die nötigen individuellen Voraussetzungen für eine erfolgreiche Einschulung verfügt. Diesem Begriff lag ursprünglich die Vorstellung zugrunde, dass es sich dabei in erster Linie um einen biologisch bedingten Reifungsvorgang handele, der rein endogen beeinflusst sei und allein durch das Wirken der Zeit vonstattengehe. Hieraus leitete sich die Folgerung ab, dass bei Fehlen der Schulreife einfaches Abwarten ausreiche, bis die erforderliche Reifung von alleine eingetreten sei. Kinder, die den schulischen Anforderungen nicht gewachsen schienen, wurden in der Erwartung zurückgestellt, dass sie ein Jahr später ohne Weiteres Zutun bereit für den Schulbesuch seien.

Heute weiß man, dass für das Gelingen eines erfolgreichen Schulstarts auch viele andere Faktoren relevant sind, in erster Linie familiale Einflüsse und die Verfügbarkeit von Lerngelegenheiten. Aufgrund seiner Vorbelastung durch die ursprüngliche Einengung auf endogene Reifungsprozesse wurde der Begriff der Schulreife inzwischen weitgehend ersetzt durch die Begriffe **Schulfähigkeit** oder **Schulbereitschaft.** Diese Begriffe tragen der Wirksamkeit von Umwelteinflüssen stärker Rechnung. Was genau die Schulfähigkeit eines Kindes ausmacht, ist jedoch auch heute noch nicht einvernehmlich geklärt; ebenso gibt es keine einheitlichen Richtlinien zu ihrer Erfassung. Einigkeit herrscht darüber, dass neben den körperlichen und motorischen Voraussetzungen sowohl kognitiv-sprachliche als auch sozial-emotionale und motivationale Kompetenzen sowie Merkmale des Arbeitsverhaltens und der Selbstregulation eine große Rolle spielen. An allen diesen Punkten lässt sich bei Kindern, die als noch nicht schulfähig eingeschätzt werden, im Rahmen von Fördermaßnahmen pädagogisch ansetzen.

Die Schulfähigkeit eines Kindes lässt sich nicht losgelöst von den Bedingungen und Strukturen der jeweiligen Schule (z. B. Ausstattung, Klassengröße, Unterrichtstruktur etc.) betrachten. Die Frage ist also nicht nur, ob ein Kind bereit für die Schule ist, sondern auch, ob die jeweilige Schule und der dort gestaltete Anfangsunterricht für dieses spezifische Kind bereit und geeignet sind, womit sich ein zusätzlicher Ansatzpunkt zur Intervention ergibt. Manche Autoren verwenden deshalb den Begriff der Kindfähigkeit der Schule als Gegenpol zur Schulfähigkeit des Kindes (für einen Überblick siehe Griebel & Niesel, 2011).

Dass Übergänge nicht unbedingt zu Belastungen führen müssen, zeigt eine Studie von Beelmann (2006), der 60 Kinder in den Monaten vor und nach der Einschulung intensiv beobachtet und ihre Eltern und Erzieherinnen befragt hat. Typologisch unterscheidet Beelmann zunächst einmal zwei größere Teilgruppen von Kindern, deren emotionale Befindlichkeit sich durch den Übergang in die Schule nicht wesentlich veränderte: Die vorher und nachher gering belasteten Kinder (42%) sowie die vorher und nachher stark belasteten Kinder (29%). Nur für weniger als ein Drittel aller Schulanfänger führte der Übergang zu merklichen sozial-emotionalen Veränderungen und zu den erforderlichen Anpassungsleistungen. Zu unterscheiden sind hier zum einen die *Übergangsgewinner* (15%), die nach dem Schuleintritt sozial-emotional ›besser‹ als im Kindergarten zurechtkamen, und zum anderen die *Übergangsgestressten* (14%), bei denen nun neue Anpassungsprobleme auftraten, für deren Bewältigung die vorhandenen Ressourcen nicht ausreichten. Eine hohe Qualität der emotionalen Eltern-Kind-Beziehung erwies sich hier als protektiv.

Strukturelle Bedingungen der Schuleingangsphase

Ab wann ein Kind fähig und bereit ist, dem schulischen Unterricht zu folgen, lässt sich auch als Passungsfrage in die andere Richtung formulieren: Wie muss der Anfangsunterricht gestaltet werden, damit die Einschulung möglichst aller Kinder gelingt? Schulbereitschaft und ein gelingender Übergang sind deshalb nicht nur als Bringschuld des schulpflichtigen Kindes (und seiner Eltern und des Kindergartens) zu betrachten. Wie gut der Übergang gelingt, hängt auch von der Gestaltung und der Qualität des Anfangsunterrichts ab. Seit vielen Jahren werden unterschiedliche Organisationsformen des Anfangsunterrichts erprobt und umgesetzt, die den Übergang vom Kindergarten in die Grundschule erleichtern sollen: Im Rahmen der Bildungsreformen der 1960er und 1970er Jahre wurden verschiedene strukturelle Modelle zur Gestaltung des Übergangs entwickelt, die vereinzelt auch heute noch parallel zu den neueren Modellen weiter bestehen. Hier sind vor allem die mit fünf Jahren beginnende, zwei Jahre umfassende Eingangsstufe (»alte Eingangsstufe«) sowie den Grundschulen angegliederte Schulkindergärten oder der ersten Klasse vorangehende Vorklassen zu nennen. Seit den 1990er Jahren werden in 15 Bundesländern verschiedene Varianten der so genannten »neuen Schuleingangsstufe« erprobt (Faust, 2006; Faust, Hanke & Dohe, 2010). Besonders Erfolg versprechend ist hier das Modell der jahrgangsübergreifenden Eingangsklassen (erstes und zweites Schuljahr) mit flexibler Verweildauer, in denen die Kinder je nach ihrem Entwicklungsstand zwischen einem und drei Jahren verbleiben können. Mit der neuen Schuleingangsstufe ist oft auch eine Flexibilisierung des Einschulungstermins verbunden, d.h. die Einschulung erfolgt statt zu einem einzigen Termin zweimal jährlich. Das Ziel dieser Maßnahmen liegt in einer Senkung des Schuleingangsalters und in der Vermeidung von Rückstellungen und Klassenwiederholungen sowie in einer möglichst effektiven Förderung aller Kinder entsprechend ihrem individuellen Entwicklungsstand. Empirische Befunde zur Wirksamkeit der neuen

Übergangsmodelle stehen allerdings noch aus. Unklar ist auch, ob die Grundschullehrerinnen auf die Arbeit mit weniger schulfähigen Kindern ausreichend vorbereitet sind und ob die Erzieherinnen über die notwendigen Kompetenzen zur Förderung der Schulbereitschaft verfügen. Aus dem Modellprojekt **Schulreifes Kind** in Baden-Württemberg ist immerhin bekannt, dass eine frühzeitige Diagnostik in Verbindung mit kompensatorischen Fördermaßnahmen für Kinder mit erhöhten Entwicklungsrisiken die Wahrscheinlichkeit für einen erfolgreichen Schulstart steigert (Hasselhorn et al., 2012; Wagner, Ehm & Hasselhorn, 2010). Aus dem Bamberger Forschungsprojekt **BiKS** wird hingegen berichtet, dass Übergangsbegleitmaßnahmen einer verstärkten Kooperation von Kindergarten und Grundschule sowie spezielle Vorschulprogramme keinen Einfluss auf die erfolgreiche Bewältigung des Schuleintritts (erfasst über Einschätzungen der Lehrkräfte) hatten. Einflussreich waren in dieser Untersuchung nur die familialen und individuellen Prädiktoren (Faust et al., 2012).

Zusammenfassung

Frühe nicht elterliche Bildung beginnt mit dem Übergang von der Familie in eine Kindertageseinrichtung oder -tagespflege und endet mit dem Schuleintritt des Kindes. Alle Übergänge von der familialen in außerfamiliale Betreuung und zwischen verschiedenen Bildungseinrichtungen sind mit vielfachen Umstellungen für die Kinder verbunden, die unter ungünstigen Umständen zu einer erhöhten Stressbelastung führen können.

Insbesondere bei den unter Dreijährigen, aber auch bei den über dreijährigen Kindern kommt einer sorgfältigen schrittweisen Eingewöhnungsphase in der neuen Einrichtung eine besondere Rolle zu.

Die Einschulung ist ein bedeutsames Ereignis im Leben eines Kindes. Frühe Bildungseinrichtungen können die Schulfähigkeit der Kinder entwicklungsangemessen fördern und damit zum Gelingen der Einschulung beitragen. Auch auf Seiten der Schule gibt es Möglichkeiten, den Kindern zu einem möglichst reibungslosen Schulstart zu verhelfen.

Literaturempfehlung für dieses Kapitel

Griebel, W. & Niesel, R. (2011). *Übergänge verstehen und begleiten.* Transitionen in der Bildungslaufbahn von Kindern. Berlin: Cornelsen Scriptor.

8 Effekte vorschulischer Betreuung

In vielen Ländern, z. B. in den USA und in Frankreich sowie in den meisten osteuropäischen Staaten, ist die außerfamiliale Betreuung von Kindern zwischen 0 und 6 Jahren längst eher die Norm als die Ausnahme. Ungeachtet aller ideologischen Debatten geht die gesellschaftliche Entwicklung auch in Deutschland in diese Richtung. Wenn berufstätige Mütter und Väter auf Angebote außerfamilialer Betreuung angewiesen sind, ist die Frage nach den Auswirkungen dieser Betreuung auf die Entwicklung der Kinder naheliegend.

Wie sich in den teils sehr emotional geführten öffentlichen Diskussionen widerspiegelt, gehen die Erwartungen, Hoffnungen und Befürchtungen der Eltern, aber auch von Fachleuten in diesem Bereich weit auseinander. Bei den Diskussionen spielt auch das Alter der Kinder, die betreut werden, eine wichtige Rolle: Während für die Ü3-Kinder Formen außerfamilialer Betreuung als weitgehend konsentiert gelten, steht die Betreuung von Kleinkindern unter drei Jahren im Zentrum der öffentlichen Debatten. Wie in ▸ **Kap. 1** bereits ausgeführt, reicht das Spektrum der gegensätzlichen Positionen von der Sorge, die Kinder könnten durch eine frühe außerfamiliale Betreuung in ihrem emotionalen Erleben oder in ihrer sozialen Entwicklung Schaden nehmen, bis zu der Befürchtung anderer Eltern, ihr Kind könnte wichtige Lerngelegenheiten und Erfahrungen verpassen, wenn es nicht rechtzeitig eine optimale Förderung in einer Kindertagesstätte erhalte.

Vor diesem Hintergrund ist es hilfreich, die Ebene der Vermutungen und ideologisch geprägten Einstellungen und Annahmen zu verlassen und sich stattdessen möglichst unvoreingenommen mit den empirischen Fakten auseinander zu setzen. Um es gleich vorweg zu nehmen: Endgültige und einfache Antworten darf man sich auch davon nicht erwarten. Die Ergebnisse empirischer Studien bedürfen einer sachkundigen Interpretation, die auf die Besonderheiten der jeweiligen Studien und auf die dort erfassten (und nicht erfassten) Merkmale Bezug nimmt. Deshalb wird es auf die Frage nach dem »Nutzen« oder dem »Schaden« vorschulischer Betreuung keine pauschale Antwort geben, sondern viele Antworten im Detail, die sich nicht ohne Weiteres zu einer allgemeingültigen Empfehlung (wie sie sich die meisten Eltern und Politiker wünschen) bündeln lassen. Vielmehr muss jede Antwort auf die Frage nach den Effekten einer vorschulischen Betreuung eingeleitet werden mit dem Satz: »Das kommt ganz darauf an …«.

Wie sich eine außerfamiliale Betreuung auf ein bestimmtes Kind auswirkt, hängt von vielen individuellen und institutionellen Faktoren ab und von anderen Rahmenbedingungen, insbesondere davon,

- wie alt das Kind ist und welchen Entwicklungsstand es bereits erreicht hat, wenn es erstmals eine außerfamiliale Betreuung erfährt,
- welche spezifischen Bereiche der kindlichen Entwicklung betrachtet werden, d. h. ob es um die Auswirkungen auf den emotionalen, sozialen, sprachlichen oder kognitiven Entwicklungsbereich geht (um nur die am häufigsten untersuchten Funktionsbereiche zu nennen),
- welche persönlichen Dispositionen und individuellen Merkmale das Kind mitbringt, vor allem im Hinblick auf sein Temperament und seine kommunikativen Fertigkeiten,
- wie seine familiale Situation beschaffen ist, z. B. hinsichtlich des sozio-ökonomischen Hintergrunds und des Bildungsstandes der Eltern, der Geschwisterzahl und der Vollständigkeit der Familie,
- welche Anregungs- und Interaktionsqualität es im Elternhaus erfährt und wie sein Verhältnis zu den Eltern ist,
- welche Art von Betreuung es erfährt, ob es also in einer Krippe, in einem Kindergarten oder bei einer Tagesmutter betreut wird,
- welche Anregungs- und Betreuungsqualität es dort erfährt,
- in welcher Gruppenstruktur die Betreuung stattfindet, z. B. in altershomogenen oder altersübergreifenden, offenen oder geschlossenen Gruppen,
- welche pädagogischen Konzepte von den Betreuungspersonen verfolgt werden
- und nicht zuletzt, wie viel Zeit es dort verbringt.

Fundierte wissenschaftliche Erkenntnisse liegen bislang nur für einige dieser Einflussfaktoren und Rahmenbedingungen vor, während über die Bedeutsamkeit anderer Faktoren, etwa über die differenziellen Effekte einer bestimmten Betreuungsform (z. B. einer Krippe gegenüber einer Kindertagespflege) bisher nur wenig bekannt ist.

Viele wissenschaftliche Disziplinen haben sich mit den Effekten vorschulischer Betreuung beschäftigt, insbesondere die Frühpädagogik, die Psychologie, die Soziologie, die Bildungsökonomie und die Kinder- und Jugendmedizin. Jede dieser Disziplinen fokussiert dabei zumeist nur einen bestimmten Ausschnitt des Sachverhalts und bedient sich ihrer eigenen Methoden: Entwicklungspsychologen oder Elementarpädagogen interessieren sich vor allem für die Auswirkungen der Betreuung auf die individuelle Entwicklung der Kinder. Dabei lassen sich zwei unterschiedliche Forschungsrichtungen unterscheiden: (1) Die Beschäftigung mit den konkret messbaren Effekten auf die kognitive, sprachliche und akademische Entwicklung und (2) die Untersuchung der Auswirkungen auf den sozial-emotionalen Bereich, insbesondere auf die Qualität der Mutter-Kind-Bindung und auf das Sozialverhalten der Kinder. Bildungssoziologen untersuchen im Schwerpunkt die Auswirkungen der Betreuung auf die Entwicklung bzw. Verfestigung von sozialen Ungleichheiten zwischen verschiedenen Bevölkerungsgruppen, während die Bildungsökonomen das Kosten-Nutzen-Verhältnis von Betreuungsangeboten im Auge haben. Medizinische und epidemiologische Studien thematisieren Teilaspekte der physischen und psychischen Auswirkungen der frühkindlichen Betreuung auf die Gesundheit im engeren Sinne.

Aus allen diesen Disziplinen liegen inzwischen wertvolle, sich manchmal augenscheinlich widersprechende Ergebnisse zu den Auswirkungen vorschulischer Betreuung vor. Weil die empirischen Studien so unterschiedliche Fragestellungen adressieren und ihre Ergebnisse so vielfältig sind, ist es nicht leicht, sie in ihren Hauptaussagen kurz und knapp zusammenzufassen. Noch schwieriger ist es, ein eindeutiges Gesamturteil zu resümieren. Vielmehr unterstreichen die empirischen Daten in eindrucksvoller Weise die Multikausalität der frühen Bildungsprozesse sowie das komplexe Zusammenwirken einer Vielzahl relevanter Einflussgrößen.

Im folgenden Kapitel wird der Versuch unternommen, die derzeit vorhandenen Erkenntnisse in einer möglichst verständlichen Übersicht zusammenzufassen, ohne sich zu sehr in Details zu verlieren oder einzelne Forschungsrichtungen zu vernachlässigen. Wir beginnen mit einigen grundsätzlichen forschungsmethodischen Überlegungen und mit einer allgemeinen Charakterisierung der Forschungslandschaft (▸ **Kap. 8.1**), bevor ausgewählte Studien in ihrer Anlage genauer vorgestellt werden (▸ **Kap. 8.2**). Darauf folgt die inhaltliche Zusammenfassung der Befundlage, wie sie sich heute darstellt (▸ **Kap. 8.3**). Diese Zusammenfassung ist in drei thematische Teilabschnitte untergliedert. Im ersten Abschnitt werden die Effekte vorschulischer Betreuung auf die Entwicklung sprachlicher und kognitiver Kompetenzen und auf die schulische Leistungsentwicklung der Kinder behandelt. Im zweiten Abschnitt wird auf die Befundlage zur sozial-emotionalen Entwicklung eingegangen, bevor anschließend einige Analysen zum volkswirtschaftlichen Nutzen der frühen Kinderbetreuung präsentiert werden. Am Ende des Kapitels steht ein zusammenfassendes Fazit der Befundlage zu den Auswirkungen vorschulischer Betreuung auf die kindliche Entwicklung (▸ **Kap. 8.4**).

8.1 Allgemeine Vorüberlegungen

Zur besseren Einordnung der empirischen Ergebnisse muss darauf hingewiesen werden, dass ein Großteil der Studien zu den Effekten vorschulischer Bildungsmaßnahmen aus dem US-amerikanischen Raum stammt. Bei der Rezeption dieser Literatur muss man sich darüber im Klaren sein, dass eine einfache Übertragung der dort gewonnenen Ergebnisse aufgrund der erheblichen Unterschiede zwischen den Bildungssystemen und in der Bevölkerungszusammensetzung schwierig ist (Kuger, Sechtig & Anders, 2012). Zudem zeigt sich im Fokus vieler amerikanischen Studien auf messbaren kognitiven Effekten und akademischen Leistungen eine Sichtweise auf frühe Bildung, die den Vorstellungen deutscher Eltern vom Kindergarten als Raum zur Förderung der ganzheitlichen Entwicklung des Kindes und dem damit korrespondierenden Selbstverständnis deutscher Erzieherinnen lange Zeit eher fremd war (▸ **Kap. 1.2**). Zwar hat hierzulande in den letzten Jahren eine behutsame Umorientierung stattgefunden (▸ **Kap. 3**), dennoch sind die kulturellen Unterschiede im Hinblick auf die Bildungs- und Erziehungsziele weiterhin groß. Auch mit Blick auf die europäischen Studien ist die Vergleichbarkeit der Bildungssysteme und Rahmenbedingungen nur begrenzt gegeben, so dass auch hier Einschränkungen hinsichtlich der Übertragbarkeit der Ergebnisse zu beachten sind. Nichtsdestotrotz lassen sich aus den internationalen Studien wichtige Erkenntnisse über das Potenzial vorschulischer Interventionen gewinnen.

In der US-amerikanischen Forschung zur Effektivität vorschulischer Maßnahmen lassen sich nach einer groben Klassifizierung drei Typen empirischer Studien unterscheiden: a) die so genannten »klassischen« Interventionsstudien der 1960er und 1970er Jahre mit der Zielsetzung einer kompensatorischen Verringerung sozialer Ungleichheiten durch die Förderung von Kindern aus ökonomisch und sozial benachteiligten Familien, b) neuere, breit angelegte Längsschnittstudien innerhalb der regulären Betreuungssysteme einzelner Länder und im Ländervergleich sowie c) kontrollierte Interventionsstudien zur Überprüfung der Wirksamkeit bestimmter Förderprogramme, deren Ergebnisse vermehrt in Metaanalysen zusammengefasst werden.

Während es in den frühen, sozialpolitisch inspirierten Arbeiten in den 1960er und 1970er Jahren noch um die allgemeine und die kompensatorische Wirksamkeit einer Intervention gegenüber dem Regelfall überhaupt keiner vorschulischen Bildung ging, verlagerte sich das Interesse seit Ende der 1980er Jahre auf relevante Einflussgrößen der Wirksamkeit, wie die prozessuale und strukturelle Qualität der Betreuung und auf den Vergleich zwischen verschiedenen vorschulischen Programmen. Nun geht es nicht mehr primär um die Frage, ob vorschulische Bildung überhaupt sinnvoll und wirksam ist. Vielmehr geht es jetzt um die folgenden Themen: Welche speziellen Merkmale der Betreuung sind besonders effektiv in Bezug auf welche Zielvariablen? Wie nachhaltig sind die erzielten Effekte? Der Fokus liegt auch nicht mehr in erster Linie auf benachteiligten Kindern. Vielmehr geht es um die möglichst effektive Förderung aller Kinder, unabhängig von ihrer Herkunft und ihren individuellen Fähigkeiten.

Die beiden oben genannten Typen von Studien neuerer Art lassen sich leicht voneinander abgrenzen, da sie sich hinsichtlich ihres forschungsmethodischen Herangehens deutlich unterscheiden: Die großen Längsschnittstudien verfolgen das Ziel, die innerhalb der bestehenden Betreuungssysteme in der pädagogischen Praxis tatsächlich anzutreffenden Bedingungen und ihre Auswirkungen zu analysieren. Auf der anderen Seite werden – in wesentlich kleinerem Maßstab – sorgfältig kontrollierte Interventionsstudien durchgeführt, um in systematischer Weise verschiedene Aspekte und Varianten von Fördermaßnahmen miteinander zu vergleichen. Die Evaluation von Modellprojekten gehört zu dieser zweiten Art von Forschung. Da sich Interventionen dieser Art zumeist durch außerordentlich günstige Rahmenbedingungen auszeichnen, ist hier in der Regel eine besonders hohe Qualität der Förderung gewährleistet, so dass üblicherweise mit stärkeren Effekten gerechnet werden kann (vgl. Roßbach, 2005). Es ist also zu beachten, dass die Ergebnisse derartiger Studien in gewisser Hinsicht unter »künstlichen« Bedingungen erzielt werden und nicht ohne Weiteres auf die Bedingungen im Regelbereich, wo zumeist unter finanziellen und personellen Einschränkungen und insgesamt ungünstigeren Rahmenbedingungen gearbeitet werden muss, übertragbar sind.

Aber auch die breit angelegten Längsschnittstudien, die innerhalb der existierenden Betreuungssysteme durchgeführt werden, sind methodisch nicht unproblematisch. Ein Hauptkritikpunkt liegt darin, dass geeignete Kontrollgruppen in aller Regel nicht verfügbar sind. Solche Vergleichsgruppen wären aber notwendig, um das Ausmaß der ermittelten Effekte vorschulischer Betreuung korrekt abschätzen zu können. Zwar wird in einigen Studien die Entwicklung von Kindern in Betreuungseinrichtungen mit der Entwicklung von Kindern ohne vorschulische Betreuung verglichen (z. B. im englischen *EPPE*-Projekt). Aufgrund der mittlerweile nahezu flächendeckenden Verfügbarkeit vorschulischer Angebote in den untersuchten Ländern ist jedoch davon auszugehen, dass sich jene Kinder, deren Eltern keine Betreuungsangebote wahrnehmen, hinsichtlich einer Reihe relevanter Merkmale des familialen Hintergrunds, wie z. B. im sozio-ökonomischen Status und Bildungsstand ihrer Familie oder den elterlichen Erziehungseinstellungen, von Kindern unterscheiden, die eine außerfamiliale Betreuungseinrichtung besuchen. Folglich sind die Effekte der außerfamilialen Betreuung gegenüber einer Betreuung zu Hause nur eingeschränkt interpretierbar. Der forschungsmethodische Idealfall einer nach relevanten Merkmalen parallelisierten Interventions- und Kontrollgruppe, wie er üblicherweise in kontrollierten Interventionsstudien realisiert wird, ist unter natürlichen Bedingungen aus naheliegenden Gründen nicht umsetzbar. Aufgrund der genannten Vor- und Nachteile ergänzen sich die beiden Forschungszweige gegenseitig. Für ein vollständiges Bild über die vorhandene wissenschaftliche Evidenz ist eine Betrachtung beider Linien notwendig.

Ebenfalls im Rahmen kontrollierter Vergleichsstudien, aber in einer eigenen Forschungstradition werden die spezifischen Auswirkungen außerfamilialer Betreuung auf die sozial-emotionale Entwicklung von Kleinkindern, d. h. unter Dreijährigen untersucht. Hier stehen insbesondere Auswirkungen auf das mütterliche Interaktionsverhalten sowie auf das Bindungsverhalten und das Belastungserleben der Kinder im Fokus der Forscher – untersucht wird beispielsweise die Konzentration von Stresshormonen im Speichel der Kinder. Da in diesem Altersbereich die Inanspruchnahme von Betreuungsangeboten deutlich niedriger ist als bei den Drei- bis Sechsjährigen, stellt sich das methodische Problem einer vergleichbaren Kontrollgruppe zwar nicht in der gleichen Weise wie oben beschrieben. Allerdings muss auch hier darauf geachtet werden, dass sich die Kinder mit und ohne frühe außerfamiliale Betreuung nicht zusätzlich in einer Vielzahl potenziell einflussreicher Variablen voneinander unterscheiden.

8.2 Ausgewählte Studien

Im Folgenden werden die wichtigsten und bekanntesten der frühen Kompensationsstudien sowie die umfangreichsten neueren Längsschnittuntersuchungen in ihrer Forschungsanlage und im Hinblick auf die untersuchten Stichproben näher beschrieben. Im anschließenden ▶ **Kap. 8.3** werden die wichtigsten Ergebnisse aus allen genannten Forschungslinien zusammenfassend dargestellt.

Die »klassischen« Studien zur vorschulischen Förderung

Die frühe Forschung in den 1960er und 1970er Jahren ist eng mit den Programmen *High/Scope, Head Start* und *Abecedarian* assoziiert, die wegen ihres Pioniercharakters und aufgrund ihrer teilweise eindrucksvollen Erfolgsmeldungen auch außerhalb der Fachöffentlichkeit relativ bekannt sind. Es sind aber nicht allein die faktischen Ergebnisse, die den besonderen Wert dieser inzwischen als ›klassisch‹ bezeichneten Studien ausmachen. Vor allem haben sie die Entwicklung von Förderprogrammen entscheidend stimuliert und die Einsicht in die Notwendigkeit einer wissenschaftlichen Evaluation solcher Programme wachsen lassen. Auf diese Weise wurde das Thema der frühen Bildungsforschung erstmals in der Wissenschaft und in der Öffentlichkeit etabliert.

In den 1960er und 1970er Jahren wurde im Bildungswesen der USA eine Reihe von Förderprogrammen aufgelegt, die sich speziell an Kinder aus ökonomisch und sozial benachteiligten Familien aus »schwierigen« Wohngegenden richteten. Üblicherweise erhielten diese Kinder vor ihrem Schuleintritt (in den USA in der Regel mit fünf Jahren in die als »Kindergarten« bezeichnete Vorklasse) keinerlei vorschulische Förderung. Das erklärte sozial- und bildungspolitische Ziel dieser Programme war es, den in vielerlei Hinsicht benachteiligten Kindern rechtzeitig angemessene Anregungen und Förderung zu bieten, um ihren Entwicklungsrückstand gegenüber Mittelklassekindern bis zum Schulbeginn möglichst gering zu halten und Defiziten rechtzeitig vorzubeugen. Mit einer bestmöglichen Vorbereitung auf die schulischen Anforderungen sollten sie bessere Startchancen für eine erfolgreiche Schulkarriere und damit zur günstigeren gesellschaftlichen Teilhabe erhalten.

Eines der ersten und bekanntesten dieser Programme war das 1962 in der Stadt Ypsilanti im Staat Michigan begonnene Projekt **High/Scope**, das auch unter dem Namen **Perry Preschool Project** bekannt wurde (Schweinhart, Barnes & Weikart, 1993). An diesem Projekt nahmen 123 Kinder aus überwiegend afroamerikanischen Familien und prekären sozio-ökonomischen Verhältnissen teil, die zu Beginn der Studie 3 bis 4 Jahre alt waren. Insgesamt 58 dieser Kinder kamen während der beiden letzten Vorschuljahre in den Genuss eines halbtägigen Förderprogramms, die übrigen bildeten die Kontrollgruppe. Über die kindzentrierte Förderung hinaus hatte die Projektarbeit auch eine familienbezogene Komponente: Die Eltern wurden wiederholt zu Hause besucht und in Bildungs- und Erziehungsfragen beraten. Über die Ergebnisse der wissenschaftlichen Evaluation des Programms wird in ▶ **Kap. 8.3** berichtet, hier sei nur soviel vorweg genommen: Während die ersten Befunde unmittelbar nach Abschluss der Förderung zwar positiv, aber vom Ausmaß eher moderat ausfielen, zeigten sich mit einer zeitlichen Verzögerung teilweise eindrucksvolle langfristige Effekte.

In Zuge der gleichen sozialpolitischen Bewegung startete im Jahr 1965 landesweit das bis dahin (und noch immer) größte amerikanische Bildungsprogramm

Head Start. Auch dieses Programm verfolgt das Ziel, benachteiligten Kindern einen möglichst guten Start ins Bildungssystem und darüber hinaus in das gesellschaftliche Leben zu ermöglichen. Nach mehr als 45 Jahren haben mittlerweile fast 30 Millionen Kinder daran teilgenommen, derzeit sind es immer noch fast eine Million Kinder pro Jahr (Mervis, 2011). Ähnlich wie im *Perry Preschool Project* nimmt auch bei *Head Start* die Eltern- und Familienarbeit einen hohen Stellenwert ein. Die empirischen Belege zur Wirksamkeit von *Head Start* fallen gemischt aus: Zwar wurden kurzzeitig positive Effekte gefunden – längerfristig kam es in den meisten Studien jedoch zu einem »Auswaschen« der Effekte mit der Zeit (▸ **Kap. 8.3**). In den letzten Jahrzehnten ist es daher zunehmend zu Kritik an der ausbleibenden Wirksamkeit der kostenintensiven Förderung durch *Head Start* gekommen. Der amerikanische Kongress hat Anfang des Jahrtausends eine so genannte *Impact Study* in Auftrag gegeben, um die Effektivität des Programms erneut zu überprüfen (U.S. Department of Health and Human Services, 2010). Hieran nahmen 4700 Kinder teil, die für das Schuljahr 2002/2003 an 380 *Head Start* Zentren für ein einjähriges Programm angemeldet worden waren. Die Studie verglich die kurzzeitige und die langfristige akademische Leistungsentwicklung der teilnehmenden Kinder mit der von Kindern, die ebenfalls angemeldet worden waren, jedoch aus Kapazitätsgründen keinen Platz im Programm erhalten hatten. Die Ergebnisse bestätigten im Wesentlichen die Befunde früherer Studien. Befürworter von *Head Start* führen das Ausbleiben überdauernder Effekte auch darauf zurück, dass ehemalige *Head Start* Kinder später aufgrund der Einzugsbezirke ihrer Wohngebiete oftmals öffentliche Schulen von geringer Qualität besuchten, was die Effekte des Programms langfristig unterminiere. Zudem wird unter der Bezeichnung *Head Start* mittlerweile eine Vielzahl von qualitativ sehr unterschiedlichen Förderprogrammen durchgeführt (vgl. Mervis, 2011). Als Reaktion auf die anhaltende Diskussion über die Effektivität von *Head Start* wurden im Jahr 2007 neue Richtlinien zur Qualitätssicherung beschlossen: *Head Start* Zentren erhalten seitdem nur noch eine Finanzierungszusage für einen Zeitraum von fünf Jahren; danach müssen sie die Effektivität ihrer Arbeit nach zuvor klar definierten Erfolgskriterien nachweisen. Obwohl das Ansehen von *Head Start* im Laufe der Zeit also etwas nachgelassen hat und obgleich es inzwischen eine ganze Reihe attraktiver Alternativen gibt, gilt *Head Start* auch heute noch als »das Original« unter den sozialpolitisch-kompensatorisch inspirierten Bildungsprogrammen in den USA.

Im Jahr 1972, also etwas später als *Head Start* und das *Perry Preschool Project*, startete in Chapel Hill im US-Staat North Carolina ein weiteres Programm zur Förderung benachteiligter Kinder, das **Abecedarian Project** (Campbell & Ramey, 1994). Im Unterschied zu *Head Start* und dem *Perry Preschool Project* begann die Förderung in diesem Programm sehr viel früher und setzte bereits bei sechs Wochen alten Kindern ein. Außerdem hatte das *Abecedarian Project* einen deutlich höheren Betreuungsumfang: Die Kinder wurden bis zu ihrem Schuleintritt mit fünf Jahren ganzjährlich (in den anderen Programmen wurden die Fördermaßnahmen nur während der üblichen Schulzeiten angeboten) im Umfang von fünf Stunden täglich betreut. Auch hier spielte die Elternarbeit eine bedeutende Rolle. An diesem wissenschaftlich besonders sorgfältig evaluierten

Projekt nahmen 58 Kinder in der Interventionsgruppe und 53 Kontrollkinder teil. Details zu den kurz- und langfristigen Effekten finden sich wiederum in ▸ **Kap. 8.3**.

Die genannten Studien und die mit ihnen verknüpften Förderprogramme gelten heute als Klassiker der frühen Bildungsforschung im Vorschulbereich. Bildungsökonomen unterfüttern mit ihren Langzeiteffekten (▸ **Kap. 8.3**) seit vielen Jahren ihre Argumente zur volkswirtschaftlichen Rentabilität frühkindlicher Fördermaßnahmen. Ihre Ergebnisse haben die weitere Entwicklung vorschulischer Förderprogramme in den folgenden Jahrzehnten maßgeblich beeinflusst und die diesbezügliche Forschung in entscheidender Weise stimuliert.

Internationale Längsschnittstudien

Die meisten Erkenntnisse über die Effekte vorschulischer Betreuung im Rahmen der regulären Betreuungssysteme stützen sich auf die Befunde aus fünf großen Längsschnittstudien, die mit repräsentativen Stichproben in den USA und in Europa durchgeführt wurden (für einen Überblick vgl. Roßbach, 2008a, 2011).

Eine der umfassendsten Längsschnittstudien zur kindlichen Entwicklung überhaupt ist die **Study of Early Child Care and Youth Development** des **National Institute of Child Health and Human Development** (NICHD Early Child Care Research Network[10], 2005). Aus dieser Studie, die zwischen 1991 und 2004 insgesamt 1364 Kinder an zehn Standorten in den USA von der Geburt bis ins Jugendalter begleitete, liegen Ergebnisse zu nahezu allen relevanten Aspekten der kindlichen Entwicklung vor, also sowohl für die kognitiv-sprachliche Kompetenzentwicklung als auch für den sozial-emotionalen Bereich und für den Bereich der körperlichen und gesundheitlichen Entwicklung. Eine Besonderheit der NICHD-Studie besteht darin, dass sie nicht auf die institutionelle Betreuung beschränkt ist, sondern alle Formen nicht-mütterlicher Betreuung betrachtet, ganz gleich, ob sie in institutionellen Einrichtungen (Child Care Centers), durch Kindertagespflege in den Räumen der Betreuungsperson (Child Care Homes), durch Babysitter oder Kinderfrauen in den Räumlichkeiten der Familie oder als Betreuung durch andere Familienmitglieder (auch durch den Vater) stattfindet. Die in die Studie einbezogenen Familien wurden schon unmittelbar nach der Geburt des Kindes, d. h. vor dem Beginn einer nicht-mütterlichen Betreuung rekrutiert, wodurch die in anderen Studien häufig anzutreffenden Verzerrungen der Ergebnisse durch Selektionseffekte minimiert werden. Allerdings ist bei der Interpretation der Ergebnisse zu beachten, dass die untersuchte Stichprobe nicht repräsentativ für die amerikanische Gesamtbevölkerung ist: Weiße Mittelschichtfamilien sind gegenüber ethnischen Minderheiten und im Vergleich zu sozial schwächeren Bevölkerungsschichten überrepräsentiert. Aufgrund der vergleichsweise großen Stichprobe, der umfassend und multimethodal angelegten Daten-

10 Im Folgenden wird die Quellenangabe *NICHD Early Child Care Research Network* aus Gründen der besseren Lesbarkeit abgekürzt mit *NICHD*.

sammlung und der Vielzahl statistischer Analysen sind die Ergebnisse dieser Studie dennoch als besonders aussagekräftig einzustufen.

In der ebenfalls in den USA durchgeführten Studie **Cost, Quality and Child Outcomes in Child Care Centers** (CQO) wurden die Auswirkungen der vorschulischen Betreuung auf die sprachliche, kognitive und sozial-emotionale Entwicklung von 826 Kindern untersucht, die vor ihrer Einschulung mindestens zwei Jahre lang ein öffentliches Vorschulzentrum (*Center-based Community Child Care*) in verschiedenen amerikanischen Bundesstaaten besucht hatten (Peisner-Feinberg et al., 2001).

Auch in mehreren europäischen Ländern wurden in den letzten Jahren Studien durchgeführt, die sich mit den Auswirkungen vorschulischer Betreuung auf die kindliche Entwicklung beschäftigten. Die britische **Millenium Cohort Study** ist eine prospektive Längsschnittstudie, deren Stichprobe fast 19000 Kinder umfasst, die in den Jahren 2000 und 2001 in Großbritannien geboren wurden (Côté, Doyle, Petitclerc & Timmins, 2013). Dabei sind Kinder aus benachteiligten Wohngebieten und ethnischen Minderheiten bewusst überrepräsentiert. In dieser Studie wurden (neben anderen Fragestellungen) die Zusammenhänge zwischen Merkmalen der frühen Betreuungsgeschichte und Variablen der kognitiven Entwicklung untersucht.

Im Rahmen der **European Child Care and Education-Study (ECCE;** ECCE-Study Group, 1999) wurden in drei europäischen Ländern (Deutschland, Österreich und Spanien)[11] umfängliche Daten an 586 Kindern und ihren Familien erhoben, jeweils im Alter von vier und acht Jahren. Darunter waren 306 Kinder aus Kindertageseinrichtungen in Deutschland. Die ähnlich konzipierte Studie **Effective Provision of Pre-School Education (EPPE;** Sylva, Melhuish, Sammons, Siraj-Blatchford & Taggart, 2004, 2008) verfolgte 2800 britische Kinder in sechs frühpädagogischen Einrichtungstypen ab dem Alter von 3 Jahren bis zum Ende der sechsten Klasse, in einem Folgeprojekt (**EPPSE** *3–14*, Sylva, Melhuish, Sammons, Siraj-Blatchford & Taggart, 2012) sogar bis in die Sekundarschule. Beide Studien beschäftigten sich intensiv mit den differenziellen Auswirkungen der Quantität und Qualität von Betreuung auf die schulische und die sozial-emotionale Entwicklung der Kinder sowie mit den moderierenden Einflüssen von Merkmalen des familialen Hintergrunds. Die *ECCE*-Daten erlauben auch crossnationale Vergleiche zwischen den Betreuungssystemen der drei Länder.

In der *EPPE*-Studie wurde die Entwicklung der Kinder aus vorschulischen Einrichtungen zusätzlich verglichen mit einer Gruppe von 300 Kontrollkindern, die keine vorschulische Einrichtung besucht hatten. Diese Kontrollkinder wurden erst bei der Einschulung rekrutiert. Der Vergleich ist allerdings nicht sonderlich belastbar, weil sich die Kontrollkinder in einer Reihe von Merkmalen von den *EPPE*-Kindern unterschieden: Sie gehörten z. B. häufiger ethnischen Minderheiten

---

11 Ursprünglich nahmen vier Länder an der Studie teil, die portugiesische Stichprobe wurde jedoch nicht längsschnittlich weiter verfolgt und ging in die Auswertungen zu den langfristigen Effekten der vorschulischen Betreuung nicht mit ein.

an, Englisch war seltener ihre Muttersprache und ihre Mütter hatten eine geringere schulische Bildung und waren seltener berufstätig (Sammons et al., 2004). Zwar verwendeten die Autoren verschiedene methodische Verfahren, um den Einfluss dieser familialen Hintergrundvariablen statistisch zu kontrollieren, dennoch bleibt die Aussagekraft der Vergleiche eingeschränkt, wie die Autoren selbst einräumen. Auch in der ECCE-Studie gibt es eine Kontrollgruppe von 173 Kindern ohne vorschulische Betreuung, allerdings unterliegen die Vergleiche den gleichen Einschränkungen.

In der vom Bundesministeriums für Bildung und Forschung in Auftrag gegebenen **Nationalen Untersuchung zur Bildung, Betreuung und Erziehung in der frühen Kindheit** (**NUBBEK-Studie**, Tietze et al., 2012) steht die Betreuungsqualität in deutschen Kindertageseinrichtungen und in der Kindertagespflege im Fokus. Hierzu wurden an fast 2000 Kindern aus den beiden Altersgruppen der Zwei- und Vierjährigen für Deutschland repräsentative Daten über die Betreuungsgeschichte, zu sozialen Hintergrundmerkmalen der Familien und insbesondere über die in den Einrichtungen anzutreffende Struktur- und Prozessqualität der Betreuung ermittelt. Dabei wurde erstmals in Deutschland auch die Betreuungsform der Kindertagespflege explizit mitberücksichtigt. Eingeschlossen in die *NUBBEK*-Studie war eine Vergleichsgruppe von Zweijährigen, die ausschließlich zu Hause in der Familie betreut wurden. Ein besonderes Augenmerk der Untersuchung lag auf der Nutzung außerfamilialer Betreuungsangebote durch Familien mit Migrationshintergrund, speziell durch türkische und russische Familien.

Fokus: Wie man die Betreuungsqualität erfassen kann

Die Frage, was die Qualität einer elementarpädagogischen Einrichtung ausmacht, wurde immer wieder kontrovers diskutiert. Im Prinzip lässt sie sich nicht unabhängig von den jeweils verfolgten pädagogischen Zielen beantworten. Die empirische Forschung muss sich jedoch an einer konkret operationalisierbaren Definition orientieren und bedarf standardisierter Erfassungsinstrumente.

Üblicherweise wird zwischen drei miteinander interagierenden Qualitätskomponenten unterschieden, und zwar (1) der **Orientierungsqualität**, in der sich die subjektiven Auffassungen der Erzieherinnen über Bildung und Erziehung spiegeln, und (2) der **Strukturqualität**, die die äußeren Merkmale der Betreuungssituation umfasst, wie die Gruppengröße, den Betreuungsschlüssel, die Raumgestaltung, die Stabilität der Betreuungssituation und die Ausbildung der Erzieherinnen. Aus diesen beiden Qualitätsmerkmalen resultiert die zentrale dritte Komponente, (3) die so genannte **Prozessqualität**. Hiermit ist die Qualität der Gesamtheit der pädagogischen Prozesse und Interaktionen in der Einrichtung gemeint. Im Qualitätsmodell, das dem NUBBEK-Projekt (Tietze et al., 2012) zugrunde liegt, wird als vierter Qualitätsaspekt die Komponente des Familienbezugs hinzugefügt. Hierunter fällt das Ausmaß der Vernetzung einer Einrichtung mit anderen Sozialisationsagenten, vor allem mit der

Familie. Andere Modelle enthalten als vierte Qualitätsdimension die Organisationsqualität, d. h. die Professionalität der Leitung, Vernetzung, Weiterbildung und Arbeitsteilung innerhalb einer Einrichtung. Diese Komponente hat direkte Auswirkungen auf die Arbeitszufriedenheit der Erzieherinnen und auf die Kooperation im Team.

Zur standardisierten Erfassung der Betreuungsqualität ist im internationalen Raum das Beobachtungsverfahren *Early Childhood Environment Rating Scale* (ECERS-R) von Harms, Clifford und Cryer (2005) weit verbreitet. Geschulte Beobachter schätzen dabei die Qualität einer Einrichtung anhand konkret definierter Kriterien ein. Für den deutschsprachigen Raum wurde eine eigene Fassung, die *Kindergarteneinschätzskala,* KES, inzwischen in der revidierten Form KES-R (Tietze, Schuster, Grenner & Roßbach, 2007), entwickelt. Die KES umfasst insgesamt 43 Merkmale, die zu den folgenden sieben Bereichen zusammengefasst werden:

1. Platz und Ausstattung
2. Betreuung und Pflege der Kinder
3. Sprachliche und kognitive Anregung
4. Aktivitäten
5. Interaktionen
6. Strukturierung der pädagogischen Arbeit
7. Eltern und pädagogisches Personal

Den Beurteilern stehen für jede Einschätzung sieben Bewertungsstufen zur Verfügung. Zudem gibt es noch eine Erweiterung des Beobachtungsinventars, die KES-E, die die Qualität der bereichsspezifischen Förderung in den Bildungsbereichen Literalität, Mathematik, Naturwissenschaften und kulturelles Lernen abdeckt.

8.3 Was wir wissen

Aus allen zuvor genannten Studien und Forschungstraditionen liegen Ergebnisse zu den Effekten der vorschulischen Betreuung vor. Sie beziehen sich auf ganz unterschiedliche Bereiche der kindlichen Entwicklung. Im folgenden Abschnitt wird zunächst berichtet, wie sich Maßnahmen vorschulischer Betreuung auf die Entwicklung kognitiver Kompetenzen und der Sprache sowie auf die spätere Schulleistungsentwicklung auswirken, bevor anschließend die Auswirkungen auf die sozial-emotionale Entwicklung der Kinder betrachtet werden. Abschließend wird kurz auf den volkswirtschaftlichen Nutzen vorschulischer Betreuung eingegangen.

Fokus: Wie wird die Effektivität vorschulischer Bildung empirisch untersucht?

Die Forschung zur Wirksamkeit vorschulischer Bildung und Betreuung beschäftigt sich mit den Effekten auf ganz unterschiedliche inhaltliche Bereiche. Zur Kategorisierung der Vielzahl untersuchter Variablen hat sich eine Zweiteilung in Merkmale des kognitiv-sprachlichen Bereichs auf der einen Seite und des sozial-emotionalen Bereichs auf der anderen Seite eingebürgert. Diese Klassifizierung ist allerdings sehr oberflächlich, weil unter beiden Kategorien wiederum eine Vielzahl sehr heterogener Variablen zusammengefasst werden. Zudem lassen sich die Ergebnisse empirischer Studien auch deshalb schwer miteinander vergleichen, weil ein bestimmtes Merkmal (z. B. das Sozialverhalten) in den Studien in sehr unterschiedlicher Weise operationalisiert sein kann.

Im **kognitiv-sprachlichen Bereich** werden die Fähigkeiten von Kindern in der Regel durch standardisierte Testverfahren oder Leistungstests erfasst, d. h. alle Kinder bearbeiten die gleichen Aufgaben nach festgelegten Richtlinien zur Durchführung. Gemessen werden insbesondere die non-verbale Intelligenz der Kinder, ihre Gedächtnisfähigkeiten und ihre schulrelevanten Fertigkeiten, wie die frühen mathematischen Fertigkeiten und die Vorläuferfertigkeiten des Lesens und Schreibens. Im Bereich der sprachlichen Kompetenzen werden besonders häufig Verfahren zur Erfassung des rezeptiven oder produktiven Wortschatzes und des Sprachverstehens eingesetzt.

Im **sozial-emotionalen Bereich** sind die Zielvariablen heterogener. Bei Kindern im Kleinkindalter konzentriert sich die Forschung auf die Mutter-Kind-Bindung, die in der Regel operationalisiert wird über die so genannte *Fremde Situation* (► **Kap. 2.3**), sowie auf die Analyse von Mutter-Kind-Interaktionen in standardisierten Situationen, etwa beim Spielen oder Bilderbuchlesen. Im Gegensatz zum kognitiven Bereich, der sich – mit den bei jungen Kindern üblichen Einschränkungen – relativ standardisiert und objektiv erfassen lässt, handelt es sich bei der Mutter-Kind-Bindung und bei Merkmalen der Mutter-Kind-Interaktion um Merkmale, die nicht direkt beobachtbar sind und indirekt aus dem Verhalten von Mutter und Kind erschlossen werden müssen. Die Beurteilung erfolgt zwar in der Regel anhand vorgegebener Kriterien und nach einer Schulung der Beobachter, sie beruht aber letztlich doch immer auf einem subjektiven Urteil der einschätzenden Person. Man bezeichnet die Einschätzung solcher Merkmale oder Variablen daher auch als *hoch-inferent*.

Bei Kindergartenkindern sind im sozial-emotionalen Bereich unterschiedliche Merkmale des Sozialverhaltens oder des Temperaments eines Kindes von Interesse. Besonders häufig beziehen sich die Studien auf Verhaltensauffälligkeiten der Kinder, ihre Beziehungen zu Gleichaltrigen *(Peers)*, auf das prosoziale Verhalten und auf die Kooperationsfähigkeit. Daten zu diesen Merkmalen werden meistens anhand der Angaben von Eltern, Erzieherinnen oder Lehrerinnen der Kinder gewonnen. Hierzu müssen auf mehrstufigen Einschätzskalen Urteile über das Zutreffen von Merkmalen oder Verhaltensweisen abgeben werden. Seltener werden mündliche Interviews mit den Bezugspersonen durchgeführt. Beide Methoden der Einschätzung sind anfällig für eine Reihe von Fehlern und Verzerrungen. So gibt es Effekte der sozialen Erwünschtheit (wenn Eltern dazu tendieren, ihr Kind möglichst positiv zu schildern), Bezugsgruppeneffekte (wenn Erzieherinnen Kinder in Relation zu den anderen Kindern einer Gruppe bewerten, anstatt eine kriterienorientierte Einschätzung vorzunehmen) oder den so genannten *Halo-Effekt* (wenn auffällige Merkmale besonders hervorgehoben werden und andere überdecken). Damit stellt die Erhebung sozial-emotionaler Merkmale – stärker als bei den kognitiv-sprachlichen Kompetenzen – eine besondere Herausforderung im Hinblick auf die objektive und zuverlässige Erfassung dar.

Effekte vorschulischer Betreuung auf die sprachlich-kognitive Entwicklung

Die Effekte außerfamilialer Betreuung auf die sprachlich-kognitive und spätere schulische Entwicklung von Kindern werden in der Öffentlichkeit weit weniger kontrovers diskutiert als die Auswirkungen auf die sozial-emotionale Entwicklung. Das hat einen einfachen Grund: Während es im Hinblick auf die sozial-emotionale Entwicklung Befürchtungen gibt, die Betreuung könne sich negativ auswirken, erhofft man sich bezüglich der sprachlichen und kognitiven Kompetenzen im Allgemeinen positive Effekte durch eine außerfamiliale Betreuung – nicht selten verbunden mit der Erwartung, benachteiligte Kinder würden in besonderer Weise davon profitieren. Was sagt die Empirie?

Die klassischen Studien der 1960er und 1970er Jahre, die mit Kindern aus prekären sozialen und familialen Verhältnissen durchgeführt wurden, konnten die oben genannten Erwartungen in teilweise eindrucksvoller Weise bestätigen: Im *Abecedarian Project* wurden positive Auswirkungen eines früh ansetzenden Vorschulprogramms auf die Intelligenzentwicklung gefunden, die sich – entgegen der oft geäußerten These des »Auswaschens« der Effekte mit steigendem Alter – bis zum Alter von 21 Jahren nachweisen ließen (Campbell, Ramey, Pungello, Sparling & Miller-Johnson, 2002). Bei der Bewertung dieser Befunde muss allerdings bedacht werden, dass der Effekt kompensatorischer Interventionen meist nicht auf einen Anstieg der IQ-Werte bei den geförderten Kindern zurückzuführen ist, sondern in aller Regel daraus resultiert, dass die geförderten Kinder einfach nur ihr Intelligenzniveau halten können, während es bei den Kindern ohne Förderung oft zu einem Absinken der IQ-Werte im Zeitverlauf kommt.

Im *Perry Preschool Project* ließen sich ebenfalls Effekte auf die Intelligenzentwicklung zeigen, die allerdings nicht dauerhaft waren (Weikart, Epstein, Schweinhart & Bond, 1978). Dafür zeigten sich die schulleistungsbezogenen Effekte umso eindrücklicher, wenn auch erst mit zeitlicher Verzögerung. Während sich die Projekt- und die Kontrollgruppenkinder bis zur zweiten Klassenstufe in ihren schulischen Leistungen kaum voneinander unterschieden, zeigten sich ab der dritten Klasse und insbesondere ab der Pubertät deutliche Vorteile der früh geförderten Kinder. Als 14-Jährige wiesen die Projektkinder nicht nur bessere Schulnoten, sondern auch eine höhere Lernmotivation auf (Schweinhart & Weikart, 1980). In beiden Studien zeigten sich auch langfristige Effekte im Hinblick auf schullaufbahnbezogene Erfolgskriterien, so in der Anzahl von Klassenwiederholungen und in der Notwendigkeit sonderpädagogischen Förderbedarfs. Die Projektkinder erreichten insgesamt häufiger einen qualifizierten Schulabschluss und in der Folge auch eine höher qualifizierte Berufstätigkeit als die Kinder der Kontrollgruppe (Schweinhart et al., 2005).

Die empirischen Belege für die Wirksamkeit von *Head Start* sind dagegen gemischt. Während anfängliche Evaluationen von positiven Effekten, insbesondere auf die Intelligenzentwicklung der Kinder berichteten, fanden spätere Studien nur kurzzeitige positive Effekte, die sich mit der Zeit »auswuschen« oder zumindest abschwächten (Barnett & Hustedt, 2005; Datta, 1976; Lee, Brooks-Gunn, Schnur & Liaw, 1990). Im Einklang mit den früheren Befunden fand auch die neuere *Impact Study* nur kurzzeitige positive Effekte im Hinblick auf die sprachlichen Kompetenzen und die kognitiven Merkmale. Wenn die Kinder im Schulalter waren, ließen sich die Effekte nicht mehr oder nur noch in sehr geringem Maße nachweisen (U.S. Department of Health and Human Services, 2010).

Wie bereits ausgeführt, handelt es sich bei den Stichproben der klassischen Interventionsstudien der 1960er und 1970er Jahre um ausgewählte Gruppen in mehrfacher Hinsicht stark benachteiligter Kinder. Da die Förderprogramme zudem mit einem besonders hohen finanziellen und personellen Aufwand und hoher wissenschaftlicher Sorgfalt durchgeführt wurden, lassen sich die berichteten Effekte dieser Studien nicht ohne Weiteres auf andere Gruppen von Kindern und auf die Situation in Regeleinrichtungen übertragen. Daher sind die Ergebnisse der neueren Längsschnittstudien, die innerhalb der regulären Betreuungssysteme durchgeführt wurden, von besonderer Bedeutung.

Hier ist zu beachten, dass eine strikte Trennung der Effekte einer frühen außerfamilialen Betreuung von Kleinkindern (U3) von denen der Betreuung in einer vorschulischen Einrichtung im Kindergartenalter (Ü3) auf Grundlage der vorliegenden empirischen Studien nur schwer möglich ist. Die Unterscheidung dieser beiden Altersgruppen ist, wie in ▸ **Kap. 1** bereits erwähnt, eine typisch deutsche und wird in den meisten internationalen Studien nicht vorgenommen. Wenn überhaupt Ergebnisse in Abhängigkeit vom Alter oder vom Zeitpunkt des Betreuungsbeginns berichtet werden, wird zumeist der Einfluss der kumulierten Gesamtdauer der Betreuung in Monaten berichtet.

Im Einklang mit den Ergebnissen der klassischen Interventionsstudien zeigten sich auch in den neueren großen Längsschnittstudien fast durchgängig positive kurzzeitige, zum Teil aber auch längerfristige Auswirkungen des Besuchs einer vorschulischen Einrichtung auf die kognitiv-sprachliche Entwicklung und auf die späteren Schulleistungen der Kinder.

In der britischen *EPPE*-Studie fanden sich zum Zeitpunkt der Einschulung die größten Unterschiede zwischen Kindern mit und ohne vorschulische Betreuung im Bereich der sprachlichen Kompetenzen und für die frühen mathematischen

Kompetenzen, mit Effektstärken im mittleren Bereich (ES = .44; Sammons et al., 2004). Geringer waren die positiven Auswirkungen im Hinblick auf die Vorläuferfertigkeiten des Schriftspracherwerb (ES = .28). In der *Millenium Cohort Study* hatte die frühe Betreuung im Alter von neun Monaten positive Auswirkungen auf den kognitiven Entwicklungsstand und auf den Wortschatz im Alter von drei Jahren. Dies galt insbesondere für Kinder von Müttern mit niedrigem Bildungsstand (Côté et al., 2013). Diese Effekte ließen sich allerdings im Alter von fünf und sieben Jahren nicht mehr nachweisen. Hier erwies sich die Betreuung in institutionellen Einrichtungen (*Child Care Centers*) im Vergleich mit den anderen Betreuungstypen als besonders förderlich für die sprachlich-kognitive und die spätere schulische Entwicklung.

Auch eine Reihe von Metaanalysen bestätigen die positiven Effekte der vorschulischen Förderung auf die kognitive Entwicklung von Kindern. Dabei fallen die mittleren Effektstärken in Abhängigkeit von den einbezogenen Studien und den untersuchten Variablen allerdings sehr unterschiedlich aus. Teilweise werden

Fokus: Metaanalysen und Effektstärken

Angesichts der kaum noch überschaubaren Vielzahl von Einzelergebnissen zu den Auswirkungen vorschulischer Betreuung wurden in den letzten Jahren vermehrt so genannte *Metaanalysen* durchgeführt, um die Ergebnisse zu verdichten. Man versteht darunter eine spezielle Auswertungsstrategie, bei der alle empirischen Studien zu einer Thematik zusammen getragen werden, die zuvor festgelegten inhaltlichen und formalen Kriterien entsprechen. Diese werden dann unter Verwendung besonderer statistischer Verfahren zusammenfassend analysiert. Auf diese Weise gelangt man zu globalen Aussagen über die Effektivität von Maßnahmen, zu den so genannten *Effektstärken* (ES), die auf einer vergleichsweise großen Datenbasis fußen. *Effektstärken* quantifizieren das Ausmaß der Wirksamkeit einer pädagogischen oder therapeutischen Maßnahme – hier also der vorschulischen Betreuung und Förderung – im Vergleich mit einer anderen oder gar keiner Intervention. Im Allgemeinen variieren *Effektstärken* zwischen den Ausprägungen 0 und 1. In der pädagogisch-psychologischen Interventionsforschung sind *Metaanalysen* weit verbreitet, um zu evidenzbasierten Handlungsempfehlungen zu gelangen.

Die meisten *Metaanalysen* zu den Effekten vorschulischer Betreuung berücksichtigen sowohl neuere Interventionsstudien als auch die klassischen Kompensationsstudien und die großen Längsschnittstudien und beziehen sich damit auf eine sehr breite Datenbasis. Den vielen Vorteilen von *Metaanalysen* steht das Problem gegenüber, dass die Ergebnisse auf der Aggregation einer Vielzahl sehr heterogener Studien basieren. Aus einer *Effektstärke* lassen sich daher kaum noch Rückschlüsse auf differenzielle Auswirkungen der Betreuung ziehen, z. B. ob Kinder bestimmter Altersgruppen oder mit bestimmten Dispositionen mehr oder weniger stark von einer Maßnahme profitieren. Auch weiß man wenig über die Rahmenbedingungen der einzelnen Studien und andere relevante Einflussfaktoren.

mittelhohe Effekte (ES = 44; Nelson, Westhues & MacLeod, 2003) berichtet, teilweise auch recht hohe Effekte (ES = .70; Gorey, 2001). Oft waren die Effekte noch fünf bis zehn Jahre nach der Frühförderung vorhanden – ein Hinweis auf ihre nachhaltige Wirksamkeit. Die langfristigen Auswirkungen waren umso größer, je intensiver die Intervention gewesen war. In einer neueren Metaanalyse von Camilli, Vargas, Ryan und Barnett (2010) über 38 Einzelstudien fielen die Effekte insgesamt deutlich geringer aus als in den früheren Analysen und waren im kognitiven Bereich (ES = .23) höher als bei den schulischen Leistungen (ES = .14). Nur in einer Metaanalyse von Erel, Oberman und Yirmaya (2000), die 59 Einzelstudien berücksichtigte, fanden sich keine bedeutsamen Effekte der nicht-elterlichen Betreuung auf die kognitive Entwicklung der Kinder.

Eine aktuelle Übersicht über den Forschungsstand zu den Effekten im kognitiven Bereich findet sich bei Burger (2010). Die Ergebnisse lassen sich so zusammenfassen, dass die meisten vorschulischen Programme deutliche (positive) kurzfristige Effekte und schwächere langfristige Effekte auf die kognitive Entwicklung zeigen. Diese Effekte fallen für Kinder aus sozial schwächeren Familien stärker aus, dennoch reichen sie nicht aus, um die Nachteile dieser Kinder gegenüber Kindern aus besser gestellten Schichten vollständig auszugleichen. Allerdings kommen alle Studien, in denen zusätzlich Qualitätsmerkmale der Betreuung erhoben wurden, übereinstimmend zu dem Schluss, dass es für die Größe der Effekte ganz entscheidend auf die Qualität der frühen Betreuung ankommt.

Qualität der Betreuung. In allen Studien, die die Qualität der vorschulischen Betreuung berücksichtigen, zeigen sich deutliche Zusammenhänge zwischen der Betreuungsqualität und dem Ausmaß der Effekte. Positive Effekte der Qualität auf den kognitiven und sprachlichen Entwicklungsstand von 12 Monate alten Kindern, die bereits während des ersten Lebensjahres in einer öffentlichen Einrichtung vollzeitbetreut wurden, fanden sich beispielsweise in einer Arbeit von Burchinal, Roberts, Nabors und Bryant (1996). Dabei war insbesondere die Prozessqualität für die kognitive Entwicklung ausschlaggebend; von den Strukturmerkmalen erwies sich nur die Erzieher-Kind-Relation als bedeutsam.

Auch die Ergebnisse der größeren längsschnittlichen Erhebungen unterstreichen die hohe Bedeutung der Betreuungsqualität: In der *NICHD*-Studie wies die in der Einrichtung erfahrene Betreuungsqualität zu allen Zeitpunkten der vorschulischen Datenerhebung einen positiven Zusammenhang mit den kognitiven und sprachlichen Leistungen der Kinder auf (NICHD, 2002). Noch im Alter von 12 und 15 Jahren ließ sich ein Einfluss der vorschulischen Betreuungsqualität auf den Wortschatz und die schulischen Leistungen der Kinder nachweisen (Belsky et al., 2007; Vandell et al., 2010). Das bedeutet, dass die Kinder von einer qualitativ hochwertigen vorschulischen Betreuung noch 10 Jahre nach dem Ende der Betreuung und damit bis weit ins Schulalter hinein profitierten.

Auch in der amerikanischen CPQ-Studie waren Kinder aus Einrichtungen mit einer hohen Betreuungsqualität im Schulalter in ihren akademischen Leistungen sowie in den sprachlichen Kompetenzen den Kindern aus Einrichtungen mit niedrigerer Qualität deutlich überlegen. Die Effekte waren zum Teil bis in die zweite Klasse hinein nachweisbar, wobei ihre Stärke mit zunehmendem Alter der Kinder geringer wurde (Peisner-Feinberg et al., 2001). Die stärksten Effekte der Betreuungsqualität fanden sich hier bei Kindern von Müttern mit geringer Schulbildung. Wie schon aus den frühen Kompensationsstudien bekannt, wirkt sich eine qualitativ gute vorschulische Förderung also umso stärker aus, je ungünstiger die Ausgangslage der Kinder ist.

Im *EPPE*-Projekt ließen sich noch im Alter von 11 und 14 Jahren Vorteile in den Schulleistungen jener Kinder zeigen, die eine vorschulische Betreuung mittlerer oder höherer Qualität genossen hatten. Dies galt insbesondere für ihre mathematischen und naturwissenschaftlichen Leistungen (Sammons et al., 2007; Sylva et al., 2012). War die Betreuungsqualität dagegen gering, unterschieden sich die geförderten Kinder später in ihren Leistungen nicht mehr von den Kindern ohne vorschulische Betreuung.

Interessant ist in diesem Zusammenhang auch ein Befund der europäischen *ECCE*-Studie: Im Alter von acht Jahren konnten hier (je nach betrachtetem Land) bis zu 15 % der Varianz im Wortverständnis durch die im Alter von vier Jahren erfahrene Qualität der vorschulischen Betreuung erklärt werden. Bemerkenswert ist, dass der Effekt der vorschulischen Förderung auf das Sprachverständnis damit ebenso groß war wie der Effekt der in der Grundschule selbst erfahrenen Anregungsqualität. Deutlich höher, nämlich bis zu 33 %, lag allerdings der Varianzanteil, der sich auf die unterschiedliche Anregungsqualität im Elternhaus zurückführen lässt (ECCE Study Group, 1999).

Insgesamt lässt sich festhalten, dass sich die Auswirkungen einer guten Betreuungsqualität in fast allen Studien noch bis ins Grundschulalter nachweisen ließen, wenn auch meist deutlich abgeschwächt. Übereinstimmend zeigte sich in den großen Längsschnittstudien zudem ein stärkerer Einfluss der Prozess- als der Strukturqualität, d. h. die Qualität der pädagogischen Interaktionen und Beziehungen ist ausschlaggebender für die Wirksamkeit der Betreuung als die strukturellen Rahmenbedingungen, unter denen sie stattfindet. Unter den Strukturvariablen war am ehesten das Qualifikationsniveau der Erzieherinnen von Bedeutung.

Quantität der Betreuung. Neben der Betreuungsqualität ist auch die zeitliche Dauer (Quantität) des Besuchs einer vorschulischen Einrichtung im Allgemeinen positiv mit der kognitiven Leistungsentwicklung, mit der Sprachkompetenz und mit den späteren Schulleistungen assoziiert. Allerdings scheint hier weniger der Umfang der wöchentlichen Betreuungszeit als vielmehr die kumulative Gesamtdauer der Betreuung über die Kindergartenjahre hinweg bedeutsam zu sein. In diese Richtung weisen Ergebnisse der internationalen Vergleichsstudie IGLU, in der sich ein positiver Zusammenhang zwischen der Anzahl der Besuchsjahre im Kindergarten und der späteren Lesekompetenz der Kinder in der Grundschule zeigte (Bos et al., 2007). In dieser Studie konnte auch gezeigt werden, dass Kinder, die in ihren Familien nur wenig leseförderliche Aktivitäten erleben, im Hinblick auf ihre Lesekompetenz besonders stark von einer längeren Nutzung der Tageseinrichtungen profitieren. Dieser Befund kann als ein weiterer Hinweis

Fokus: Wie gut sind unsere Kindergärten?

Die NUBBEK-Studie (Tietze et al., 2012) kommt zu dem Schluss, dass über 80 % der deutschen Kindertageseinrichtungen über eine mittelmäßige Prozessqualität verfügen. Für weniger als 10 % der Einrichtungen attestieren die Forscher eine gute bis ausgezeichnete Qualität, für weitere 10 % eine unzureichende Qualität. Auch bei den Kinderkrippen und der Tagespflege überwog mit über 85 % der Beurteilungen insgesamt ein mittleres Qualitätsniveau.

Im Hinblick auf die Förderung in spezifischen Bildungsbereichen (Literalität, Mathematik und Naturwissenschaften, kulturelles Lernen) wurde mehr als die Hälfte der Kindergärten als qualitativ unzureichend eingestuft. Beunruhigend ist auch, dass die Betreuungsqualität von Kindergärten mit dem Anteil von Kindern mit Migrationshintergrund zusammenhängt, die in einer Einrichtung betreut werden: Einrichtungen mit besonders vielen Migrantenkindern wiesen eine schlechtere Betreuungsqualität auf als Einrichtungen mit nur wenigen Migrantenkindern (vgl. auch Becker, 2012). Die Autoren der NUBBEK-Studie leiten aus diesem Befund die dringende Empfehlung ab, den sich abzeichnenden Segregationstendenzen (jedes dritte Kind mit Migrationshintergrund besucht eine Einrichtung, in der mindestens die Hälfte aller Kinder ebenfalls einen Migrationshintergrund aufweisen) durch eine gezielte Förderung der Einrichtungen mit hohem Migrantenanteil entgegen zu wirken.

auf die kompensatorische Wirkung der vorschulischen Betreuung bei Kindern mit ungünstigen familialen Ausgangsbedingungen gedeutet werden (Autorengruppe Bildungsberichterstattung, 2012).

Dem Frankfurter Integrationsmonitoring (Stadt Frankfurt am Main, 2012) ist zu entnehmen, dass bei Kindern mit Migrationshintergrund in der Einschulungsuntersuchung seltener sprachliche Auffälligkeiten festgestellt werden, wenn sie länger den Kindergarten besucht haben. Ebenso fand Becker (2012) in einer empirischen Studie heraus, dass Kinder mit einem Migrationshintergrund umso bessere deutsche Sprachkompetenzen erwerben, je länger sie den Kindergarten besucht haben.

Auch in der britischen *EPPE*-Studie stand die Länge des Besuchs einer vorschulischen Einrichtung in einer positiven Beziehung zu den Ergebnissen in kognitiven und sprachlichen Maßen zum Zeitpunkt der Einschulung. Die positiven Effekte waren umso größer, je früher die Betreuung begonnen hatte (Sammons et al., 2004). Allerdings legen die Daten nahe, dass sich die kumulierte Besuchsdauer erst bei einem Betreuungsbeginn ab einem Alter von zwei Jahren vorteilhaft auswirkt, während ein noch früherer Beginn der Betreuung keine zusätzlichen Vorteile bringt.

Effekte vorschulischer Betreuung auf die sozial-emotionale Entwicklung

Wie bereits in ▸**Kap. 1** thematisiert, sind Befürchtungen, dass mit einer außerfamilialen Betreuung von Kindern unter drei Jahren negative Auswirkungen im Hinblick auf ihre sozial-emotionale Entwicklung verbunden sein könnten, weit verbreitet. Kritiker des Krippenausbaus und der frühen Tagespflege argumentieren, dass die Qualität der Mutter-Kind-Bindung, die von Vertretern der Bindungstheorie als sehr bedeutsam für die kindliche Entwicklung angesehen wird, durch die außerfamiliale Betreuung Schaden nehmen könnte. Zudem könnte sich das Ausmaß der mütterlichen Feinfühligkeit verringern, wenn die Mütter weniger Zeit mit ihren Kindern verbringen, und die häufigen Trennungen könnten mit einer erhöhten Stressbelastung für die Kleinkinder verbunden sein. Im Folgenden wird der Versuch unternommen, die Ergebnisse der empirischen Studien zum Einfluss außerfamilialer Betreuung auf die sozial-emotionale Entwicklung im frühen Kindesalter möglichst objektiv und sachlich darzustellen[12].

Mutter-Kind-Bindung. Im Hinblick auf das Bindungsverhalten kamen einige ältere Studien aus den 1970er und 1980er Jahren zu dem Schluss, dass die frühe außerfamiliale Betreuung ungünstig für die Mutter-Kind-Bindung sei. In der Testsituation der *Fremden Situation* (►**Kap. 2.3**) zeigten sich hier Unterschiede zwischen Kindern in extensiver außerfamilialer Betreuung und zu Hause betreuten Kindern. Erstere wurden häufiger als unsicher-vermeidend oder unsicher-ambivalent klassifiziert. Dies wurde als Beleg für negative Auswirkungen der frühen außerfamilialen Betreuung auf die Qualität der Mutter-Kind-Bindung interpretiert (Belsky & Rovine, 1988; Blehar, 1974). Andere frühe Studien konnten diese Ergebnisse allerdings nicht replizieren (Portnoy & Simmons, 1978; Ragozin, 1980).

In der Mehrzahl der neueren Studien wurden die genannten negativen Effekte nicht mehr gefunden (z. B. Burchinal, Bryant, Lee & Ramey, 1992; Symons, 1998). Auch in der Metaanalyse von Erel und Kollegen (2000) fanden sich im Hinblick auf die Qualität der Mutter-Kind-Bindung und hinsichtlich der Mutter-Kind-Interaktionen keinerlei Unterschiede zwischen außerfamilial betreuten und ausschließlich von ihrer Mutter betreuten Kindern. Zwei weitere Metaanalysen (Clarke-Stewart, 1989; Lamb et al., 1992) kamen dagegen zu dem Ergebnis, dass bei den nicht-mütterlich betreuten Kindern in etwas höherem Maße der Typus der unsicher gebundenen Kinder zu finden sei. Die Autoren dieser Studien weisen allerdings ausdrücklich darauf hin, dass auch unter den nicht-mütterlich betreuten Kindern die große Mehrzahl dem sicher gebunden Typus angehörte.

Auch den Ergebnissen der *NICHD*-Studie sind keine Hinweise auf negative Auswirkungen der frühkindlichen Betreuung per se auf das Bindungsverhalten der Kinder zu entnehmen. Weder im Alter von 15 Monaten noch mit drei Jahren verhielten sich bereits früh nicht-mütterlich betreute Kinder in der *Fremden Situation* anders als jene Kinder, die ausschließlich von der Mutter betreut worden waren (NICHD, 1997, 2001). Weder die Qualität noch die Quantität oder Stabilität der Betreuung hatten für sich genommen einen bedeutsamen Einfluss auf

---

12 Befunde zur Bedeutung der Mutter-Kind-Bindung für den Prozess der Eingewöhnung in der Tageseinrichtung wurden bereits in **Kap. 7.1** dargestellt.

die Qualität der Mutter-Kind-Bindung. Vielmehr erwies sich in Einklang mit der einschlägigen Literatur die mütterliche Sensitivität als ein entscheidender Faktor für eine gelingende Mutter-Kind-Bindung. Dieses mütterliche Merkmal interagierte allerdings in bedeutsamer Weise mit mehreren Merkmalen der Betreuungssituation: Wenn sich sowohl die Mutter als auch die Betreuungspersonen wenig sensitiv und responsiv verhielten, kam es vermehrt zur Entwicklung unsicherer Bindungstypen. Das Zusammentreffen von zwei ungünstigen Faktoren verstärkt also die ohnehin vorhandenen Effekte einer mangelnden mütterlichen Feinfühligkeit und einer geringen Betreuungsqualität zusätzlich. Die Autoren bezeichnen diese Kumulation von Effekten als *duales Entwicklungsrisiko*.

Auffällig ist die Diskrepanz zwischen den Ergebnissen früher und neuer Untersuchungen zur Entwicklung des Bindungsverhaltens bei außerfamilialer Betreuung. Als Erklärung für diese Unterschiede werden verschiedene Ursachen diskutiert (vgl. NICHD, 1997). Zum einen ist der gesellschaftliche Wandel in den vergangenen Jahrzehnten in Rechnung zu stellen: In den USA, woher der Großteil der einschlägigen Studien stammt, werden Formen außerfamilialer Betreuung heute von sehr viel breiteren Bevölkerungsschichten als noch vor 30 oder 40 Jahren in Anspruch genommen. In den 1960er und 1970er Jahren waren es in erster Linie

Fokus: Wie wird die Qualität von Mutter-Kind-Interaktionen bewertet?

Zur Erfassung der Beziehungsqualität zwischen Mutter und Kind sind Verhaltensanalysen von Mutter-Kind-Interaktionen ein verbreitetes Mittel. Hierzu werden die Mutter-Kind-Dyaden in bestimmten, standardisiert herbeigeführten Situationen, wie dem gemeinsamen Spielen oder Vorlesen, für eine festgelegte Zeitdauer beobachtet. Entsprechend werden zur Bestimmung von Aspekten der Prozessqualität der pädagogischen Interaktionen in einer Tageseinrichtung die Interaktionen zwischen Erzieherinnen und Kindern analysiert. Meistens wird die beobachtete Situation zur Erhöhung der Reliabilität (Zuverlässigkeit) der Einschätzung digital aufgezeichnet und nachträglich (oft von mehreren unabhängigen Personen) kodiert; es gibt jedoch auch Online-Einschätzungen, die durch einen Beobachter in der Situation selbst vorgenommen werden. Die beobachteten Verhaltensweisen des Kindes und des Erwachsenen werden anhand eines vorgegebenen, möglichst konkret gefassten Kodierungsschemas auf verschiedenen Dimensionen eingeschätzt. Dabei sind die Einschätzungen in der Regel umso reliabler (im Sinne einer hohen Übereinstimmung zwischen verschiedenen Beurteilern), je konkreter das zu beurteilende Verhalten sichtbar ist (z. B. eine körperliche Zuwendung oder eine direktive Anweisung). Müssen die Merkmale hingegen in höherem Maße indirekt aus dem beobachteten Verhalten erschlossen (inferiert) werden (z. B. Wärme oder Akzeptanz), sind die Übereinstimmungen zwischen mehreren Beurteilern in aller Regel weniger hoch.

Aus der großen Vielzahl von Verhaltensweisen und Merkmalen haben sich insbesondere zwei als bedeutsam für die Beziehungsqualität erwiesen: die mütterliche Feinfühligkeit und ihre Responsivität sind mit verschiedenen

Maßen der kindlichen Entwicklung assoziiert. Als **Feinfühligkeit** (Sensitivität) bezeichnet man die Fähigkeit einer Bezugsperson, die kindlichen Signale und Bedürfnisse angemessen wahrzunehmen und zu interpretieren, also zu erkennen, was ein Kind benötigt und zu verstehen, was es mitteilen will. **Responsivität** meint die angemessene Reaktion einer Bezugsperson auf die wahrgenommenen Bedürfnisse des Kindes. Eine Person wird dann als responsiv bezeichnet, wenn sie prompt, verlässlich und angemessen auf die kindlichen Signale reagiert.

Familien mit einem niedrigen sozio-ökonomischen Status und einem geringeren Bildungsniveau, die aus purer ökonomischer Notwendigkeit auf solche Angebote zurückgriffen. Heute geben dagegen zunehmend auch gut gebildete Frauen ihre Kinder früh in die Betreuung, so dass sich die untersuchten Stichproben deutlich verändert haben. Zum anderen könnte eine fortschreitende Verbesserung der Betreuungsqualität und eine Intensivierung der pädagogischen Arbeit in den Einrichtungen selbst zu einer Abschwächung der zuvor registrierten Negativeffekte beigetragen haben. Nicht zuletzt sind auch kompensatorische Bemühungen der Mütter denkbar, die im Wissen um die geschilderten Diskussionen und Befürchtungen die gemeinsame Zeit mit ihren Kindern besonders intensiv nutzen und mit besonderer Feinfühligkeit auf ihre Kinder reagieren. Die letztgenannte These konnte inzwischen durch mehrere Studien empirisch gestützt werden (vgl. Burchinal et al., 1992). In einer Studie von Ahnert, Rickert und Lamb (2000) konnte beispielsweise gezeigt werden, dass sich das Ausmaß der erfahrenen Zuwendung und Stimulation nicht zwischen Kindern in ausschließlich mütterlicher und denen in außerfamilialer Betreuung unterscheidet, sondern lediglich die Verteilung über den Tagesverlauf: Während die zu Hause betreuten Kinder die Zuwendung über den Tag verteilt in kleineren Einheiten zwischen Alltagsverrichtungen erfuhren, konzentrierten sich die berufstätigen Eltern morgens und nachmittags bzw. abends besonders auf ihre Kinder und widmeten ihnen zu diesen Zeiten ihre exklusive Aufmerksamkeit. Zu Recht wird im Übrigen von verschiedenen Forschern die Fokussierung der Bindungsforschung auf die *Fremde Situation* kritisiert, da diese nur einen sehr engen Ausschnitt der Mutter-Kind-Beziehung erfasst (Lamb & Sternberg, 1992).

Mutter-Kind-Interaktionen. Eine weitere unter den Kritikern früher außerfamilialer Betreuung verbreitete Annahme lautet, dass es im Zuge der nicht-mütterlichen Betreuung von Kleinkindern zu einer Verringerung der mütterlichen Sensitivität dem Kinde gegenüber kommen könne. Diese Vermutung wird durch die Ergebnisse einiger Untersuchungen zum Interaktionsverhalten zwischen Müttern und Kleinkindern gestützt. Auch in der *NICHD*-Studie gab es einen – allerdings nicht sehr ausgeprägten – Zusammenhang zwischen der Dauer der in einer Betreuung verbrachten Zeit und verschiedenen Qualitätsmerkmalen der Mutter-Kind-Interaktion in den ersten drei Lebensjahren (NICHD, 1999): Kinder mit längeren Betreuungszeiten zeigten weniger positives Engagement in den Interaktionen und ihre Mütter eine geringere Feinfühligkeit. Allerdings weisen die Autoren darauf hin, dass es sich dabei auch um das Ergebnis von a-priori Unterschieden in nicht kontrollierten mütterlichen Dispositionen statt um Folgen der außerfamilialen Betreuung handeln kann. Für den Zeitraum von drei Jahren bis zu Schuleintritt ließen sich keine Effekte der früheren Betreuungsdauer auf die Interaktion mehr nachweisen (NICHD, 2003b).

Auch für die Mutter-Kind-Interaktionen werden wieder differenzielle Effekte in Abhängigkeit von der Betreuungsqualität berichtet: Mit einer höheren Qualität der außerfamilialen Betreuung ging eine erhöhte mütterliche Sensitivität in den Mutter-Kind-Interaktion einher (NICHD, 1999; NICHD, 2003b). Dieser Effekt war noch bis zum Schulbeginn nachweisbar und lässt sich möglicherweise auf die Wirksamkeit von positiven Rollenvorbildern in der Einrichtung zurückführen. Eine alternative Interpretation wäre, dass die von vornherein besonders feinfühligen Mütter eher Betreuungseinrichtungen von hoher Betreuungsqualität auswählen.

Stressbelastung der Kinder. Oft wird die Befürchtung geäußert, dass eine außerfamiliale Betreuung für Kleinkinder mit einer starken Stressbelastung verbunden sei (vgl. Böhm, 2011). Mit dieser These haben sich in den letzten Jahren medizinisch-experimentell und/oder -epidemiologisch ausgerichtete Forschungszweige beschäftigt. Eine situationsangemessene Regulation des Stresserlebens gilt als wichtige Voraussetzung körperlicher und seelischer Gesundheit. Die körperlich-hormonellen Vorgänge bei Stressbelastung werden im Allgemeinen erfasst über die Bestimmung der Konzentration des Glucocorticoids Cortisol im Speichel. Das in der Nebennierenrinde produzierte Cortisol wird üblicherweise zur Vorbereitung des morgendlichen Aufwachens vermehrt ausgeschüttet, weshalb der Cortisolspiegel im Normalfall am frühen Morgen höher liegt und im Tagesverlauf in seiner Konzentration stetig absinkt. Darüber hinaus wird das Hormon Cortisol aber auch in Stresssituationen ausgeschüttet.

Zwei Metaanalysen (Geoffroy, Côté, Parent & Séguin, 2006; Vermeer & van Ijzendoorn, 2006) kamen übereinstimmend zu dem Ergebnis, dass der Cortisolspiegel von Kleinkindern, die ganztags in Einrichtungen betreut werden, im Gegensatz zum »normalen« Verlaufsmuster über den Tag hinweg kontinuierlich ansteigt, statt abzufallen. Bei zu Hause betreuten Kindern folgt er dagegen dem bekannten sinkenden Muster. Ein dauerhaft erhöhter Cortisolspiegel ist insbesondere bei jüngeren Kindern (unter 36 Monaten) zu beobachten. Die Autoren führen dies auf Stressoren in den Betreuungseinrichtungen zurück, insbesondere auf die vielfältigen Interaktionen in der Gruppensituation, die für sehr junge Kinder belastend sein könnten. Zudem ist denkbar, dass die Trennung von der Mutter insbesondere in der Eingewöhnungsphase einen starken Stressor darstellt (vgl. hierzu Ahnert & Rickert, 2000; Ziegenhain & Wolff, 2000 ▸ **Kap. 7.1**).

Es gibt Hinweise darauf, dass weitere Faktoren die Höhe und den zyklischen Verlauf der Cortisolkonzentration moderieren – zu nennen ist hier wiederum vor allem die Anregungs- und Betreuungsqualität der besuchten Einrichtung: Ein bedeutsamer Anstieg der Cortisolkonzentration war vor allem bei Kindern zu beobachten, die in Einrichtungen mit einem niedrigen Anregungsniveau betreut wurden. Kinder in qualitativ höherwertigen Einrichtungen zeigten dagegen im Laufe des Tages keinen bedeutsamen Anstieg des Stresshormons (Geoffroy et al., 2006; vgl. auch Dettling, Gunnar & Donzella, 1999). Darüber hinaus spielen kindliche Temperamentsmerkmale bei der Hormonausschüttung eine moderierende Rolle: Das Muster eines dauerhaft erhöhten Cortisolspiegels war insbesondere bei Kindern mit einer erhöhten negativen Emotionalität und mit einer gering ausgeprägten Fähigkeit zur Selbstkontrolle zu beobachten. Bei fünf- bis sechsjährigen Kindern war das auffällige Verlaufsmuster kaum noch ausgeprägt. Bei ihnen moderierten zudem die sozialen Kompetenzen die hormonellen Stressreaktionen: Kinder mit geringeren Sozialkompetenzen wiesen einen stärkeren Cortisolanstieg auf als Kinder mit vergleichsweise besser ausgeprägten sozialen Kompetenzen (Dettling et al., 1999).

Auswirkungen auf das Sozialverhalten. In der öffentlichen Debatte werden der frühen außerfamilialen Betreuung je nach Position entweder ein positiver Effekt auf die Entwicklung der sozialen Kompetenzen oder aber ein Zusammenhang mit sozialen Verhaltensdefiziten der Kinder, wie z. B. einer gesteigerten Aggressivität zugeschrieben. Dabei spielt das Alter der Kinder eine große Rolle: Wie schon mehrfach erwähnt, beziehen sich die Befürchtungen negativer Auswirkungen in der Regel auf früh außerfamilial betreute Kleinkinder, während in Bezug auf Kindergartenkinder eher die Annahme förderlicher Effekte auf das Sozialverhalten verbreitet ist. Diese erhofften positiven Auswirkungen gewinnen insofern an Bedeutung, als heute ein nicht zu vernachlässigender Teil der Kinder ohne Geschwister aufwächst, d. h. die frühen Bildungseinrichtungen stellen für sie den ersten Ort dar, an dem sie soziale Erfahrungen im Umgang mit Gleichaltrigen, jüngeren und älteren Kindern sammeln können. In der Literatur finden sich für beide Positionen, d. h. sowohl für positive als auch für negative Auswirkungen früher Betreuung auf das Sozialverhalten, empirische Belege. So wurde in einigen älteren Studien von einer höheren Aggressivität früh und intensiv außerfamilial betreuter Kinder berichtet (z. B. Belsky, 1988), während in anderen Studien von einer besonders günstigen Entwicklung der Sozialkompetenz von Kindern mit vorschulischer Betreuung berichtet wurde (z. B. Field, Masi, Goldstein, Perry & Parl, 1988). Auch in den großen Längsschnittstudien zeigten sich gemischte Effekte, in den meisten Fällen aber nur sehr geringe Zusammenhänge zwischen der Betreuung und den Merkmalen des Sozialverhaltens. Die Effekte waren durchwegs schwächer als für den Bereich der kognitiven und schulleistungsbezogenen Zielvariablen.

In der *NICHD*-Studie wird für Kinder im Alter von zwei Jahren von schwachen negativen Beziehungen zwischen der außerfamilialen Betreuung und der Fähigkeit zur Selbstkontrolle, der Folgsamkeit und dem Ausmaß von Problemverhalten berichtet. Dabei moderierten die Qualität und die Quantität der Betreuung das Ausmaß der Effekte: Eine höhere Betreuungsqualität der Einrichtung ging in der Wahrnehmung der Mütter mit einer höheren Sozialkompetenz ihrer Kinder und einem höheren Ausmaß an kooperativen Verhaltensweisen sowie einem günstigeren Interaktionsverhalten einher. Auf der anderen Seite wurden Zweijährige, die schon länger außerfamilial betreut worden waren, von ihren Müttern als weniger sozialkompetent eingeschätzt und zeigten auch aus Sicht der Erzieherinnen mehr Problemverhalten. Dieser Zusammenhang ließ sich bei den Dreijährigen zwar nicht mehr nachweisen (NICHD, 1998), trat allerdings in späteren Erhebungen relativ konsistent wieder auf: Bei den viereinhalb-jährigen Kindern war die Gesamtdauer der bis dahin erfahrenen Betreuung mit einem höheren Ausmaß an externalisierenden Verhaltensauffälligkeiten und mit einem häufigeren Auftreten von Konflikten mit Erwachsenen aus Sicht von Eltern und Lehrern verknüpft (NICHD, 2003a). Diese Effekte blieben auch bei Kontrolle der Betreuungsqualität und unter Berücksichtigung weiterer potenzieller Einflussfaktoren bestehen. Die beschriebenen Zusammenhänge traten vor allem bei einer Betreuung in institutionellen Einrichtungen (*Child Care Centers*) auf. Für die dort betreuten Kinder war der negative Effekt einer frühen intensiven Betreuung auf das Ausmaß von externalisierenden Verhaltensproblemen sogar noch bis in die sechste Klasse nachweisbar. Für Kinder anderer Betreuungsformen zeigte sich dagegen im Schulalter kein Zusammenhang mit Verhaltensauffälligkeiten mehr (Belsky et al., 2007). An dieser Stelle muss jedoch betont werden, dass das Problemverhalten der sehr früh und sehr intensiv betreuten Kindern nicht als ›klinisch relevant‹ zu bezeichnen ist, d.h. diese Befunde dürfen nicht als Hinweise auf psychopathologische Auffälligkeiten interpretiert werden. Insgesamt sind die Effekte im Übrigen deutlich schwächer ausgeprägt als der Einfluss familialer Merkmale und der mütterlichen Feinfühligkeit auf die Sozialentwicklung. Dennoch ist das konsistente Auftreten der Effekte für diesen Betreuungstyp über einen so langen Zeitraum auffällig.

Im Gegensatz zu den Befunden der *NICHD*-Studie zeigten sich in den anderen Längsschnittuntersuchungen überwiegend positive, wenn auch schwache Effekte der Betreuung auf die sozial-emotionalen Zielvariablen. In der britischen *EPPE*-Studie zeigten vorschulisch betreute Kinder im Alter von drei und fünf Jahren mehr positives Sozialverhalten als Kinder, die keine vorschulische Betreuung erfahren hatten. Wiederum wurden die Effekte durch Merkmale der Betreuungsqualität moderiert: Für Kinder aus Einrichtungen mit einer hohen Qualität wurden z.B. weniger antisoziale Verhaltensweisen berichtet als für Kinder aus Einrichtungen mit niedriger Qualität (Sylva et al., 2004). Auch langfristig erwies sich die im Vorschulalter erfahrene Qualität der Betreuung als bedeutsamer Prädiktor eines positiven Sozialverhaltens, sowohl in der Grundschule als auch noch im Alter von 14 Jahren (Sylva et al., 2012). Allerdings zeigte sich auch hier – ähnlich der *NICHD*-Studie – für eine Subgruppe von Kindern mit besonders früh beginnender Gruppenbetreuung (vor Vollendung des zweiten Lebensjahrs) ein erhöhtes Ausmaß an Verhaltensauffälligkeiten im Alter von drei Jahren.
In der europäischen *ECCE*-Studie war in Deutschland und in Österreich eine höhere Qualität der Betreuung mit einer günstigeren Entwicklung der sozialen Kompetenzen verbunden. Die Betreuungsqualität erwies sich in Deutschland als prädiktiv für das Sozialverhalten in der Grundschulzeit, wobei hervorzuheben ist, dass der Einfluss der im Kindergartenalter erfahrenen Betreuungsqualität im gleichen Ausmaß bedeutsam war wie die später in der Schule erfahrene Unterrichtsqualität (*ECCE*-Study Group, 1999).

Auch eine große norwegische Längsschnittstudie mit über 75 000 Kindern konnte keine Belege für einen Zusammenhang externalisierender Verhaltensprobleme mit früher außerfamilialer Betreuung finden (Zachrisson, Dearing, Lekhal & Toppelberg, 2013). Im Hinblick auf die anders lautenden Ergebnisse der *NICHD*-Studie weisen die Autoren auf die prägnanten Unterschiede zwischen den Bedingungen in Norwegen und den USA hin, die ihrer Meinung nach ursächlich für die Unterschiede in den Ergebnissen sein könnten: In Norwegen beginnt die Betreuung aufgrund großzügiger staatlicher Unterstützung für die Familien in den seltensten Fällen vor dem ersten Geburtstag, zudem gibt es ein äußerst homogenes staatliches Betreuungssystem mit einer flächendeckend sehr hohen Betreuungsqualität, zu dem alle Bevölkerungsschichten uneingeschränkten Zugang haben und diesen in einem hohen Maße nutzen.

Insgesamt ist festzuhalten, dass in den meisten Studien Merkmale des Kindes sowie der familialen Situation deutlich stärker mit der Entwicklung des Sozialverhaltens assoziiert waren als Merkmale der Betreuung. Es ist allerdings durchaus denkbar, dass die (in den berichteten Studien meist nur schwachen) Zusammenhänge für bestimmte Teilgruppen von Kindern, z.B. für Kinder aus unterprivilegierten Familien, deutlicher ausfallen könnten. Wenn also familiale Risikofaktoren vorhanden sind, welche die Entwicklung eines problematischen Sozialverhaltens begünstigen können, wären demnach qualitativ hochwertige Betreuungsangebote zur Unterstützung der Entwicklung sozialer Kompetenzen besonders wichtig.

Auch die Ergebnisse der klassischen Interventionsstudien stützen diese These und dokumentieren darüber hinaus eindrucksvoll, dass die Langzeitwirkungen vorschulischer Maßnahmen bis hin zu einer Verringerung der Straffälligkeit im Erwachsenenalter reichen können: Die ehemaligen Teilnehmer des *Perry Preschool Projects* waren noch nach 40 Jahren wesentlich seltener in Straf- und Gewalttaten verwickelt oder verhaftet worden als die Personen der Kontrollgruppe (Schweinhart et al., 1993, Schweinhart et al., 2005). Ähnliche Ergebnisse wurden auch für das *Abecedarian Project* berichtet.

Die bildungsökonomische Perspektive

Aus pädagogischer und psychologischer Sicht eher von nachgeordneter Bedeutung, für die Entscheidungsträger in Politik und Gesellschaft jedoch mitunter besonders interessant sind die volkswirtschaftlichen Effekte vorschulischer Betreuung, also die ökonomischen Kosten-Nutzen-Betrachtungen, die für das soziale Gemeinwesen im Allgemeinen und für das Bildungssystem im Besonderen aus einer frühkindlichen Betreuung resultieren. Wir haben in diesem Buch zur frühen Bildung und Betreuung die Perspektive des Kindes und der Familie gewählt und beziehen uns im Schwerpunkt auf pädagogische und psychologische Fragestellungen und Befunde. Auf eine detaillierte Darlegung und Diskussion der bildungsökonomischen Studien verzichten wir deshalb. Dennoch sollen die wichtigsten Argumentationslinien der volkswirtschaftlichen Betrachtung abschließend erwähnt werden. Ausführlicher lässt sich diese Sichtweise etwa in den Arbeiten von Heckman und Kollegen (Cunha & Heckman, 2007; Heckman, Moon, Pinto, Savelyev & Yavitz, 2010; Heckman, 2013) oder, übertragen auf das deutsche Bildungswesen, von Wößmann und Piopiunik (2009) verfolgen.

Bildung und Betreuung kosten Geld – auch die vorschulische Bildung und Betreuung gibt es nicht umsonst. Hier sind zunächst einmal die erstmaligen Investitionskosten zu nennen, die durch die Bereitstellung entsprechender Angebote anfallen, sowie die dauerhaft aufzubringenden Betriebs- und Erhaltungskosten, inklusive der Ausgaben für das Personal. In deutschen Kindertageseinrichtungen sind derzeit etwa 400 000 Personen beschäftigt, die jährlichen Bildungsausgaben im Elementarbereich belaufen sich auf etwa 15 Milliarden Euro (Autorengruppe Bildungsberichterstattung, 2012). Die vorschulischen Bildungs- und Betreuungsangebote werden von den Gemeinden, von den Ländern und von privater Seite finanziert. Auf der politischen Ebene wird regelmäßig darüber gestritten, wie die Kosten zwischen den Ländern und Kommunen aufgeteilt werden sollten und welchen Beitrag der Bund leisten sollte. Der derzeit forcierte Ausbau der U3-Betreungsplätze mag hier als Beispiel dienen.

Den Kosten für die frühe Bildung und Betreuung ist der erwartete Nutzen gegenüberzustellen, also die erhofften Wirkungen der frühen Bildungs- und Betreuungsmaßnahmen. Welche kurzzeitigen oder langfristigen zusätzlichen Einnahmen oder Einsparungen lassen sich an anderer Stelle durch die frühe Bildung erzielen? Aus einer solchen Kosten-Nutzen-Bilanz lässt sich der Netto-Nutzen einer gesellschaftlichen Investition in die frühe Bildung ermitteln. Unabhängig von der volkswirtschaftlichen Betrachtung gibt es natürlich den individuellen Nutzen, den die früh geförderten Kinder aus einer Maßnahme ziehen.

Eine direkte und kurzfristige Folge wahrgenommener Betreuungsangebote besteht darin, dass die Mütter früher wieder berufstätig sein können. Volkswirtschaftlich betrachtet ist das ein unmittelbarer Nutzen, denn wenn gut ausgebildete Frauen über einen längeren Zeitraum hinweg dem Arbeitsmarkt nicht zur Verfügung stehen, ihre Potenziale also ungenutzt bleiben, resultiert für die Gesellschaft, die die Ausbildung dieser Frauen finanziert hat, ein Verlust an Humankapital. In der Folge kommt es zu steuerlichen Ausfällen und unter Umständen auch zu einer höheren Inanspruchnahme von Sozial- und Transferleistungen.

Aus einer längerfristigen Perspektive ist vor allem interessant, ob sich die frühe Betreuung in einer vorteilhaften schulischen und beruflichen Entwicklung der Kinder niederschlägt, die sich am Ende auch in ökonomischer Hinsicht auswirkt. Dies ist die bevorzugte Analyseebene der Bildungsökonomen. In diesem Zusammenhang sind insbesondere die Ergebnisse der Projekte *Perry Preschool* und *Abecedarian* eindrucksvoll, die zeigen konnten, dass die Programmkinder noch bis ins mittlere Lebensalter hinein auch in ökonomischer Hinsicht von den Fördermaßnahmen profitierten: Sie erhielten aufgrund ihrer höheren Bildungsabschlüsse besser bezahlte Jobs, erzielten ein höheres Einkommen und nahmen seltener Sozialhilfe in Anspruch. Im Vergleich zur Kontrollgruppe wurden sie also häufiger zu produktiven Mitgliedern der Gesellschaft und zu aktiven Beitragszahlern in die Sozialkassen (Schweinhart et al., 2005; Campbell et al. 2002).

Das Gemeinwesen profitiert aber nicht nur auf der Einnahmenseite. Hinzu kommen Einsparungen an anderer Stelle, denn die gesamtgesellschaftlichen »Reparaturkosten« für eine nicht optimal verlaufende Bildungsentwicklung, die sich durch eine frühe Förderung vielleicht hätten einsparen lassen, sind erheblich. In der *Perry Preschool* Studie benötigten die Kontrollkinder häufiger als die

Programmkinder bereits im Grundschulalter kostenintensive sonderpädagogische Fördermaßnahmen. Später waren sie häufiger und länger arbeitslos und mussten in höherem Maße Leistungen der Sozialhilfe in Anspruch nehmen. Insbesondere die Tatsache, dass sie als Jugendliche und Erwachsene häufiger straffällig wurden, war für die Gesellschaft mit hohen Folgekosten verbunden. Die insgesamt bei den Projektkindern eingesparten Kosten lagen erheblich über den Kosten der frühen Förderung. Für die *Perry Preschool* Studie wurde eine Rendite von 16% errechnet, d. h. für jeden investierten Dollar ergaben sich am Ende sieben Dollar Bildungsrendite (Heckman et al., 2010). Davon kann etwa ein Viertel als individueller Gewinn angesetzt werden, weil die Teilnehmer später mehr verdienten (und folglich auch mehr Steuern zahlten); der Rest kann als Gewinn für die Gesellschaft gelten, weil Aufwendungen für soziale Transferleistungen erspart blieben. Dabei sind die Effekte, die mit einer früheren Wiederaufnahme mütterlicher Berufstätigkeit zusammenhängen, nicht einmal berücksichtigt.

Auch in Deutschland wurden ähnliche Modellrechnungen durchgeführt. So wurde beispielsweise ermittelt, dass ein Krippenbesuch später zu einer signifikant höheren Übertrittswahrscheinlichkeit der Kinder auf das Gymnasium führt (Fritschi & Oesch, 2008). Dies bringt aufgrund der damit zusammenhängenden besseren Ausbildungs- und Berufsaussichten einen volkswirtschaftlichen Nutzen des Krippenbesuchs mit sich, der etwa das Dreifache der benötigten Investitionen beträgt. Dabei profitieren insbesondere Kinder aus benachteiligten Familien in dieser Hinsicht von einem Krippenbesuch. Aus bildungsökonomischer Sicht rechnen sich demnach vor allem frühe sowie gezielt kompensatorisch wirksame Maßnahmen. Das sind Fördermaßnahmen, die, wie beim *Perry Preschool* Projekt, speziell für Teilgruppen von Kindern mit erhöhten Entwicklungsrisiken konzipiert werden.

Bisweilen werden neben den finanziellen Aspekten auch demographische Argumente wie der Geburtenrückgang ins Feld geführt, um die Notwendigkeit des Ausbaus früher Betreuungsangebote zu begründen (Bundesinstitut für Bevölkerungsforschung, 2012). Eine spürbar bessere Vereinbarkeit von Beruf und Familie, so das Argument, könne dazu beitragen, den stetig sinkenden Geburtenzahlen und der damit einher gehenden Überalterung der Gesellschaft entgegen zu steuern. Junge Paare würden sich demnach eher für Kinder entscheiden, wenn ein qualitativ hochwertiges und flexibles Betreuungsangebot von Beginn an gewährleistet sei. Diese Argumentation ist allerdings umstritten; Belege für einen tatsächlichen Einfluss des Betreuungsangebots auf die Geburtenzahl gibt es nicht.

8.4 Fazit

Wie lassen sich die referierten Befunde zusammenfassen? Vielleicht in den folgenden drei Aussagen: (1) Es gibt deutliche Belege für positive Effekte früher außerfamilialer Betreuung auf die kindliche Entwicklung im Bereich des Denkens und der Sprache sowie auf spätere Schulleistungen. Für den sozial-emotionalen

Bereich sind die Befunde uneinheitlich – generell negative Effekte sind aber mit einer außerfamilialen Betreuung nicht verbunden. (2) Die Effekte sind im Allgemeinen nicht besonders groß, sie können aber für Teilgruppen von Kindern – in der einen oder anderen Richtung – größer ausfallen. (3) Die meisten Effekte werden zusätzlich moderiert, also in ihrem Ausmaß verstärkt oder gemindert, durch Qualitätsmerkmale der Betreuungssituation und durch die zeitliche Dauer der Betreuung sowie durch Merkmale von Mutter und Kind sowie der häuslichen Situation.

Nur wenige Studien sind so angelegt, dass sie belastbare Aussagen über die relative Bedeutsamkeit der Effekte überhaupt zulassen. Bei der Darstellung der großen Längsschnittstudien, auf deren Ergebnisse viele unserer Kenntnisse zurückgehen, ist auf die Vergleichsgruppenproblematik hingewiesen worden. Sie wurde bislang noch nicht zufriedenstellend gelöst. Auch die mütterliche Betreuung von Kindern erzielt natürlich Effekte. Wie groß müssen die positiven Effekte einer außerfamilialen Betreuungsmaßnahme eigentlich sein, um sie als erfolgreich zu bewerten? Für den Bereich der sozial-emotionalen Entwicklung von Kleinkindern ist die Lage noch komplexer. Hier lautet die Ausgangsfrage eher: Entwickeln sich die außerfamilial betreuten Kinder genau so gut wie die von ihren Müttern betreuten?

In der deutschen Öffentlichkeit am heftigsten umstritten ist ohnehin die frühe außerfamiliale Betreuung von Kleinkindern unter drei Jahren. Eine einfache Empfehlung pro oder contra außerfamilialer Betreuung dieser Altersgruppe lässt sich aus den Ergebnissen der empirischen Studien nicht ableiten. Stattdessen landen wir am Ende wieder bei der am Anfang dieses Kapitels gebrauchten Formulierung: »Das kommt ganz darauf an...«. Die oft geäußerte Befürchtung, dass diese mit negativen Auswirkungen im Hinblick auf die sozial-emotionale Entwicklung der Kinder verbunden sei, wird durch die empirische Forschungslage allerdings kaum gestützt: In Bezug auf den Aspekt der Mutter-Kind-Bindung finden sich in neueren Studien keine empirischen Belege für nachteilige Effekte. Allerdings gibt es Ergebnisse aus der Mutter-Kind-Interaktions- und aus der Stress-Forschung, die darauf hindeuten, dass außerfamiliale Betreuung unter ungünstigen Bedingungen zu einer verminderten Sensitivität der Mutter gegenüber ihrem Kind und zu einer erhöhten Stressbelastung junger Kinder führen kann. Wie auch in anderen Zusammenhängen spielen dabei die Qualität der pädagogischen Anregung, der zeitliche Umfang der Betreuung sowie familiale Merkmale in beiden Fällen eine wichtige moderierende Rolle. Hier müssen die genauen Wirkzusammenhänge und die relevanten Einflussgrößen in Zukunft noch genauer erforscht werden, um mögliche Belastungen der Kinder verhindern oder zumindest minimieren zu können.

Für Merkmale des Sozialverhaltens, wie die Kooperationsfähigkeit der Kinder oder die Fähigkeit, Beziehungen zu Gleichaltrigen einzugehen, sind die Effekte früher Betreuung im Allgemeinen relativ gering, sowohl in negativer als auch positiver Hinsicht. In einigen Studien wurde allerdings ein erhöhtes Auftreten von externalisierenden Verhaltensauffälligkeiten (wenn auch nicht in einem klinisch relevanten Bereich) bei früh in institutionellen Gruppeneinrichtungen betreuten Kindern berichtet. Zwar waren auch hier die Effekte nicht groß, ihr relativ konsistentes Auftreten über einen längere Entwicklungszeitraum hinweg legt es jedoch nahe, die spezifischen Bedingungen, unter denen diese Effekte auftreten, genauer zu analysieren, um ihnen durch geeignete Maßnahmen entgegenwirken zu können. Auch hier ist wieder von einer Wechselwirkung mit Qualitätsmerkmalen der Betreuung auszugehen.

Günstige Auswirkungen einer vorschulischen Betreuung auf die sprachliche, kognitive und spätere schulische Entwicklung der Kinder können dagegen als empirisch relativ gut abgesichert gelten. Einige Studien zeigen bemerkenswerte Langzeiteffekte bis ins Jugendalter hinein. Im Einklang mit den Ergebnissen zum sozial-emotionalen Bereich wird das Ausmaß der Effekte wiederum durch die beiden Faktoren der Qualität und Quantität der Betreuung beeinflusst. Bei Kindern mit vergleichsweise ungünstigen Ausgangsbedingungen hat die Qualität der Betreuungssituation offensichtlich einen besonders großen Einfluss. Diese Ergebnisse stützen die von Bildungsexperten immer wieder erhobene Forderung, beim forcierten Ausbau der Betreuungsplätze die notwendige Qualität der Betreuungsangebote nicht aus dem Auge zu verlieren. Nur ein qualitativ hochwertiges Angebot kann bei sehr jungen Kindern dem Entstehen von Stressbelastungen entgegenwirken, und nur bei einer guten Betreuungsqualität können sich die erwünschten positiven Effekte früher Bildung und Betreuung überhaupt einstellen.

Obwohl die positiven Effekte auf die Entwicklung der kognitiven und sprachlichen Kompetenzen und im Hinblick auf das schulische Lernen als bedeutsam einzuschätzen sind, fallen sie in ihrer Höhe eher moderat aus. Die gefundenen Effekte entsprechen unter den gegenwärtigen Bedingungen in etwa einem Drittel der auf die familialen Anregungen zurück gehenden Einflüsse. Damit wird deutlich, dass das Potenzial institutioneller Einflussnahmen gegenüber der Wirkung familialer Faktoren begrenzt ist. Das größere Gewicht der familialen Determinanten ist angesichts ihrer überdauernden Stabilität und des Ausmaßes der dort verbrachten Zeit nicht weiter verwunderlich. Verstärkend kommt noch der Einfluss genetischer Faktoren hinzu, die mit den Merkmalen der häuslichen Erziehungsumwelt kovariieren.

Eine gute außerfamiliale Betreuung kann Kinder also in ihrer Entwicklung fördern und unterstützen – gänzlich ausgleichen kann sie grundlegende Defizite der familialen Situation und der dort gebotenen Anregungsqualitäten aber nicht. Eine weitreichende Kompensation familialer und sozialer Ungleichheiten liegt deshalb weit außerhalb dessen, was realistischerweise erwartet werden kann – auch wenn Sozialpolitiker mitunter das Gegenteil suggerieren. Dazu sind die außerhalb des Einflussbereichs der Betreuungsinstitutionen liegenden häuslichen, familialen und kindlichen Einflussfaktoren einfach zu mächtig.

Ob Kinder unter drei Jahren besser in einer Krippe oder in der Kindertagespflege betreut werden, wissen wir bisher nicht. Die rezipierten Befunde beziehen sich zu einem großen Teil auf die Betreuung in Kindertageseinrichtungen, und die Effekte der beiden Betreuungsformen wurden – zumindest in Deutschland – noch nicht systematisch miteinander verglichen. Vergleiche werden aber auch künftig schwierig sein, weil sich der Tagespflegebereich durch ein hohes Ausmaß an Individualisierung und einen geringen Standardisierungsgrad auszeichnet. Aus der amerikanischen *NICHD*-Studie und der britischen *Millenium Cohort Study* ist bekannt, dass die institutionellen, stärker formalisierten Einrichtungen im Allgemeinen höhere Effekte hinsichtlich der sprachlich-kognitiven Kompetenzentwicklung erzielen als eher informelle Betreuungssettings. Für die Entwicklung des Sozialverhaltens scheint die Betreuung in institutionellen Einrichtungen hingegen weniger günstig zu sein. Generell ist aber davon auszugehen, dass es unter den Einrichtungen eines einzelnen Betreuungstyps annähernd so große Qualitätsunterschiede geben dürfte, wie zwischen den Einrichtungen verschiedener Betreuungstypen. Aus der Kenntnis des Betreuungstyps einer Einrichtung allein lässt sich folglich noch nicht ableiten, wie sich eine Betreuung dort auswirken wird. Offenbar ist es weniger der Betreuungstypus als solcher als vielmehr die Qualität der innerhalb einer Einrichtung stattfindenden pädagogischen Interaktionen, die – zusammen mit anderen Rahmenbedingungen – für das Ausmaß der Wirksamkeit der Betreuung auf die kindliche Entwicklung verantwortlich ist.

Vor dem Hintergrund der skizzierten Forschungsergebnisse hat sich immer mehr die Erkenntnis durchgesetzt, dass es sich bei den Auswirkungen außerfamilialer Betreuung auf die kindliche Entwicklung – wie bei den meisten psychologischen Entwicklungsprozessen – um ein komplexes und multifaktoriell beeinflusstes Geschehen handelt. Dabei interagieren die individuellen Merkmale des Kindes und seiner familialen Bezugspersonen mit den strukturellen und prozessualen Merkmalen der Betreuungssituation in vielfacher Weise. Einfache Antworten auf die Frage nach den generellen Auswirkungen früher außerfamilialer Betreuung werden der Komplexität dieser Zusammenhänge ebenso wenig gerecht wie vereinfachende Erklärungsversuche (vgl. Erel et al., 2000; Lamb & Sternberg, 1992). Dieser Einschätzung schließen wir uns an – sie ist jedoch keinesfalls resignativ zu verstehen.

Ungeachtet des klar belegten bildungsökonomischen Nutzens vorschulischer Betreuung ziehen wir aus der Gesamtbefundlage das Fazit, dass jenseits polarisierter Diskussionen eine simple Antwort auf die ebenso simple Frage nach dem »Nutzen« oder »Schaden« frühkindlicher Betreuung nicht möglich ist. Jede Entscheidung über die bestmögliche Bildung und Betreuung eines Kindes kann nur im Einzelfall und unter Berücksichtigung der spezifischen individuellen Bedürfnisse und Besonderheiten eines Kind und seiner Eltern getroffen werden. Dabei spielt natürlich auch das überhaupt vorhandene Betreuungsangebot eine wichtige Rolle, also die zur Verfügung stehenden familialen und außerfamilialen Betreuungsalternativen.

Zusammenfassung

Insgesamt können positive Auswirkungen früher vorschulischer Betreuung auf die kognitive und sprachliche Kompetenz der Kinder als empirisch gut abgesichert gelten. Diese positiven Effekte lassen sich in abgeschwächter Form oftmals bis ins Schulalter hinein nachweisen. Dabei lassen sich die Merkmale Qualität und – in geringerem Ausmaß – Quantität als Schlüsselelemente für den Erfolg vorschulischer Betreuung identifizieren.

Die Mehrzahl der neueren Forschungsergebnisse kann die These generell schädlicher Auswirkung außerfamilialer Betreuung auf die soziale und emotionale Entwicklung von Kindern nicht stützen, weder für die unter Dreijährigen noch für Kindergartenkinder. Nach aktuellem Kenntnisstand scheint eine gelingende Entwicklung der frühen Mutter-Kind-Bindung, entgegen den Ergebnissen früherer Studien, durch außerfamiliale Betreuung nicht grundsätzlich gefährdet. Ergebnisse aus der Stress-Forschung weisen allerdings darauf hin, dass eine außerfamiliale Betreuung bei Kleinkindern unter ungünstigen Bedingungen zu einer erhöhten Stressbelastung führen kann. Dabei kommt auch hier den Faktoren der Betreuungsqualität und -intensität sowie Merkmalen des kindlichen Temperaments eine moderierende Funktion zu. In Bezug auf verschiedene Bereiche des kindlichen Sozialverhaltens deuten die Ergebnisse insgesamt auf eher schwache und uneinheitliche Zusammenhänge mit Merkmalen der Betreuung hin, die deutlich geringer sind als die Effekte im kognitiven Bereich.

Aus ökonomischer Perspektive ist der Nettonutzen vorschulischer Bildung deutlich höher als die notwendigen Investitionskosten. Über die differenzielle Wirksamkeit verschiedener Betreuungsangebote lassen sich zum jetzigen Zeitpunkt aufgrund fehlender Daten keine verlässlichen Aussagen treffen.

Literaturempfehlungen für dieses Kapitel

Bäuerlein, K., Linkert, C., Stumpf, E. & Schneider, W. (2013). Kurz- und langfristige Effekte außerfamiliärer Kleinkindbetreuung auf die kognitive und sprachliche Entwicklung unter besonderer Berücksichtigung der Betreuungsqualität. *Zeitschrift für Entwicklungspsychologie und Pädagogische Psychologie*, 45 (2), 57–65.

NICHD Early Child Care Research Network (Eds.) (2005). *Child care and child development. Results from the NICHD Study of Early Child Care and Youth Development.* New York: Guilford Press.

Roßbach, H.-G. (2005). Effekte qualitativ guter Betreuung, Bildung und Erziehung im frühen Kindesalter auf Kinder und ihre Familien. In Sachverständigenkommission Zwölfter Kinder- und Jugendbericht (Hrsg.), *Bildung, Betreuung und Erziehung von Kindern unter sechs Jahren* (Band 1, S. 55–174). München: Deutsches Jugendinstitut.

Literatur

Aden-Grossmann, W. (Hrsg.). (2011). *Der Kindergarten: Geschichte – Entwicklung – Konzepte*. Weinheim: Beltz.

Ahnert, L. (1998). *Tagesbetreuung für Kinder unter drei Jahren. Theorien und Tatsachen*. Bern: Huber.

Ahnert, L. (2007). Inanspruchnahme öffentlicher Kinderbetreuung. In M. Hasselhorn & W. Schneider (Hrsg.), *Handbuch der Psychologie, Bd. Entwicklungspsychologie* (S. 479–488). Bern: Hogrefe.

Ahnert, L. & Rickert, H. (2000). Belastungsreaktionen bei beginnender Tagesbetreuung aus der Sicht früher Mutter-Kind-Bindung. *Psychologie in Erziehung und Unterricht, 47,* 187–200.

Ahnert, L., Rickert, H. & Lamb, M. E. (2000). Shared caregiving: Comparison between home and child care. *Developmental Psychology, 36,* 339–351.

Ahrenholz, B. (Hrsg.). (2012). *Deutsch als Zweitsprache – Voraussetzungen und Konzepte für die Förderung von Kindern und Jugendlichen mit Migrationshintergrund*. Stuttgart: Klett.

Ainsworth, M. D. S., Blehar, M. C., Waters, E. & Wall, S. (1978). *Patterns of attachment: A psychological study of the strange situation*. Hillsdale, NJ: Erlbaum.

Artelt, C., Baumert, J., Klieme, E., Neubrand, M., Prenzel, M., Schiefele, U., Schneider, W., Schümer, G., Stanat, P., Tillmann, K.-J. & Weiß, M. (Hrsg.). (2001). *PISA 2000. Zusammenfassung zentraler Befunde*. Berlin: Max-Planck-Institut für Bildungsforschung.

Autorengruppe Bildungsberichterstattung (2012). *Bildung in Deutschland 2012. Ein indikatorengestützter Bericht mit einer Analyse zur kulturellen Bildung im Lebenslauf*. Bielefeld: Bertelsmann Verlag.

Baden-Württemberg Stiftung (Hrsg.). (2011). *Sag' mal was – Sprachförderung für Vorschulkinder. Zur Evaluation des Programms der Baden-Württemberg Stiftung*. Tübingen: Francke.

Barnett, W. S. & Hustedt, J. T. (2005). Head Start's lasting benefits. *Infants & Young Children,* 18, 16–24.

Bäuerlein, K., Linkert, C., Stumpf, E. & Schneider, W. (2013). Kurz- und langfristige Effekte außerfamiliärer Kleinkindbetreuung auf die kognitive und sprachliche Entwicklung unter besonderer Berücksichtigung der Betreuungsqualität. *Zeitschrift für Entwicklungspsychologie und Pädagogische Psychologie*, 45 (2), 57–65.

Baumert, J., Klieme, E., Neubrand, M., Prenzel, M., Schiefele, U., Schneider, W., Stanat, P., Tillmann, K.-J. & Weiß, M. (Hrsg.). (2001). *PISA 2000. Basiskompetenzen von Schülerinnen und Schülern im internationalen Vergleich*. Opladen: Leske + Budrich.

Baumert, J. & Schümer, G. (2001). Familiäre Lebensverhältnisse, Bildungsbeteiligung und Kompetenzerwerb. In J. Baumert, E. Klieme, M. Neubrand, M. Prenzel, U. Schiefele, W. Schneider, P. Stanat, K.-J. Tillmann & M. Weiß (Hrsg.), *PISA 2000. Basiskompetenzen von Schülerinnen und Schülern im internationalen Vergleich* (S. 323–407). Opladen: Leske + Budrich.

Becker, B. (2012). Ethnische Bildungsgleichheit in der frühen Kindheit: Ergebnisse aus dem Projekt ESKOM-V. *Frühe Bildung*, 1(3), 150–158.

Beelmann, W. (2006). *Normative Übergänge im Kindesalter*. Hamburg: D. Kovac.

Beland, K. (1991). *Second Step. A violence-prevention curriculum. Preschool-kindergarten*. Seattle: Committee for Children.

Beller, S. & Beller, E. K. (2009). *Systematische sprachliche Anregung im Kindergartenalltag zur Erhöhung der Bildungschancen 4- und 5-jähriger Kinder aus sozial schwachen und Migrantenfamilien – Ein Modell der pädagogischen Intervention: Abschlussbericht* [unveröffentlicht]. Berlin: Internationale Akademie für innovative Pädagogik, Psychologie und Ökonomie gGmbH (INA) an der Freien Universität.

Belsky, J. (1988). The »effects« of infant day care reconsidered. *Early Childhood Research Quarterly, 3*, 235–272.

Belsky, J. & Rovine, M. J. (1988). Nonmaternal care in the first year of life and the security of infant-parent attachment. *Child Development, 59*, 157–167.

Belsky, J., Vandell, D. L., Burchinal, M., Clarke-Stewart, K. A., McCartney, K., Owen, M. T. & NICHD Early Child Care Research Network (2007). Are there long-term effects of early child care? *Child Development*, 78 (2), 681–701.

Blehar, M. C. (1974). Anxious attachment and defensive reactions associated with day care. *Child Development, 45*, 683–692.

Bloom, B. S. (1964). *Stability and change in human characteristics*. New York: Wiley.

Bock-Famulla, K. (2010). Finanzierung der Elementarbildung. In H. Barz (Hrsg.), *Handbuch Bildungsfinanzierung* (S. 191–200). Wiesbaden: VS-Verlag.

Bock-Famulla, K. & Lange, J. (2011). *Länderreport Frühkindliche Bildungssysteme 2011. Transparenz schaffen – Governance stärken*. Gütersloh: Bertelsmann-Stiftung.

Bock-Famulla, K. & Lange, J. (2013). Länderreport Frühkindliche Bildungssysteme 2013. Gütersloh: Bertelsmann-Stiftung.

Bodrova, E. & Leong, D. (2007). *Tools of the mind. The Vygotskian approach to early childhood education*. Upper Saddle River: Pearson Prentice Hall.

Böhm, R. (2011). Auswirkungen frühkindlicher Gruppenbetreuung auf die Entwicklung und Gesundheit von Kindern. *Kinderärztliche Praxis, 82*, 316–321.

Bos, W., Bonsen, M., Baumert, J., Prenzel, M., Selter, C. & Walther, G. (Hrsg.). (2008). *TIMSS 2007. Mathematische und naturwissenschaftliche Kompetenzen von Grundschulkindern in Deutschland im internationalen Vergleich*. Waxmann: Münster.

Bos, W., Hornberg, S., Arnold, K. H., Faust, G., Fried, L., Lankes, E. M., Schwippert, K. & Valtin, R. (Hrsg.). (2007). *IGLU 2006. Lesekompetenzen von Grundschulkindern in Deutschland im internationalen Vergleich*. Münster: Waxmann.

Bos, W., Lankes E. M., Prenzel, M., Schwippert, K., Walther, G. & Valtin, R. (Hrsg.). (2003). *Erste Ergebnisse aus IGLU. Schülerleistungen am Ende der vierten Jahrgangsstufe im internationalen Vergleich*. Münster: Waxmann.

Bowlby, J. (2001, engl. Original 1953*). Frühe Bindung und kindliche Entwicklung*. München: Ernst Reinhardt.

Brockhaus (2006). Gütersloh: Brockhaus-Verlag.

Bundesinstitut für Bevölkerungsforschung (2012). *(Keine) Lust auf Kinder? Geburtenentwicklung in Deutschland*. Wiesbaden: Bundesinstitut für Bevölkerungsforschung.

Bundesministerium für Familie, Senioren, Frauen und Jugend (2010). *Statement vom 13.07.2010 zum Kinderförderungsgesetz (KiFöG)*. Online verfügbar unter: http://www.bmfsfj.de/BMFSFJ/gesetze,did=133282.html [Zugriff am 01.03.13].

Bundesministerium für Familie, Senioren, Frauen und Jugend (2012). *Dritter Zwischenbericht zur Evaluation des Kinderförderungsgesetzes. Bericht der Bundesregierung 2012 nach § 24a Abs. 5 SGB VIII über den Stand des Ausbaus für ein bedarfsgerechtes Angebot an Kindertagesbetreuung für Kinder unter drei Jahren für das Berichtsjahr 2011*. Berlin: BMFSFJ.

Burchinal, M. R., Bryant, D. M., Lee, M. W. & Ramey, C. T. (1992). Early daycare, infant-mother attachment, and maternal responsiveness in the infant's first year. *Early Childhood Research Quarterly, 7*, 383–396.

Burchinal, M. R., Roberts, J. E., Nabors, L. A. & Bryant, D. M. (1996). Quality of center care and infant cognitive and language development. *Child Development, 67*, 606–620.

Burger, K. (2010). How does early childhood care and education affect cognitive development? An international review of the effects of early interventions for children from different social backgrounds. *Early Childhood Research Quarterly, 25*, 140–165.

Bus, A.G. & IJzendoorn, M. H., van (1999). Phonological awareness and early reading: A meta-analysis of experimental training studies. *Journal of Educational Psychology*, *91*, 403–414.

Buschmann, A., Jooss, B., Simon, S. & Sachse, S. (2010). Alltagsintegrierte Sprachförderung in Krippe und Kindergarten. Das »Heidelberger Trainingsprogramm«. Ein sprachbasiertes Interaktionstraining für den Frühbereich. *L.O.G.O.S. Interdisziplinär*, 2, 84–95.

Camilli, G., Vargas, S., Ryan, S. & Barnett, W. S. (2010). Meta-analysis of the effects of early education interventions on cognitive and social development. *Teachers College Record,* 112 (3), 579–620.

Campbell, F. A. & Ramey, C. T. (1994). Effects of early intervention on intellectual and academic achievement: A follow-up study of children from low-income families. *Child Development, 65*, 684–698.

Campbell, F. A., Ramey, C. T., Pungello, E. P., Sparling, J. & Miller-Johnson, S. (2002). Early Childhood Education: Young Adult Outcomes from the Abecedarian Project. *Applied Developmental Science, 6*, 42–57.

Casey, B., Somerville, L., Gotlib, I., Ayduk, O., Franklin, N., Askren, M., Jonides, J., Berman, M., Wilson, N., Teslovich, T., Glover, G., Zayas, V., Mischel. W. & Shoda, Y. (2011). Behavioral and neural correlates of delay of gratification 40 years later. *Proceedings of the National Academy of Sciences,* 108(36), 14998–15003.

Cierpka, M. (Hrsg.). (2004a). *Faustlos – Ein Curriculum zur Förderung sozial-emotionaler Kompetenzen und zur Gewaltprävention für den Kindergarten*. Göttingen: Hogrefe.

Cierpka, M. (Hrsg.). (2004b). *Faustlos. Ein Curriculum zur Prävention von aggressivem und gewaltbereitem Verhalten bei Kindern der Klassen 1 bis 3*. Göttingen: Hogrefe.

Clarke-Stewart, K. A. (1989). Infant day care: Maligned or malignant? *American Psychologist*, 44, 266–273.

Côté, S. M., Doyle, O., Petitclerc, A. & Timmins, L. (2013). Child care in infancy and cognitive performance until middle childhood in the millennium cohort study. *Child Development* 2013 Jan 17. doi: 10.1111/cdev.12049. [Epub ahead of print]

Cummins, J. (1979) Cognitive/academic language proficiency, linguistic interdependence, the optimum age question and some other matters. *Working Papers on Bilingualism*, 19, 121–129.

Cummins, J. (2000). *Language, power, and pedagogy. Bilingual children in the crossfire.* Clevedon: Multilingual Matters.

Cunha, F. & Heckman, J. J. (2007). The technology of skill formation. *American Economic Review, 97*, 31–47.

Datta, L. (1976). The impact of the Westinghouse/Ohio evaluation on the development of Project Head Start. An examination of the immediate and longer-term effects and how they came about. In C. C. Abt (Ed.), *The evaluation of social programs* (pp. 129–181). Beverly Hills: Sage.

Dettling, A., Gunnar, M. & Donzella, B. (1999). Cortisol levels of young children in full-day childcare centers: Relations with age and temperament. *Psychoneuroendocrinology, 24*, 505–518.

Dhuey, E. & Lipscomb, S. (2010). Disabled or young? Relative age and special education diagnoses in schoolS. *Economics of Education Review*, 29(5), 857–872.

Diamond, A. & Lee, K. (2011). Interventions shown to aid executive function development in children 4–12 years old. *Science*, 333, 959–964.

Dornheim, D. (2008). *Prädiktion von Rechenleistung und Rechenschwäche: Der Beitrag von Zahlen-Vorwissen und allgemein-kognitiven Fähigkeiten.* Berlin: Logos.

Dörpinghaus, A., Poenitsch, A. & Wigger, L. (2009). *Einführung in die Theorie der Bildung.* Darmstadt: Wiss. Buchgesellschaft.

Dubowy, M., Duzy, D., Pröscholdt, M., Schneider, W., Souvignier, E. & Gold, A. (2011). Was macht den »Migrationshintergrund« bei Vorschulkindern aus? Ein Vergleich alternativer Klassifikationskriterien und ihr Zusammenhang mit deutschen Sprachkompetenzen. *Schweizerische Zeitschrift für Bildungswissenschaften*, 33, 355–376.

Dubowy, M., Ebert, S., von Maurice, J. & Weinert, S. (2008). Sprachlich-kognitive Kompetenzen beim Eintritt in den Kindergarten. *Zeitschrift für Entwicklungspsychologie und Pädagogische Psychologie*, 40(3), 124–134.

Ebert, S., von Maurice, J. & Kluczniok, K. (2011). Kognitiv-sprachliche Kompetenzen im Kindergartenalter: Sind vorzeitig eingeschulte Kinder wirklich kompetenter? *Psychologie in Erziehung und Unterricht, 1*, 15–29.

ECCE (European Child Care and Education) – Study Group (1999). *School-age assessment of child development: long-term impact of pre-school experiences on school success, and family-school relationships.* Online verfügbar unter: http://www.uni-bamberg.de/fileadmin/-uni/fakultaeten/ppp_lehrstuehle/elementarpaedagogik/Team/Rossbach/Ecce_Study_Group.pdf [Zugriff am 01.03.13].

Ehlich, K., Bredel, U. & Reich, H. H. (2008). (Hrsg.). *Referenzrahmen zur altersspezifischen Sprachaneignung.* Berlin, Bonn: Bundesministerium für Bildung und Forschung.

Ehlich, K., Valtin, R. & Lütke, B. (2012). *Expertise: Erfolgreiche Sprachförderung unter Berücksichtigung der besonderen Situation Berlins.* Berlin: Senatsverwaltung für Bildung, Jugend und Wissenschaft.

Ennemoser, M. & Krajewski, K. (2007). Effekte der Förderung des Teil-Ganzes-Verständnisses bei Erstklässlern mit schwachen Mathematikleistungen. *Vierteljahreszeitschrift für Heilpädagogik und ihre Nachbargebiete*, 76, 228–240.

Erel, O., Oberman, Y. & Yirmiya, N. (2000). Maternal versus nonmaternal care and seven domains of children's development. *Psychological Bulletin, 126 (5)*, 727–747.

Esser, H. (2006). *Sprache und Integration. Die sozialen Bedingungen und Folgen des Spracherwerbs von Migranten.* Frankfurt: Campus.

Faust, G. (2006). Die neue Schuleingangsstufe – Entstehung und aktueller Stand. In D. Diskowski, E. Hammes-Di Bernardo, S. Hebenstreit-Müller & Speck-Hamdan, A. (Hrsg.), *Übergänge gestalten. Wie Bildungsprozesse anschlussfähig werden. Jahrbuch des Pestalozzi-Fröbel-Verbandes* (S. 136–149). Weimar: das netz.

Faust, G., Hanke, P. & Dohe, C. (2010). Merkmale und Akzeptanz der neuen Schuleingangsstufe im Bundesländervergleich. In W. Bos, S. Hornberg, K. H. Arnold, G. Faust, L. Fried, E. M., K. Schwippert, I. Tarelli & R. Valtin (Hrsg.), *IGLU 2006 – die Grundschule auf dem Prüfstand. Vertiefende Analysen zu Rahmenbedingungen schulischen Lernens* (S. 231–251). Münster: Waxmann.

Faust, G., Kratzmann, J. & Wehner, F. (2012). Schuleintritt als Risiko für Schulanfänger? *Zeitschrift für Pädagogische Psychologie*, 26, 197–212.

Field, T., Masi, W., Goldstein, S., Perry, S. & Parl, S. (1988). Infant daycare facilitates preschool social behavior. *Early Childhood Research Quarterly*, 3, 341–359.

Fingerle, M. (2006). Frühpädagogische Präventionskonzepte. In L. Fried & S. Roux (Hrsg.), *Pädagogik der frühen Kindheit. Handbuch und Nachschlagwerk* (S. 139–144). Weinheim: Beltz.

Fried, L. (2004). *Expertise zur Sprachstandserhebung für Kindergartenkinder und Schulanfänger. Eine kritische Betrachtung.* München: Deutsches Jugendinstitut.

Fried, L. & Roux, S. (2006). *Pädagogik der frühen Kindheit: Handbuch und Nachschlagewerk.* Weinheim: Beltz.

Friedrich, G., de Galgóczy, V. & Schindelhauer, B. (2011). *Komm mit ins Zahlenland. Eine spielerische Entdeckungsreise in die Welt der Mathematik.* Freiburg: Herder.

Friedrich, G. & Munz, H. (2006). Förderung schulischer Vorläuferfähigkeiten durch das didaktische Konzept »Komm mit ins Zahlenland«. *Psychologie in Erziehung und Unterricht, 53*, 134–146.

Fritschi, T. & Oesch, T. (2008). *Volkswirtschaftlicher Nutzen von frühkindlicher Bildung in Deutschland: Eine ökonomische Bewertung langfristiger Bildungseffekte bei Krippenkindern.* Gütersloh: Bertelsmann Stiftung.

Fritz, A. & Ricken G. (2008). *Rechenschwäche.* München: Ernst Reinhardt.

Fröhlich, L. P., Metz, D. & Petermann, F. (2010). *Förderung der phonologischen Bewusstheit und sprachlicher Kompetenzen. Das Lobo-Kindergartenprogramm.* Göttingen: Hogrefe.

Fröhlich, L.P., Petermann, F. & Metz, D. (2011). Förderung der phonologischen Bewusstheit am Übergang vom Kindergarten zur Grundschule mit den »Lobo-Programmen«. *Zeitschrift für Pädagogik, 57* (5), 744–757

Fröhlich-Gildhoff, K. & Viernickel, S. (2010). Die Arbeit mit Kindern unter drei Jahren in akademischen und fachschulischen Ausbildungsgängen. In B. Kalicki, J. Berkic & F. Becker-Stoll (Hrsg.), *Bildungsqualität für Kinder in den ersten drei Jahren* (S. 106–127). Mannheim & Berlin: Cornelsen Scriptor.

Fthenakis, W. E. (2002). Der Bildungsauftrag in Kindertagesstätten – ein umstrittenes Terrain? In Staatsinstitut für Frühpädagogik (IFP) (Hrsg.), *Online-Familienhandbuch*. Online verfügbar unter: https://www.familienhandbuch.de/kindertagesbetreuung/erziehung-im-kindergarten/der-bildungsauftrag-in-kindertageseinrichtungen-ein-umstrittenes-terrain [Zugriff am 01.03.13].

Fthenakis, W. E. (2010). Das »kompetente Kind«. Eine überfällige Debatte für die Elementarpädagogik. In S. Wittmann, T. Rauschenbach & H. R. Leu (Hrsg.), *Kinder in Deutschland. Eine Bilanz empirischer Studien* (S. 198–211). Weinheim: Juventa.

Fthenakis, W. E. & Textor, M. R. (Hrsg.). (2000). *Pädagogische Ansätze im Kindergarten*. Weinheim: Beltz.

Füssenich, I. & Löffler, C. (2008). *Schriftspracherwerb. Einschulung, erstes und zweites Schuljahr*. München: Ernst Reinhardt.

Garlin, E. (2008). *Die KIKUS-Methode. Ein Leitfaden. Deutsch als Zweitsprache – Deutsch als Fremdsprache – Für Kinder von 3 bis 10 Jahren*. Ismaning: Hueber.

Gasteiger-Klicpera, B., Knapp, W. & Kucharz, D. (2011). Die wissenschaftliche Begleitforschung durch die Pädagogische Hochschule Weingarten. In Baden-Württemberg-Stiftung (Hrsg.), *Sag' mal was – Sprachförderung für Vorschulkinder* (S. 94–101). Tübingen: Francke.

Gaupp, N., Zoelch, C. & Schumann-Hengsteler, R. (2004). Defizite numerischer Basiskompetenzen bei rechenschwachen Kindern der 3. und 4. Klassenstufe. *Zeitschrift für Pädagogische Psychologie, 18 (1)*, 31–42.

Gelman, R. & Baillargeon, R. (1983). A review of some Piagetian concepts. In J. H. Flavell & E. M. Markman (Eds.), *Handbook of child psychology*, Vol. 3 (pp. 167–230). New York: Wiley.

Geoffroy, M. C., Côté, S., Parent, S. & Séguin, J. R. (2006). Daycare attendance, stress, and mental health. *Canadian Journal of Psychiatry, 51 (9)*, 607–615.

Ginsburg, H. & Opper, S. (2004). *Piagets Theorie der geistigen Entwicklung*. Stuttgart: Klett-Cotta.

Gisbert, K. (2004). *Lernen lernen. Lernmethodische Kompetenzen von Kindern in Tageseinrichtungen fördern*. Weinheim: Beltz.

Gogolin, I. & Neumann, U. (Hrsg.). (2009). *Streitfall Zweisprachigkeit – The Bilingualism Controversy*. Wiesbaden: VS-Verlag.

Gold, A., Duzy, D., Rauch, W. A. & Quiroga Murcia, C. (2012). Relatives Lebensalter und die Entwicklung schulischer Leistungen. *Zeitschrift für Bildungsforschung, 2*, 193–208.

Gorey, K. M. (2001). Early childhood education: A meta-analytic affirmation of the short- and long-term benefits of educational opportunity. *School Psychology Quarterly, 16(1)*, 9–30.

Griebel, W. & Niesel, R. (2011). *Übergänge verstehen und begleiten. Transitionen in der Bildungslaufbahn von Kindern*. Berlin: Cornelsen Scriptor.

Hager, W., Hübner, S. & Hasselhorn, M. (2000). Zur Bedeutung der sozialen Interaktion bei der Evaluation kognitiver Förderprogramme. *Zeitschrift für Pädagogische Psychologie, 14*, 106–115.

Harms, T., Clifford, R. M. & Cryer, D. (2005). *Early Childhood Environment Rating Scale – Revised Edition, updated*. New York: Teachers College Press.

Hart, B. & Risley, T. R. (1992). American parenting of language-learning children: Persisting differences in family-child interactions observed in natural home environments. *Developmental Psychology, 28*, 1096–1105.

Hasselhorn, M. & Schneider, W. (Hrsg.). (2007). *Handbuch der Entwicklungspsychologie*. Göttingen: Hogrefe.

Hasselhorn, M., Schöler, H., Schneider, W., Ehm, J.-H., Johnson, M., Keppler, I., Krebs, K., Niklas, F., Randhawa, E., Schmiedeler, S., Segerer, R. & Wagner, H. (2012). Gezielte Zusatzförderung im Modellprojekt »Schulreifes Kind«. *Frühe Bildung*, 1 (1), 3–10.

Hatz, H. & Sachse, S. (2010). Prävention von Lese-Rechtschreibstörungen: Auswirkungen eines Trainings phonologischer Bewusstheit und eines Rechtschreibtrainings im ersten Schuljahr auf den Schriftspracherwerb bei Risikokindern. *Zeitschrift für Entwicklungspsychologie und Pädagogische Psychologie, 42* (4), 226–240.

Häuser, D. & Jülisch, B.-R. (2006). *Handlung und Sprache. Das Sprachförderprogramm.* Berlin: NIF.

Heckman, J., Moon, S., Pinto, R., Savelyev, P. & Yavitz, A. (2010). The Rate of Return to the Highscope Perry Preschool Program. *Journal of Public Economics, 94* (1–2), 114–28.

Heckman, J. J. (2013). *Giving kids a fair chance (A strategy that works).* Cambridge: MIT Press.

Hedderich, I. (2011). *Einführung in die Montessori-Pädagogik: theoretische Grundlagen und praktische Anwendung.* München: Ernst Reinhardt.

Helmke, A. (1998). Vom Optimisten zum Realisten? Zur Entwicklung des Fähigkeitsselbstkonzeptes vom Kindergarten bis zur 6. Klassenstufe. In F. E. Weinert (Hrsg.), *Entwicklung im Kindesalter* (S. 115–132). Weinheim: PVU.

Hennemann, T., Hillenbrand, C. & Hens, S. (2011). Kompetenzförderung zur universellen Prävention von Verhaltensstörungen in der schulischen Eingangsstufe: Evaluation des kindorientierten Trainingsprogramms »Lubo aus dem All«. *Zeitschrift für Grundschulforschung*, 4, 113–125.

Hillenbrand, C., Hennemann, T. & Heckler-Schell, A. (2008). *Lubo aus dem All! Programm zur Förderung emotional-sozialer Kompetenzen im Vorschulalter.* München: Ernst Reinhardt.

Hoff-Ginsberg, E. (1991). Mother-child conversation in different social classes and communicative settings. *Child Development, 62* (4), 782–796.

Hoff-Ginsberg, E. (1998). The relation of birth order and socioeconomic status to children's language experience and language development. *Applied Psycholinguistics, 19* (4), 603–629.

Hoff-Ginsberg, E. (2000). Soziale Umwelt und Sprachlernen. In H. Grimm (Hrsg.), *Sprachentwicklung* (Enzyklopädie der Psychologie C/III/3) (S. 463–494). Göttingen: Hogrefe.

Holodynski, M. & Oerter, R. (2012). Emotion. In W. Schneider & U. Lindenberger (Hrsg.), *Entwicklungspsychologie* (S. 497–520). Weinheim: Beltz.

Horn, K.-P., Kemnitz, H, Marotzki, W. & Sandfuchs, U. (Hrsg.). (2012). *Klinkhardt Lexikon Erziehungswissenschaft.* Bad Heilbrunn: Julius Klinkhardt.

Jäger, D., Faust, V., Blatter, K., Schöppe, D., Artelt, C., Schneider, W. & Stanat, P. (2012). Kompensatorische Förderung am Beispiel eines vorschulischen Trainings der phonologischen Bewusstheit. *Frühe Bildung, 1*(4), 202–209.

Jampert, K., Best, P., Guadatiello, A., Holler, D. & Zehnbauer, A. (2007). *Schlüsselkompetenz Sprache. Sprachliche Bildung und Förderung im Kindergarten. Konzepte – Projekte – Maßnahmen.* Berlin: Verlag das netz.

Jampert, K., Zehnbauer, A., Best, P., Sens, A., Leuckefeld, K. & Laier, M. (Hrsg.). (2009). *Kinder-Sprache stärken! Sprachliche Förderung in der Kita: das Praxismaterial.* Berlin: Verlag das netz.

Jeuk, S. (2013). *Deutsch als Zweitsprache in der Schule. Grundlagen – Diagnose – Förderung* (2. Auflage). Stuttgart: Kohlhammer.

Jugendministerkonferenz/Kultusministerkonferenz (2004). *Gemeinsamer Rahmen der Länder für die frühe Bildung in Kindertageseinrichtungen.* (Beschluss der Jugendministerkonferenz vom 13./14.05.2004/ Beschluss der Kultusministerkonferenz vom 03./04.06.2004). Online verfügbar unter: http://www.kmk.org/fileadmin/veroeffentlichungen_beschluesse/2004/2004_06_03-Fruehe-Bildung-Kindertageseinrichtungen.pdf [Zugriff am 01.03.13].

Kaltenbacher, E. & Klages, H. (2007). Deutsch für den Schulstart: Zielsetzungen und Aufbau eines Förderprogramms. In B. Ahrenholz (Hrsg.), *Deutsch als Zweitsprache– Voraussetzungen und Konzepte für die Förderung von Kindern und Jugendlichen mit Migrationshintergrund* (S. 135–150). Freiburg: Fillibach.

Kammermeyer, G. (2006). Kognitive Förderung. In L. Fried & S. Roux (Hrsg.), *Pädagogik der frühen Kindheit. Ein Handbuch* (S. 178–184). Weinheim: Beltz.

Kany, W. (2007). Sprachförderprogramme. In H. Schöler & A. Welling (Hrsg.), *Handbuch Sonderpädagogik, Band 1 Sonderpädagogik der Sprache* (S. 767–814). Göttingen: Hogrefe.

Keil, J. & Pasternack, P. (2011). *Qualifikationsprofile in Arbeitsfeldern der Pädagogik der Kindheit. Ausbildungswege im Überblick.* Stuttgart: Robert Bosch Stiftung.

Kindergarten Heute Spezial (2005). *Pädagogische Handlungskonzepte von Montessori bis zum Situationsansatz.* Freiburg: Herder.

Kiziak, T., Kreuter, V. & Klingholz R. (2012). *Dem Nachwuchs eine Sprache geben. Was frühkindliche Sprachförderung leisten kann.* Berlin: Berlin-Institut für Bevölkerung und Entwicklung.

Klages, H. & Kaltenbacher, E. (2012). *Deutsch für den Schulstart. Fördermaterialien für Vorschüler mit Deutsch als Erst- oder Zweitsprache. Inkl. Verfahren der Sprachstandsfeststellung.* Universität Heidelberg: IDF.

Klauer, K. J. (1989). *Denktraining für Kinder I.* Göttingen: Hogrefe.

Klauer, K. J. (2003). Positive Effekte für Intelligenz & schulisches Lernen. *Report Psychologie, 28*, 162–167.

Klauer, K. J. & Phye, G. D. (2008). Inductive Reasoning: A Training Approach. *Review of Educational Research, 78*, (1), 85–123.

Knapp, W., Kucharz, D. & Gasteiger-Klicpera, B. (2010). *Sprache fördern im Kindergarten. Umsetzung wissenschaftlicher Erkenntnisse in die Praxis.* Weinheim: Beltz.

Koglin, U. & Petermann, F. (2006). *Verhaltenstraining im Kindergarten. Ein Programm zur Förderung sozial-emotionaler Kompetenz.* Göttingen: Hogrefe.

Koglin, U. & Petermann, F. (2011). The effectiveness of the behavioural training for preschool children. *European Early Childhood Education Research Journal, 19*, 97–111.

Krajewski, K. (2003). *Vorhersage von Rechenschwäche in der Grundschule.* Hamburg: Kovac.

Krajewski, K., Nieding, G. & Schneider, W. (2007). *Mengen, zählen, Zahlen: Die Welt der Mathematik verstehen (MZZ).* Berlin: Cornelsen.

Krajewski, K., Nieding, G. & Schneider, W. (2008). Kurz- und langfristige Effekte mathematischer Frühförderung im Kindergarten durch das Programm »Mengen, zählen, Zahlen«. *Zeitschrift für Entwicklungspsychologie und Pädagogische Psychologie, 40*, 135–146.

Krajewski, K. & Schneider, W. (2007). Prävention von Rechenstörungen. In W. v. Suchodoletz (Hrsg.), *Prävention von Entwicklungsstörungen* (S. 97–114). Göttingen: Hogrefe.

Krajewski, K. & Schneider, W. (2009). Early development of quantity to number-word linkage as a precursor of mathematical school achievement and mathematical difficulties: Findings from a four-year longitudinal study. *Learning and Instruction, 19*, 513–526.

Kucharz, D., Gasteiger-Klicpera, B., Knapp, W., Roos, J. & Schöler, H. (2011). Schlussfolgerungen und Empfehlungen der wissenschaftlichen Begleitforschung. In Baden-Württemberg-Stiftung (Hrsg.), *Sag' mal was – Sprachförderung für Vorschulkinder* (S. 113–117). Tübingen: Francke.

Kuger, S., Sechtig, J. & Anders, Y. (2012). Kompensatorische Sprachförderung. Was lässt sich aus US-amerikanischen Projekten lernen? *Frühe Bildung, 1* (4), 181–193.

Küspert, P. & Schneider, W. (2008). *Hören, lauschen, lernen – Sprachspiele für Kinder im Vorschulalter.* 4. Auflage. Göttingen: Vandenhoeck &.Ruprecht.

Laewen, H. J., Andres, B. & Hédervári, E. (2011). *Die ersten Tage–- ein Modell zur Eingewöhnung in Krippe und Tagespflege.* Berlin: Cornelsen.

Lamb, M. E. & Sternberg, K. J. (1992). Sociocultural perspectives on nonparental child care. In M. E. Lamb, K. J. Sternberg, C.-P. Hwang & A. Broberg (Eds.), *Child care in context: Cross-cultural perspectives* (pp. 1–23). Hillsdale: Laurence Erlbaum.

Lamb, M., Sternberg, K. & Prodromidis, M. (1992). Nonmaternal care and the security of infant-mother attachment: A reanalysis of the data. *Infant Behavior and Development, 15*, 71–84.

Landerl, K. & Kaufmann, L. (2008). *Dyskalkulie. Modelle, Diagnostik, Intervention.* München: Ernst Reinhardt.

Lankes, E. M., Steffensky, M. & Carstensen, C. H. (2011). Naturwissenschaftliche Experimente im Kindergarten – Didaktische Analyse von Materialien zum Experimentieren. *Zeitschrift für Grundschulforschung, 4*, 86–99.

Lee, V., Brooks-Gunn, J., Schnur, E. & Liaw, T. (1990). Are Head Start effects sustained? A longitudinal follow-up comparison of disadvantaged children attending Head Start, no preschool, and other preschool programs. *Child Development, 61*, 495–507.

Lenel, A. (2005). *Schrifterwerb im Vorschulalter.* Weinheim: Beltz PVU.

Lengyel, D. (2012). *Sprachstandsfeststellung bei mehrsprachigen Kindern im Elementarbereich. Eine Expertise der Weiterbildungsinitiative Frühpädagogische Fachkräfte* (WIFF). Frankfurt: DJI.

Lenhard, W. (2013). *Leseverständnis und Lesekompetenz.* Stuttgart: Kohlhammer.

Lenhard, A. & Lenhard, W. (2011). Computerbasierte Intelligenzförderung mit den »Denkspielen mit Elfe und Mathis« – Vorstellung und Evaluation eines Computerprogramms für Vor- und Grundschüler. *Empirische Sonderpädagogik, 3*(2), 105–120.

Lenhard, A., Lenhard, W. & Klauer, K. J. (2012). *Denkspiele mit Elfe und Mathis. Förderung des logischen Denkvermögens für das Vor- und Grundschulalter. Manual.* Göttingen: Hogrefe.

Lesemann, P. P. M. & de Jong, P. F. (2004). Förderung von Sprache und Präliteralität in Familie und (Vor-)Schule. In G. Faust, M. Götz, H. Hacker & H.-G. Roßbach (Hrsg.), *Anschlussfähige Bildungsprozesse im Elementar- und Primarbereich* (S. 168–189). Bad Heilbrunn: Klinkhardt.

Limbird, C. & Stanat, P. (2006). Sprachförderung bei Schülerinnen und Schülern mit Migrationshintergrund: Ansätze und ihre Wirksamkeit. In J. Baumert, P. Stanat & R. Watermann (Hrsg.), *Herkunftsbedingte Disparitäten im Bildungswesen: Differenzielle Bildungsprozesse und Probleme der Verteilungsgerechtigkeit* (S. 257–307). Wiesbaden: Verlag für Sozialwissenschaften.

Lippert, S. (2001). *Steiner und die Waldorfpädagogik. Mythos und Wirklichkeit.* Berlin: Luchterhand.

Lisker, A. (2011). *Additive Maßnahmen zur vorschulischen Sprachförderung in den Bundesländern.* Expertise im Auftrag des Deutschen Jugendinstituts. München: DJI.

Lorenz, J. H. (2012). *Kinder begreifen Mathematik.* Stuttgart: Kohlhammer.

Lück, G. (2001). Interesse und Motivation im frühen Kindesalter. Untersuchungen zur Primärbegegnung mit Naturphänomenen im Vorschulalter. In R. Brechel (Hrsg.), *Zur Didaktik der Physik und Chemie: Probleme und Perspektiven* (S. 32–44). Alsbach: Leuchtturm-Verlag.

Lück, G. (2006). Naturwissenschaftliche Bildung. In L. Fried & S. Roux (Hrsg.), *Pädagogik der frühen Kindheit. Handbuch und Nachschlagwerk* (S. 200–205). Weinheim: Beltz.

Mähler, C. (2007). Kindergarten- und Vorschulalter. In M. Hasselhorn & W. Schneider (Hrsg.), *Handbuch der Psychologie, Bd. Entwicklungspsychologie* (S. 164–174). Göttingen: Hogrefe.

Marx, E. & Keller, K. (2010). Effekte eines induktiven Denktrainings auf die Denk- und Sprachentwicklung bei Vorschulkindern und Erstklässlern in benachteiligten Stadtteilen. *Zeitschrift für Pädagogische Psychologie*, 24, 139–146.

Marx, E. & Klauer, K. J. (2007). *Keiner ist so schlau wie ich I. Ein Förderprogramm für Kinder ab vier Jahren.* Göttingen: Vandenhoeck & Ruprecht.

Marx, P., Weber, J. & Schneider, W. (2005). Phonologische Bewusstheit und ihre Förderung bei Kindern mit Störungen der Sprachentwicklung. *Zeitschrift für Entwicklungspsychologie und Pädagogische Psychologie, 37* (2), 80–90.

Meisel, J. (2011). *First and second language acquisition: Parallels and differences.* Cambridge: Cambridge University Press.

Mervis, J. (2011). Giving children a head start is possible – but it's not easy. *Science, 333*, 956–957.

Miller, P. H. (1993). *Theorien der Entwicklungspsychologie*. Heidelberg: Spektrum.

Montessori, M. (1988). *Kosmische Erziehung*. Freiburg.

Montessori Dachverband Deutschland (2005). *Montessori-Einrichtungen in Deutschland*. Online verfügbar unter: http://www.montessori-deutschland.de/startseite.html [Zugriff am 01.03.13].

Nelson, G., Westhues, A. & McLeod, J. (2003). A meta-analysis of longitudinal research on preschool prevention programs for children. *Prevention and Treatment*, 6, 1–34.

NICHD Early Child Care Research Network (1997). The effects of infant child care on infant-mother attachment security. *Child Development, 68*, 860–879.

NICHD Early Child Care Research Network (1998). Early child care and self-control, compliance, and problem behavior at 24 and 36 months. *Child Development, 68*, 1145–1170.

NICHD Early Child Care Research Network (1999). Child care and mother-child interaction in the first 3 years of life. *Developmental Psychology, 35*, 1399–1413.

NICHD Early Child Care Research Network (2001). Child care and family predictors of preschool attachment and stability from infancy. *Developmental Psychology, 37*, 847–862.

NICHD Early Child Care Research Network (2002). Early child care and children's development prior to school entry: Results from the NICHD Study of early child care. *American Educational Research Journal, 39*, 133–164.

NICHD Early Child Care Research Network (2003a). Does amount of time spent in child care predict socioemotional adjustment during the transition to kindergarten? *Child Development, 74*, 976–1005.

NICHD Early Child Care Research Network (2003b). Early child care and mother-child interaction from 36 months through first grade. *Infant Behaviour and Development*, 26, 345–370.

NICHD Early Child Care Research Network (Eds.). (2005). *Child care and child development. Results from the NICHD Study of Early Child Care and Youth Development.* New York: Guilford Press.

Nickel, S. (2007). Beobachtung kindlicher Literacy-Erfahrungen im Übergang von Kindergarten und Grundschule. In U. Graf & E. Moser Opitz (Hrsg.), *Diagnose und Förderung im Elementarbereich und Grundschulunterricht* (S. 87–104). Baltmannsweiler: Schneider.

OECD (2006). *Starting Strong II. Early Childhood Education and Care.* Paris: OECD.

Oerter, R. (1999). *Psychologie des Spiels*. Weinheim: Beltz.

Osburg, C. & Valtin, R. (2012). Lesen und Schreiben. In O. Braun & U. Lüdtke (Hrsg.), *Sprache und Kommunikation* (S. 290–304). Stuttgart: Kohlhammer.

Pasternack, P. & Schildberg, A. (2005). Unbezahlbar? Die Kosten einer Akademisierung der Erzieher/innen-Ausbildung. *Die Hochschule, Journal für Wissenschaft und Bildung*, 2, 154–187.

Pauen, S. & Pahnke, J. (2008). Mathematische Kompetenzen im Kindergarten: Evaluation der Effekte einer Kurzzeitintervention. *Empirische Pädagogik*, 22, 193–208.

Peisner-Feinberg, E. S., Burchinal, M. R., Clifford, R. M., Culkin, M. L., Howes, C., Kagan, S. L. & Yazejian, N. (2001). The relation of preschool child-care quality to children's cognitive and social development trajectories through second grade. *Child Development, 72 (5)*, 1534–1553.

Penner, Z. (2006). *Sehr frühe Förderung als Chance. Lehr-/Fachbuch: Aus Silben werden Sätze.* Köln: Bildungsverlag EINS.

Piaget, J. (1973, franz. Original: 1936). *Das Erwachen der Intelligenz beim Kinde.* Stuttgart: Klett.

Piaget, J. (2010, franz. Original: 1926). *Das Weltbild des Kindes.* München: dtv.

Piaget, J. & Inhelder, B. (2009, franz. Original: 1975). *Die Psychologie des Kindes.* Stuttgart: Klett-Cotta.

Plume, E. & Schneider, W. (2004). *Hören, lauschen, lernen 2 – Spiele mit Buchstaben und Lauten für Kinder im Vorschulalter. Würzburger Buchstaben-Laut-Training.* Göttingen: Vandenhoeck & Ruprecht.

Polotzek, S., Hofmann, N., Roos, J. & Schöler, H. (2008): *Sprachliche Förderung im Elementarbereich – Beschreibung dreier Sprachförderprogramme und ihre Beurteilung durch Anwenderinnen.* Online verfügbar unter: http://www.kindergartenpaedagogik.de/1726.html [Zugriff am 01.03.13].

Portnoy, F. & Simmons, C. (1978). Day care and attachment. *Child Development, 49,* 239–242.

Pramling, I. (1990). *Learning to learn. A study of Swedish preschool-children.* New York: Springer.

Puhani, P. A. & Weber, A. M (2007): Does the Early Bird Catch the Worm? Instrumental Variable Estimates of Early Educational Effects of Age of School Entry in Germany. *Empirical Economics,* 32, 359–386.

Ragozin, A. R. (1980). Attachment behavior of day care children. Naturalistic and laboratory observations. *Child Development, 51,* 409–415.

Rauh, H., Ziegenhain, U., Müller, B. & Wijnroks, L. (2000). Stability and change in infant-mother attachment in the second year of life: Relations to parenting quality and varying degrees of day-care experience. In P. M. Crittenden & A. H. Claussen (Eds.), *The organization of attachment relationships: Maturation, culture, and context* (pp. 251–276). New York: Cambridge University Press.

Redder, A., Schwippert, K., Hasselhorn, M., Forschner, S., Fickermann, D., Ehlich, K., Becker-Mrotzeck, M., Krüger-Potratz, M., Roßbach, H.-G., Stanat, P. & Weinert, S. (2011). *Bilanz und Konzeptualisierung von strukturierter Forschung zu »Sprachdiagnostik und Sprachförderung«.* Hamburg: ZUSE.

Reich, H. H. & Roth, H.-J. (2002). *Spracherwerb zweisprachig aufwachsender Kinder und Jugendlicher. Ein Überblick über den Stand der nationalen und internationalen Forschung.* Freie und Hansestadt Hamburg: Behörde für Bildung und Sport.

Richters, J. E. & Zahn-Waxler, C. (1988). The infant day care controversy: Current status and future directions. *Early Childhood Research Quarterly,* 3 (3), 319–336.

Rißling, J.-K., Metz, D., Melzer, J. & Petermann, F. (2011). Langzeiteffekte einer kindergartenbasierten Förderung der phonologischen Bewusstheit. *Kindheit und Entwicklung,* 20 (4), 229–235.

Ritterfeld, U. (2000). Welchen und wieviel Input braucht das Kind? In H. Grimm (Hrsg), *Sprachentwicklung. Enzyklopädie der Psychologie, Bd. C3/3* (S. 403–432). Göttingen: Hogrefe.

Röbe, E., Huppertz, N. & Füssenich, I. (2010). *Wissenschaftliche Begleitung und Evaluation zur Implementierung des Orientierungsplans für Erziehung und Bildung in baden-württembergischen Kindergärten. Abschlussbericht.* Online verfügbar unter: http://www.kultusportal-bw.de/servlet/PB/show/1279334/2010-12-01%20Abschlussbericht%20Internetfassung.pdf [Zugriff am 01.03.13].

Roos, J., Polotzek, S. & Schöler, H. (2010). *EVAS – Evaluationsstudie zur Sprachförderung von Vorschulkindern: Abschlussbericht.* Heidelberg: Pädagogische Hochschule.

Roßbach, H.-G. (2005). Effekte qualitativ guter Betreuung, Bildung und Erziehung im frühen Kindesalter auf Kinder und ihre Familien. In Sachverständigenkommission Zwölfter Kinder- und Jugendbericht (Hrsg.), *Bildung, Betreuung und Erziehung von Kindern unter sechs Jahren* (Band 1, S. 55–174). München: Deutsches Jugendinstitut.

Roßbach, H.-G. (2006). Institutionelle Übergänge in der Frühpädagogik. In L. Fried, & S. Roux (Hrsg.), *Pädagogik der frühen Kindheit. Handbuch und Nachschlagwerk* (S. 280–291). Weinheim: Beltz.

Roßbach, H.-G. (2008a). Frühpädagogische Förderung in Institutionen. *Zeitschrift für Erziehungswissenschaft,* 10, Sonderheft 11, 139–158.

Roßbach, H.-G. (2008b). Vorschulische Erziehung. In K. S. Cortina, J. Baumert, A. Leschinsky, K.U. Mayer & L. Trommer (Hrsg.), *Das Bildungswesen in der Bundesrepublik Deutschland. Strukturen und Entwicklungen im Überblick* (S. 283–323). Reinbek bei Hamburg: Rowohlt.

Roßbach, H.-G. (2011). Auswirkungen öffentlicher Kindertagesbetreuung auf Kinder. In S. Wittmann, T. Rauschenbach & H. R. Leu (Hrsg.), *Kinder in Deutschland. Eine Bilanz empirischer Studien* (S. 173–180). Weinheim: Juventa.

Roßbach, H.-G. & Weinert, S. (2008). *Kindliche Kompetenzen im Elementarbereich: Förderbarkeit, Bedeutung und Messung.* Berlin: Bundesministerium für Bildung und Forschung.

Ruberg, T. & Rothweiler, M. (2012). *Spracherwerb und Sprachförderung in der KiTa.* Stuttgart: Kohlhammer.

Ruberg, T., Rothweiler, M. & Koch-Jensen, L. (2013). *Spracherwerb und sprachliche Bildung. Lern- und Arbeitsbuch für sozialpädagogische Berufe.* Köln: Bildungsverlag EINS.

Sachse, S., Budde, N., Rinker, T. & Groth, K. (2012). Evaluation einer Sprachfördermaßnahme für Vorschulkinder. *Frühe Bildung, 1* (4), 194–201.

Sachverständigenrat deutscher Stiftungen für Integration und Migration (2013). *Hürdenlauf zur Kita: Warum Eltern mit Migrationshintergrund ihr Kind seltener in die frühkindliche Tagesbetreuung schicken.* Berlin: SVR.

Sammons, P., Elliot, K., Sylva, K., Melhuish, E., Siraj-Blatchford, I. & Taggart, B. (2004). The impact of pre-school on young children's cognitive attainments at entry to reception. *British Educational Research Journal, 30 (5)*, 691–712.

Sammons, P., Sylva, K., Melhuish, E., Siraj-Blatchford, I., Taggart, B., Grabbe, Y. & Barreau, S. (2007). *Effective Pre-school and Primary Education 3–11 Project (EPPE 3–11). Summary report: Influences on children's attainment and progress in Key Stage 2: Cognitive outcomes in year 5.* Nottingsham: DfES Publications.

Sasse, A. (2007). *Das schaffe ich! Lesen und Schreiben vorbereiten.* Braunschweig: Schroedel.

Sasse, A. & Valtin, R. (Hrsg.) (2006). *Schriftspracherwerb und soziale Ungleichheit. Zwischen kompensatorischer Erziehung und Family Literacy.* Berlin: Deutsche Gesellschaft für Lesen und Schreiben.

Sauerborn-Ruhnau, H. (2011). Bedeutung der Early Literacy – Zur Komplexität des Schriftspracherwerbs. In K. Fröhlich-Gildhoff, I. Nentwig-Gesemann & H.-R. Leu (Hrsg.), *Forschung in der Frühpädagogik* (S. 265–292). Freiburg: Forschung-Entwicklung-Lehre.

Schäfer, G. (2005). *Bildungsprozesse im Kindesalter. Selbstbildung, Erfahrung und Lernen in der frühen Kindheit.* Weinheim: Juventa.

Schick, A. & Cierpka, M. (2006). Evaluation des Faustlos-Curriculums für den Kindergarten. *Praxis der Kinderpsychologie und Kinderpsychiatrie, 6 (55)*, 459–474.

Schlösser, E. (2007). *Wir verstehen uns gut – Spielerisch Deutsch lernen.* Münster: Ökotopia Verlag.

Schmidt, T. (2005). Entwicklungen in der Ausbildung von Erzieherinnen. *Zeitschrift für Pädagogik*, 51, 5, 713–730.

Schneider, W. (1997). Rechtschreiben und Rechtschreibschwierigkeiten. In F. E. Weinert (Hrsg.), *Psychologie des Unterrichts und der Schule* (S. 327–363). Göttingen: Hogrefe.

Schneider, W. (2012). Die Relevanz früher phonologischer Bewusstheit für den späteren Schriftspracherwerb. *Frühe Bildung, 1 (4)*, 220–225.

Schneider, W., Baumert, J., Becker-Mrotzek, M., Hasselhorn, M., Kammermeyer, G., Rauschenbach T., Roßbach, H.-G., Roth, H.-J., Rothweiler, M. & Stanat, P. (2012). *Expertise »Bildung durch Sprache und Schrift (BISS)« (Bund-Länder-Initiative zur Sprachförderung, Sprachdiagnostik und Leseförderung).* Online verfügbar unter: http://www.bmbf.de/pubRD/BISS_Expertise.pdf [Zugriff am 01.03.13].

Schneider, W., Küspert, P., Roth, E., Vise, M. & Marx, H. (1997). Short- and long-term effects of training phonological awareness in kindergarten: Evidence from two German studies. *Journal of Experimental Child Psychology, 66*, 311–340.

Schneider, W. & Lindenberger, U. (Hrsg.). (2012). *Entwicklungspsychologie.* Weinheim: Beltz.

Schneider, W. & Marx, P. (2008). Früherkennung und Prävention von Lese-Rechtschreibschwierigkeiten. In F. Petermann & W. Schneider (Hrsg.), *Angewandte Entwicklungspsychologie* (S. 237–273). Göttingen: Hogrefe.

Schneider, W., Roth, E. & Ennemoser, M. (2000). Training phonological skills and letter knowledge in children at risk for dyslexia: A comparison of three kindergarten intervention programs. *Journal of Educational Psychology, 92 (2)*, 284–295.

Schober, P. S. & Spieß, C. K. (2012). Frühe Förderung und Betreuung von Kindern: Bedeutende Unterschiede bei der Inanspruchnahme besonders in den ersten Lebensjahren. *DIW Wochenbericht*, 43, 17–28.

Schöler, H. & Roos, J. (2011). Die Ergebnisse des Projekts EVAS, der Evaluationsstudie zur Sprachförderung von Vorschulkindern in Heidelberger und Mannheimer Kindergärten. In Baden-Württemberg Stiftung (Hrsg.), *Sag' mal was – Sprachförderung für Vorschulkinder* (S. 102–111). Tübingen: Francke.

Schulz, P. (2013). Wer versteht wann was? Sprachverstehen im frühen Zweitspracherwerb des Deutschen am Beispiel der w-Fragen. In A. Deppermann (Hrsg.), *Das Deutsch der Migranten. Jahrbuch 2012 des Instituts für deutsche Sprache* (S. 313–338). Berlin: de Gruyter.

Schulz, P. & Grimm, A. (2012). Spracherwerb. In H. Drügh, S. Komfort-Hein, A. Kraß, C. Meier, G. Rohowski, R. Seidel & H. Weiß (Hrsg.), *Germanistik. Sprachwissenschaft – Literaturwissenschaft – Schlüsselkompetenzen* (S. 155–172). Stuttgart: Metzler.

Schulz, P., Kersten, A. & Kleissendorf, B. (2009). Zwischen Spracherwerbsforschung und Bildungspolitik: Sprachdiagnostik in der frühen Kindheit. *Zeitschrift für Soziologie der Erziehung und Sozialisation*, *29*, 122–140.

Schulz, P. & Tracy, R. (2011). *LiSeDaZ. Linguistische Sprachstandserhebung – Deutsch als Zweitsprache*. Göttingen: Hogrefe.

Schweinhart, L. J., Barnes, H. V. & Weikart, D. P. (1993). *Significant Benefits: The High/Scope Perry Preschool Study Through Age 27. Monographs of the High/Scope Educational Research Foundation, Number 10*. Ypsilanti, MI: High/Scope Press.

Schweinhart, L. J., Montie, J., Xiang, Z., Barnett, W. S., Belfield, C. R., & Nores, M. (2005). *Lifetime effects: The HighScope Perry Preschool study through age 40. Monographs of the HighScope Educational Research Foundation, Number 14*. Ypsilanti, MI: HighScope Press.

Schweinhart, L. & Weikart, P. (1980). *Young Children Grow Up: Effects of the Perry Preschool Program on Youths Through Age 15*. Ypsilanti: HighScope Press.

Schwippert, K., Hornberg, S., Freiberg, M. & Stubbe, T. (2007). Lesekompetenzen von Kindern mit Migrationshintergrund im internationalen Vergleich. In W. Bos, S. Hornberg, K.-H. Arnold, G. Faust, L. Fried, E. M. Lankes, K. Schwippert & R. Valtin (Hrsg.), *IGLU 2006. Lesekompetenzen von Grundschulkindern in Deutschland im internationalen Vergleich* (S. 249–269). Münster: Waxmann.

Shoda, Y., Mischel, W. & Peake, P. K. (1990). Predicting adolescent cognitive and social competence from preschool delay of gratification: Identifying diagnostic conditions. *Developmental Psychology, 26*, 978–986.

Sigel, I. (1993). The centrality of a distancing model for the development of representational competence. In R. R. Cocking & K. A. Renningner (Eds.), *The development and meaning of psychological distance* (pp. 141–158). Hillsdale, NJ: Lawrence Erlbaum Associates.

Sodian, B. (2012). Denken. In W. Schneider & U. Lindenberger (Hrsg.), *Entwicklungspsychologie* (S. 385–411). Weinheim: Beltz.

Souvignier, E., Duzy, D., Glück, D., Pröscholdt, M. V. & Schneider, W. (2012). Vorschulische Förderung der phonologischen Bewusstheit bei Kindern mit Deutsch als Zweitsprache. Effekte einer muttersprachlichen und einer deutschsprachigen Förderung. *Zeitschrift für Entwicklungspsychologie und Pädagogische Psychologie*, *44*(1), 40–51.

Spangler, G. & Zimmermann, P. (2002). *Die Bindungstheorie. Grundlagen, Forschung und Anwendung*. Stuttgart: Klett-Cotta.

Stadt Frankfurt am Main (Hrsg.). (2012). *Frankfurter Integrations- und Diversitätsmonitoring 2012*. Heusenstamm: Central Druck Trost.

Stamm, M. (2010). *Frühkindliche Bildung, Betreuung und Erziehung*. Bern: Haupt UTB.

Statistisches Bundesamt (2012). *Kindertagesbetreuung in Deutschland 2012*. Wiesbaden: Statistisches Bundesamt.

Stave, U. (1992). *Die Umwelt des kleinen Kindes*. Stuttgart: Mayer.

Steffensky, M., Lankes, E.-M., Carstensen, C. H. & Nölke, C. (2012). Alltagssituationen und Experimente: Was sind geeignete naturwissenschaftliche Lerngelegenheiten für

Kindergartenkinder? Ergebnisse aus dem SNaKE-Projekt. *Zeitschrift für Erziehungswissenschaft, 15,* 37–54.

Stern, E. (1997). Erwerb mathematischer Kompetenzen: Ergebnisse aus dem SCHOLASTIK Projekt. In F. E. Weinert & A. Helmke (Hrsg.), *Entwicklung im Grundschulalter* (S. 157–170). Weinheim: PVU.

Stiftung Haus der kleinen Forscher (2013). Online verfügbar unter: http://www.haus-der-kleinen-forscher.de/ [Zugriff am 01.03.13]

Suggate, S. (2012). Watering the garden before a rainstorm: the case of early reading instruction. In S. Suggate & E. Reese (Eds.), *Contemporary debates in child development and education* (pp. 181–190). London/New York: Routlegde.

Sylva, K., Melhuish, E., Sammons, P., Siraj-Blatchford, I. & Taggart, B. (2004). *The Effective Provision of Pre-School Education (EPPE) Project: Final Report.* University of London, Institute of Education.

Sylva, K., Melhuish, E., Sammons, P., Siraj-Blatchford, I., & Taggart. B. (2008) *Final Report from the Primary Phase: Pre-school, School and Family Influences on children's development during Key Stage 2 (7–11).* Nottingham: The Department for Education.

Sylva, K., Melhuish, E., Sammons, P., Siraj-Blatchford, I., & Taggart. B. (2012) *Effective Pre-school, Primary and Secondary Education 3–14 Project (EPPSE 3–14) – Final Report from the Key Stage 3 Phase: Influences on Students' Development form age 11–14.* Nottingham: The Department for Education.

Symons, D. K. (1998). Post-partum employment patterns, family-based care arrangements, and the mother-infant relationship at age two. *Canadian Journal of Behavioural Science, 30,* 121–131.

Textor, M. R. (1999). Bildung, Erziehung, Betreuung. *Unsere Jugend,* 51 (12), 527–533.

Tietze, W., Becker-Stoll, F., Bensel, J., Eckhardt, A.G., Haug-Schnabel, G., Kalicki, B., Keller, H. & Leyendecker, B. (Hrsg.). (2012). *NUBBEK. Nationale Untersuchung zur Bildung, Betreuung und Erziehung in der frühen Kindheit. Fragestellungen und Ergebnisse im Überblick.* Verfügbar unter: www.nubbek.de/media/pdf/NUBBEK%20Broschuere.pdf [Zugriff am 01.03.13].

Tietze, W., Schuster, K.-M., Grenner, K. & Roßbach, H.-G. (2007): *Kindergarten-Skala (KES-R). Feststellung und Unterstützung pädagogischer Qualität in Kindergärten.* Berlin: Cornelsen.

Tracy, R. (2003). *Sprachliche Frühförderung – Konzeptuelle Grundlagen eines Programms zur Förderung von Deutsch als Zweitsprache im Vorschulalter.* Universität Mannheim: Forschungs- und Kontaktstelle Mehrsprachigkeit.

Tracy, R. (2008). *Wie Kinder Sprachen lernen: Und wie wir sie dabei unterstützen können.* Tübingen: Francke.

Tracy, R. (2011a). Mehrsprachigkeit: Realität, Irrtümer, Visionen. In L.M. Eichinger, A. Plewnia & M. Steinle (Hrsg.), *Sprache und Integration. Über Mehrsprachigkeit und Migration* (S. 69–100). Tübingen: Francke.

Tracy, R. (2011b). Was uns »Sag' mal was« sagen kann: Impressionen einer Bildungsreise. In Baden-Württemberg-Stiftung (Hrsg.), *Sag' mal was – Sprachförderung für Vorschulkinder* (S. 78–92). Tübingen: Francke.

Tracy, R. & Gawlitzek-Maiwald, I. (2000). Bilingualismus in der frühen Kindheit. In H. Grimm (Hrsg.), *Sprachentwicklung. Enzyklopädie der Psychologie, Bd. 3* (S. 495–535). Göttingen: Hogrefe.

Tröster, J. & Reineke, D. (2007). Prävalenz von Verhaltens- und Entwicklungsauffälligkeiten im Kindergarten. *Kindheit und Entwicklung, 16,* 171–179.

Ullrich, W. & Brockschnieder, F.-J. (2009). *Reggio-Pädagogik auf einen Blick: Einführung für Kita und Kindergarten.* München: Herder.

U.S. Department of Health and Human Services, Administration for Children and Families (2010). *Head Start Impact Study. Final Report.* Washington, DC. Online Verfügbar unter http://www.acf.hhs.gov/sites/default/files/opre/executive_summary_final.pdf [Zugriff am 01.03.13].

Valdez-Menchaca, M. C. & Whitehurst, G. J. (1992). Accelerating Language Development Through Picture Book Reading: A Systematic Extension to Mexican Day Care. *Developmental Psychology, 28*(6), 1106–1114.

Valtin, R. (1991). *Mit den Augen der Kinder: Freundschaft, Geheimnisse, Streiten, Lügen und Strafen*. Reinbek bei Hamburg: Rowohlt.

Valtin, R. (2012a). Increasing awareness of phonological awareness – helpful or misleading? In S. Suggate & E. Reese (Eds.), *Contemporary debates in child development and education* (S. 227–237). London/New York: Routlegde.

Valtin, R. (2012b). Phonologische Bewusstheit: Ein kritischer Blick auf ein modisches Konstrukt. *Frühe Bildung*, 1 (4), 223–225.

Vandell, D. L., Belsky, J., Burchinal, M., Steinberg, L., Vandergrift, N. & NICHD Early Child Care Research Network. (2010). Do effects of early child care extend to age 15 years? *Child Development, 81*, 737–756.

Vereinigung der Waldorfkindergärten (2013). *Die Vereinigung der Waldorfkindergärten.* Online verfügbar unter: http://www.waldorfkindergarten.de/vereinigung/ueber-uns.html [Zugriff am 01.03.13].

Vermeer, H. J. & Van Ijzendoorn, M. H. (2006). Children's elevated cortisol levels at daycare: A review and meta-analysis. *Early Childhood Research Quarterly, 21*, 390–401.

Viernickel, S. (2011). Hochschulische Ausbildung des frühpädagogischen Fachpersonals in Bachelor- und Masterstudiengängen. Chance oder Sackgasse? *Zeitschrift für Grundschulforschung, 4* (1), 20–23.

Viernickel, S., Nentwig-Gesemann, I., Harms, H., Richter, S. & Schwarz, S. (2011). *Profis für Krippen. Curriculare Bausteine für die Aus- und Weiterbildung frühpädagogischer Fachkräfte*. Freiburg: Verlag Forschung-Entwicklung-Lehre.

Wadepohl, H., Koglin, U., Vonderlin, E. & Petermann, F. (2011). Förderung sozial-emotionaler Kompetenz im Kindergarten. Evaluation eines präventiven Verhaltenstrainings. *Kindheit und Entwicklung, 20* (4), 219–228.

Wagner, H., Ehm, J.-H. & Hasselhorn, M. (2010). Schulreifes Kind. Individuelle Voraussetzungen für den Schulstart optimieren. *Lehren und Lernen, 36*, 3, 8–10.

Wagner, C. & Valtin, R. (2003). Noten oder Verbalbeurteilungen? Die Wirkung unterschiedlicher Bewertungsformen auf die schulische Entwicklung von Grundschulkindern. *Zeitschrift für Entwicklungspsychologie und Pädagogische Psychologie, 45 (1)*, 27–36.

Weber, J., Marx, P. & Schneider, W. (2007). Die Prävention von Lese-Rechtschreibschwierigkeiten bei Kindern mit nichtdeutscher Herkunftssprache durch ein Training der phonologischen Bewusstheit. *Zeitschrift für Pädagogische Psychologie, 21*(1), 65–75.

Weikart, D. P., Epstein, A. S., Schweinhart, L. J. & Bond, J. T. (1978). The *Ypsilanti Preschool Curriculum Demonstration Project: Preschool Years and Longitudinal Results Through Fourth Grade*. Ypsilanti, Mich.: HighScope Press.

Weinert, S. (2000). Beziehungen zwischen Sprach- und Denkentwicklung. In H. Grimm (Hrsg.), *Sprachentwicklung* (Enzyklopädie der Psychologie C/III/3) (S. 311–361). Göttingen: Hogrefe.

Weinert, S. & Grimm, H. (2012). Sprachentwicklung. In W. Schneider & U. Lindenberger (Hrsg.), *Entwicklungspsychologie* (S. 433–456). Weinheim: Beltz.

Weinert, S., Ebert, S. & Dubowy, M. (2010). Kompetenzen und soziale Disparitäten im Vorschulalter. *Zeitschrift für Grundschulforschung, 1*, 32–45.

Weinert, S. & Lockl, K. (2008). Sprachförderung. In F. Petermann & W. Schneider (Hrsg.), *Angewandte Entwicklungspsychologie.* Enzyklopädie der Psychologie C/V/7 (S. 91–134). Göttingen: Hogrefe.

Weiß, K., Stempinski, S., Schumann, M. & Keimeleder, L. (2008). *Qualifizierung in der Kindertagespflege. Das DJI-Curriculum »Fortbildung von Tagespflegepersonen«*. München: Deutsches Jugendinstitut.

Wiedebusch, S. & Petermann, F. (2011). Förderung sozial-emotionaler Kompetenz in der frühen Kindheit. *Kindheit und Entwicklung, 20 (4)*, 209–218.

Wittmann, E. C. (2006). Mathematische Bildung. In L. Fried & S. Roux (Hrsg.), *Pädagogik der frühen Kindheit. Handbuch und Nachschlagwerk* (S. 205–210). Weinheim: Beltz.

Wittmann, E. C. & Müller, G. N. (2009): *Das Zahlenbuch. Handbuch zum Frühförderprogramm.* Stuttgart: Klett.

Wittmann, S., Rauschenbach, T. & Leu, H.R. (Hrsg.) (2011). *Kinder in Deutschland. Eine Bilanz empirischer Studien.* Weinheim: Juventa.

Wolf, K., Stanat, P. & Wendt, W. (2011). *EkoS – Evaluation der kompensatorischen Sprachförderung. Abschlussbericht.* Online verfügbar unter: http://www.isq-bb.de/uploads/media/ekos-bericht-3-110216.pdf [Zugriff am 01.03.13].

Wößmann, L. & Piopiunik, M. (Hrsg.). (2009). *Was unzureichende Bildung kostet. Eine Berechnung der Folgekosten durch entgangenes Wirtschaftswachstum.* Gütersloh: Bertelsmann Stiftung.

Wygotski, L. S. (1964, russ. Original 1934). *Denken und Sprechen.* Berlin: Akademie-Verlag.

Zachrisson, H., Dearing, E., Lekhal, R. & Toppelberg, C. (2013). Little evidence that time in child care causes externalizing problems during early childhood in Norway. *Child Development* 2013 Jan 11, doi: 10.1111/cdev.12040. [Epub ahead of print]

Ziegenhain, U. & Wolff, U. (2000). Der Umgang mit Unvertrautem – Bindungsbeziehung und Krippeneintritt. *Psychologie in Erziehung und Unterricht, 47,* 176–188.

Zimmer, J. (2000). *Das kleine Handbuch zum Situationsansatz.* Weinheim: Beltz.

Stichwortverzeichnis

P

R

S

T

W

Z